本书获得上海财经大学"中央高校双一流引导专项资金资助出版"和"中央高校基本科研业务费资助出版"

我国上市公司高管股票期权薪酬法律问题研究

樊健 著

上海人民出版社

目 录 | CONTENTS |

第一章 导　论

第一节　上市公司中的代理问题与公司治理

一、上市公司中的代理问题

就上市公司而言,由于所有权和控制权(经营权)相分离而产生了代理问题(agency problems),即作为本人的股东或中小股东可能会受到作为代理人的管理层或控股股东(controlling shareholders)的侵害。[1]在经济学上,本人委托他人处理事务而产生的成本,被称为代理成本(agency costs),例如委托人的监督成本、受托人的保证支出以及剩余损失等。[2]具体而言:

对于股权分散型的上市公司而言,其代理问题主要表现为公司的董事和高管[3]基于实际控制公司的地位,侵害公司全体股东的利益。他们这样做的原因在于其拥有少量的公司股份,即使其努力工作提升公司的价值和相应的股价,所能获得的经济收益相当有限。相反,如果其通过实际控制公司的有利地位来谋取个人私利,则该经济收益全部归自己所有,而成本却和其他股东一起承担。正如有学者指出,"作为理性经济人的经营管理者往往作出有利于自身

---

[1]　详细的分析和讨论可参见[美]莱纳·克拉克曼、[美]亨利·汉斯曼等:《公司法剖析:比较与功能的视角》,罗培新译,法律出版社2012年版,第36—54页;Ronald J. Gilson, *Controlling Shareholders and Corporate Governance*:*Complicating the Comparative Taxonomy*, 119 Harv. L. Rev. 1641(2006)。

[2]　参见[美]迈克尔·詹森、[美]威廉·梅克林:《企业理论:管理行为、代理成本与所有权结构》,载陈郁编:《所有权、控制权与激励:代理经济学文选》,上海三联书店、上海人民出版社2006年版,第6页。

[3]　本书讨论的我国上市公司高管是指《公司法》(2023年修订)第265条第1项所规定的"公司的经理、副经理、财务负责人,上市公司董事会秘书和公司章程规定的其他人员",包括同时担任董事的高管(即所谓的执行董事)。

利益最大化的决策,从而使所有者面临经营管理者的'道德风险'(如偷懒行为、短期行为、在职消费、保守行为等)和'逆向选择'(公费出国旅游、购买豪华汽车、公款娱乐等)行为的危害"。① 然而,即使面对董事和高管这些损害股东利益的行为,股东也不能、更不愿对之进行监督。说股东不能,是因为公司为数众多的股东只拥有公司少量的股份,就个体而言,由于其表决权数太少不可能对公司的经营决策产生实质意义的影响(资本多数决),所以难以监督公司董事和高管。② 说股东不愿,是因为股东监督公司董事和高管所能获得的收益会被公司的其他股东按持股比例分享,其他股东也乐于搭此"便车"(free riders),③ 而成本却完全由自己承担,从成本收益的角度来看,股东当然不愿意这样做,这就是所谓的理性冷漠(rationally apathetic)。更何况,股东可以自由地转让手中的股票,轻松地离开上市公司,这种方便的退出机制,使得股东无须对公司"忠诚"。④ 最后,由于公司存在多种类型的股东,有长期投资者也有短期投机者、有机构投资者也有自然人投资者,彼此之间利益取向往往并不一致,这样也增加了股东作为一个整体监督公司董事和高管的难度。⑤ 甚至可能出现少数所谓积极股东(active shareholders),例如对冲基金等,通过参与公司决策谋取私利,损害公司和其他股东的利益。⑥

对于股权集中型的上市公司而言,代理问题主要表现为控股股东(包括实

---

① 朱慈蕴:《公司法原论》,清华大学出版社 2011 年版,第 323 页;简要的讨论,参见 Stephen M. Bainbridge, *Corporation Law and Economics*, Foundation Press, 2002, pp.35—38.

② 当然股东们可以"抱团",通过集体行使投票权来监督公司的高管,但是他们又会面临后面所要分析的集体行动的困境等问题。

③ 此现象被经济学家称为集体行动的困境(collective action hazard),参见[美]奥尔森:《集体行动的逻辑》,陈郁等译,格致出版社 2011 年版。

④ [美]阿尔伯特·O.赫希曼:《退出、呼吁与忠诚——对企业、组织和国家衰退的回应》,卢昌崇译,上海世纪出版集团 2015 年版。

⑤ Iman Anabtawi, *Some Skepticism About Increasing Shareholder Power*, 53 UCLA L. Rev. 561 (2006); Sean J. Griffith & Dorothy S. Lund, *A Mission Statement for Mutual Funds in Shareholder Litigation*, 87 U. Chi. L. Rev. 1149(2020).

⑥ Marcel Kahan and Edward B. Rock, *Hedge Funds in Corporate Governance and Corporate Control*, 155 U. Pa. L. Rev. 1021(2007); Ronald J. Gilson and Jeffrey N. Gordon, *The Agency Costs of Agency Capitalism: Activist Investors and the Revaluation of Governance Rights*, 113 Colum. L. Rev. 863(2013); John C. Coffee, Jr. and Darius Palia, *The Wolf at the Door: The Impact of Hedge Fund Activism on Corporate Governance*, 41 J. Corp. L. 545(2016).

际控制人)通过实质性地控制公司的经营管理,例如重大决策的表决和公司董事的任命等,来侵害公司中小股东的利益,学术界称之为掏空(tunneling)。[1]最典型的例子是控股股东通过关联交易、资金占用或者要求上市公司为自己提供担保等方式,来谋取私利,同时侵害了中小股东和公司的利益。[2]其主要原因在于控股股东从掏空公司行为中所获得收益之全部或者绝大部分归其所有,而成本却和其他中小股东一起承担。对于中小股东而言,前述的"资本多数决""集体行动的困境""理性冷漠"以及"用脚投票"等,都致使他们不能也不愿监督控股股东。当然,在股权集中型公司,也会面临着董事和高管与股东利益相冲突的问题,但是远不如股权分散型上市公司来得那么突出,因为有控股股东对他们进行监管,从而中小股东可以搭"便车"。当然,世界上没有免费的午餐,当中小股东在减少受到董事和高管侵害的时候,控股股东对他们的侵害却增加了。[3]

二、解决代理问题的策略

大体而言,在法律、法规等的制度设计上,主要通过三种方式解决上市公司中的代理问题:第一,加强公司治理;第二,加强外部监督;第三,提供激励机制。

(一) 加强公司治理

对于公司治理(corporate governance)的概念,学术界并没有统一的界定。"何谓公司治理? 并无一放诸四海皆准之定义。从监督制衡公司经营者的角度而言,公司治理乃为法律对企业经营者之制衡监控设计;从公司内部权力分

---

[1] Ronald J. Gilson and Jeffrey N. Gordon, *Controlling Controlling Shareholders*, 152 U. Pa. L. Rev. 785(2003); Vladimir Atanasov et al. *Law and Tunneling*, 37 J. Corp. L. 1(2012).

[2] 我国《上市公司治理准则》(2018年修订)第六章控股股东及其关联方与上市公司对此进行了专门的规定。例如,第70条第2款规定,"控股股东、实际控制人及其关联方不得占用、支配上市公司资产"。第76条规定,"上市公司应当采取有效措施防止关联方以垄断采购或者销售渠道等方式干预公司的经营,损害公司利益。关联交易应当具有商业实质,价格应当公允,原则上不偏离市场独立第三方的价格或者收费标准等交易条件"。

[3] 此为范式型的思考模式,see Zohar Goshen and Assaf Hamdani, *Corporate Control and Idiosyncratic Vision*, 125 Yale L. J. 560(2016)。

配的角度而言,公司治理乃为将公司决策、营运与监督等权限,于利害关系人之间,作合理且公平的分配之体系;就公司整体制度设计角度而言,公司治理乃为规范企业经营者,股东与利害关系人间权利义务,与其对公司行为影响之法律实务体系。"①对此,本书认为公司治理是指通过公司内部合理的制度设计,来监督公司的控股股东和经营管理者,减少公司在经营管理过程中产生的代理问题,②从而维护股东的长期利益(long-term interests),并在可能的情况下兼顾其他利益相关者(stakeholders)的利益。③

就公司治理的具体制度设计而言,大体包括了增加中小股东的"话语权"(例如累积投票制的采用和表决权征集制度等)、④加强独立董事的作用⑤以及

① 陈俊仁:《公司治理与董监事暨经理人薪资报酬决定权——薪资报酬委员会制度规范之商榷》,载《月旦法学杂志》2012 年第 8 期。

② 公司治理的本质即在于如何设计出成本最小的减少代理成本的方法。实际上,这些代理成本都属于人们在经济合作中所产生的交易成本(transaction costs)。法律能够在有效率地减少交易成本方面发挥重要作用,该洞见来源于科斯。参见[美]罗纳德·哈里·科斯:《社会成本问题》,载[美]罗纳德·哈里·科斯:《企业、市场与法律》,盛洪、陈郁译校,格致出版社 2009 年版,第 96—153 页。对"科斯定理"的简要分析和在商法中的应用,参见樊健:《科斯定理与商事外观主义》,载《商事法论集》2009 年总第 17 卷,第 139—147 页。

③ 我国《上市公司治理准则》(2018 年修订)第 83 条规定,"上市公司应当尊重银行及其他债权人、员工、客户、供应商、社区等利益相关者的合法权利,与利益相关者进行有效的交流与合作,共同推动公司持续健康发展"。相关议题的讨论,参见朱慈蕴、林凯:《公司制度趋同理论检视下的中国公司治理评析》,载《法学研究》2013 年第 5 期。

④ 例如《国务院办公厅关于进一步加强资本市场中小投资者合法权益保护工作的意见》规定,"引导上市公司股东会全面采用网络投票方式。积极推行累积投票制选举董事、监事。上市公司不得对征集投票权提出最低持股比例限制。完善上市公司股东会投票表决第三方见证制度。研究完善中小投资者提出罢免公司董事提案的制度。自律组织应当健全独立董事备案和履职评价制度"。《证券法》(2019 年修订)第 90 条规定,"上市公司董事会、独立董事、持有百分之一以上有表决权股份的股东或者依照法律、行政法规或者国务院证券监督管理机构的规定设立的投资者保护机构(以下简称投资者保护机构),可以作为征集人,自行或者委托证券公司、证券服务机构,公开请求上市公司股东委托其代为出席股东会,并代为行使提案权、表决权等股东权利。依照前款规定征集股东权利的,征集人应当披露征集文件,上市公司应当予以配合。禁止以有偿或者变相有偿的方式公开征集股东权利。公开征集股东权利违反法律、行政法规或者国务院证券监督管理机构有关规定,导致上市公司或者其股东遭受损失的,应当依法承担赔偿责任"。

⑤ 证监会发布的《关于加强社会公众股东权益保护的若干规定》明确要求完善独立董事制度,充分发挥独立董事的作用,例如"重大关联交易、聘用或解聘会计师事务所,应由二分之一以上独立董事同意后,方可提交董事会讨论。经全体独立董事同意,独立董事可独立聘请外部审计机构和咨询机构,对公司的具体事项进行审计和咨询,相关费用由公司承担"。同时,证监会于 2023 年 7 月正式颁布了《上市公司独立董事管理办法》,对独立董事的独立性、权利以及责任等作出了全面规定。

强化董事的"受信义务"(fiduciary duties)①等。

在此,需要表明本书立场的是,对于上市公司而言,维护股东的长期利益是否就意味着股东利益最大化,而股东利益最大化是否就意味着公司利益的最大化,乃至整个社会利益的最大化,学界存在着相当大的争议,此涉及"公司为谁而存在"的根本性问题,此处不便展开详细讨论。②大体上来说,股东利益最大化,就是公司利益最大化乃至社会利益的最大化。因为股东是公司的剩余所有权人(residual claimers),只有在其他利益相关者的请求权得到履行之后,股东才能获得收益。所以当股东最大化其利益的同时,公司的利益也相应地实现最大化。因此,公司董事会和高管的主要义务对象是公司股东而非其他利益相关者。③但是在某些情况下,股东利益最大化的后果可能会损害公司或者其他利益相关人的权利,如所谓的"减员增效"即为明显的例证。④对此,有学者指出"要求董事会为了股东的最大利益而管理公司的'股东利益最大化'理论,是有经济基础的,即:成本效益分析(cost and benefit analysis)指出,在自由经济市场,若企业可以最低成本获得最高收益,则表明资源得以更有效地分配与应用。而股东作为最终权益者(last claimant)是众多利益相关者中对企业的收益最关心者,所以股东利益最大化能促使资源效益最大化。当然,其前提是公司经营活动中所产生的所有成本都已经内部化。不幸的是,在现实中,很多公司的经营成本都被外部化了,例如公司的生产对环境的破坏、恶劣的工作环境对工人造成的伤害、劣质产品对消费者造成的健康与医疗问题等。这些成本都从公司内部被转移到国家与社会。因此,在成本外部化的情况下,股东利益最大化理论实质上并没有实现资源配置的有效性。相反,它可能阻止董

---

① 关于 fiduciary duties 的解释问题,参见施天涛:《公司法论》(第三版),法律出版社 2014 年版,第 393 页。

② Henry Hansmann & Reinier Kraakman, *The End of History for Corporate Law*, 89 Geo. L. J. 439 (2000).

③ Leo E. Strine Jr., *Corporate Power Is Corporate Purpose II:An Encouragement for Future Consideration from Professors Johnson and Millon*, 74 Wash. & Lee L. Rev. 1165,1177(2017).

④ [日]落合诚一:《公司法概说》,西村朝日律师事务所西村高等法务研究所监译,申昌国总校,法律出版社 2011 年版,第 49—63 页。

事采纳在内部化成本后,从宏观方面来说是更为有效、对其他利益相关者有利、却没有最大化股东利益的决策。在股东利益最大化理论下,董事不能采纳这些决策,因为在英美法中董事负有为公司利益最大化的信义义务。而公司的利益,一般指的是股东的利益。所以,虽然股东利益最大化在理论上有经济的基础,而在现实中,因成本外部化的不可避免,使得董事为股东利益最大化所作的决策在宏观层面来说,会导致资源错配,而在微观层面也为其他利益相关者带来不利或灾害。这就是股东利益最大化理论的问题所在"。[①]

（二）加强外部监督

外部监督主要包括两种,第一是资本市场的监督,例如会计师、律师等资本市场"看门人"（gatekeepers）对于公司信息披露的监督和证券交易所对于上市公司的监督等。[②]第二是公权力机关的监督,例如证监会制定强制性、禁止性以及"遵守或者解释"等规则来规范公司的内部治理;法院通过司法审查要求违反"受信义务"的董事承担民事法律责任等。[③]

（三）提供激励机制

就提供激励而言,主要包括高管在公司内部的职务升迁以及丰厚的薪酬合同。有学者即指出,"在破产及企业收购机制低效和股东对董事或经理监督不完善的情况下,高管报酬制度显得尤为重要"。[④]在薪酬合同中,最为引人注目的就是密切结合高管和股东利益的股票期权薪酬。[⑤]因为"公司股票价值的基础是公司内在价值和发展前景,因此股票激励尤其是股票期权激励是将公司长期价值与受权人利益捆绑一起的主要方式",[⑥]实践中"股权激励在促进形

---

① 吴世学:《全球金融危机与公司治理》,载《交大法学》2014年第2期。

② 例如《证券法》（2019年修订）第115条规定:"证券交易所依照法律、行政法规和国务院证券监督管理机构的规定,制定上市规则、交易规则、会员管理规则和其他有关业务规则,并报国务院证券监督管理机构批准。在证券交易所从事证券交易,应当遵守证券交易所依法制定的业务规则。违反业务规则的,由证券交易所给予纪律处分或者采取其他自律管理措施。"

③ 例如顾某某、黄某某等与康美药业股份有限公司等证券虚假陈述责任纠纷案,广东省广州市中级人民法院(2020)粤01民初2171号民事判决书。

④ 郁光华:《从代理理论看对高管报酬的规范》,载《现代法学》2005年第2期。

⑤ Brian J. Hall, *Six Challenges in Designing Equity-Based Pay*, Journal of Corporate Finance 21, Vol.15 No.3, 21(2003).

⑥ 《中国企业经营者激励约束机制及有关政策研究》课题组:《关于在我国建立企业经营者股票期权激励制度的看法及建议》,载《管理世界》2002年第7期。

成资本所有者和劳动者的共同利益体、调动公司高管及核心员工积极性、稳定员工队伍、完善公司治理机制等方面发挥了积极效果"，[①]此即为本书的研究对象。

第二节　股票期权薪酬的作用及其实证研究

一、股票期权的概念

所谓股票期权（stock option）是指上市公司给予权利人在未来一定期限内以预先确定的价格（strike price，行权价格）[②]或者条件购买本公司一定数量股份的权利，经济学上称之为"买权"（call option）。[③]股票期权的权利人有权利但没有义务购买该股票。当权利人可以行权的时候，如果标的股票的市价高于行权价格（in-the-money，价内期权）时，权利人就会行使该期权；如果标的股票的市价等于（at-the-money，平价期权）或者低于（out-of-the-money，价外期权）行权价格时，则权利人不会行使该期权。权利人的获利公式为：（行权时的市价－行权价）×可行权的数量。因此，如果行权时上市公司的股价高于行权价格，权利人即有收益，股价越高则收益越高。从理论上讲，股票期权权利人的获利是无限的，而损失仅仅是期权本身（权利人获得股票期权所付出的对价）。

二、股票期权的作用

如前所述，上市公司中存在高管和股东利益、中小股东和控股股东利益相背离的代理问题，将股票期权作为一种薪酬形式授予公司高管之所以能够有效率地解决这两个代理问题，主要原因如下：

第一，股票期权薪酬最主要的功能就是有效地结合高管和股东的利益，促使高管自觉自愿地将股东利益最大化[④]（不确切地说，是促使高管将公司的股

---

① 《上市公司股权激励管理办法》（2018 年修订）（以下简称《激励办法》）起草说明。
② 《激励办法》第 28 条第 1 款规定："本办法所称股票期权是指上市公司授予激励对象在未来一定期限内以预先确定的条件购买本公司一定数量股份的权利。"
③ Jeffrey J. Haas, *Corporate Finance in Nutshell*, West Publishing Co., 2007, p.162.
④ 朱慈蕴:《公司法原论》,清华大学出版社 2011 年版,第 324 页。

价最高化)这一公司根本目标付诸实际,这也是解决代理问题最为有效的办法。根据"有效资本市场假说",上市公司的股价反映了公司所有公开的信息,因此股价就是公司价值最直观的反映。当公司的价值越大,公司的股价也就越高。[①]"虽然并不是衡量财富创造的最佳方法,但是股价反映了市场对于公司现在和未来现金流的预期,相应地也反映了市场对于公司是否具有投资机会的信心以及公司经理层对此的反映。"[②]由于在行权价格已经确定的情况下,公司股价越高,高管的获利也就越大。有学者形象地将这一激励过程概括为"努力程度决定业绩,业绩决定股价,股价决定报酬"。[③]当公司高管通过行使股票期权获得最大利益的时候,股东也可以获得最大利益。同时,由于为数不少的公司高管同时获得股票期权,这样也能形成一种高管团队内部互相监督的氛围。如果某些高管能从其损害公司股价的决策中获利,而其他高管却不能获得该利益,那么这样的决策势必会受到其他高管的反对。[④]

第二,由于高管将自己大部分的人力资本(human capital)都投入公司中,无法使之分散和及时变现。如果公司采用固定薪酬的形式,那么对于绝大多数有"风险厌恶倾向"(risk-averse)的高管来说,其将会采取保守的经营策略。这是因为如果公司经营成功,高管没有额外的收益;如果公司经营失败,那么其很有可能会失去工作,得不偿失。"单纯的现金薪酬体系带来了相悖的激励(与股票期权薪酬激励相比),鼓励管理层避免风险和破产,追求无效的扩张最

① 但是,由于各种原因(投资者之间的信息不对称、投资者对股价走向不同的预期以及投资者非理性的投资行为等)使得股价是否能反映公司价值也存在疑问。Lynn A. Stout, *The Mechanism of Market Inefficiency: An Introduction to the New Finance*, 28 J. Corp. L. 635(2003); Lynn A. Stout, *Share Price As A Poor Criterion For Good Corporate Law*, 3 Berkeley Bus. L. J. 43(2005). 本书认为公司股价大体上能够真实地反映公司的价值,但不可否认公司股价和公司真实价值之间是会有偏离的。至于偏离程度到底有多大从而能够推翻"有效资本市场假说",主要取决于资本市场的发展程度、投资者成熟程度、监管机构的监管力度、"看门人"的实际作用以及法院的专业能力等。事实上,在证券诉讼虚假陈述民事诉讼中,我国司法实践已经接受基于"有效市场假说"下的"欺诈市场理论",参见樊健:《我国证券市场虚假陈述交易上因果关系的新问题》,载《中外法学》2016年第6期。

② Kevin J. Murphy, *Politics, Economics, and Executive Compensation*, 63 U. Cin. L. Rev. 713, 722 (1995).

③ 何庆明:《股权激励对上市公司的影响及投资策略分析》,载《证券市场导报》2007年第6期。

④ 关于股票期权薪酬这种团队内部监督作用的讨论,参见 Sharon Hannes, *Reverse Monitoring: On the Hidden Role of Employee Stock-Based Compensation*, 105 Mich. L. Rev. 1421(2007)。

大化,因为公司规模越大一般意味着高级管理层获得的现金薪酬也就越高。"[1] 正如有学者所言:"公司的成功必须按照财富创造的标准来认定,而不是公司的规模、存续时间以及稳定性等。这样,如有必要,对于财富创造的奖励就必须充分,能够使得高管愿意牺牲他们现在的职务。"[2]与之相反,如果公司赋予高管股票期权薪酬,则高管会进行风险性更高但具有正现金价值(positive net present value)的投资,[3]这样,在增加公司价值的同时,也能使自己获得最大的收益。我国有实证研究表明:"利用我国 A 股上市公司 2006—2009 年的数据,对上市公司高管人员的股票期权激励与公司投资风险和经营风险之间的关系进行实证研究,并通过引入股票期权的 Vega 分析未来股价波动对公司高管人员股票期权收益等的影响。结果表明:股票期权激励与公司的投资风险、经营风险存在显著的双向正相关关系;股价的波动性将增加高管人员股票期权的收益,减轻管理者对风险的厌恶感,从而增加公司的投资风险与经营风险。"[4]考虑到上市公司股东的有限责任和分散化投资,高管的高风险性投资无疑是有利于股东的。当然,对于具体的公司而言,会存在一个"最优风险"投资决策的问题。如果高管过分地追求高风险的投资,反而可能会损害股东的利益,本书后面会对此展开详细论述。此外,对股东或者潜在投资者来讲,高管愿意接受股票期权作为其薪酬的重要组成部分,说明其对于公司的发展前景比较有信心,从而股东或者潜在的投资者可以从中获得某些不能在公司信息披露中获得的信息。显然,对于股东或者潜在的投资者来讲,这是有利的。[5]当然,为

---

[1]　[美]约翰·C. 科菲:《看门人机制:市场中介与公司治理》,黄辉、王长河等译,北京大学出版社 2011 年版,第 103 页。

[2]　Murphy, *Politics*, *Economics*, *And Executive Compensation*, 63U. Cin. Li Rev., at 722.

[3]　因为标的股票的波动性(volatility)也就是风险性越高,则股票期权的价值越高。Haas, *Corporate Finance In Nutshell*, West Publishing Co., 2007, at 168. Also see Shivaram Rajgopal and Terry Shevlin, *Empirical Evidence on the Relation Between Stock Option Compensation and Risk Taking*, 33 Journal of Accounting and Economics 145, 146(2002).

[4]　刘玉等:《上市公司股票期权激励与公司风险的实证研究》,载《上海交通大学学报》2012 年第 9 期。

[5]　"高管增持往往比大股东增持更能吸引市场目光一样,作为公司核心管理者,他们对所在公司的现况、未来的前景,以及目前股价估值等问题上的判断,具有明显的先天优势。他们逆市行权,或许隐隐表现出对自家公司发展前景以及未来股价走势的看好,值得投资者关注。"参见李智、(转下页)

了弥补高管因此所需承担的风险,例如长期持有股票期权(流动性差)①和不能将股票期权分散化("鸡蛋放在一个篮子里")或者提前变现等,②公司必须给予高管更多薪酬。例如按照公认的计算公式,价值100万元的股票期权③对于高管来说可能只相当于60万元。④所以,为了让高管感觉到获得了价值100万元的股票期权,公司必须支付其市场价值达160万元的股票期权。这价值60万元的差价就是公司支付的"风险溢价"(risk premium)。所以,对于公司而言,关键在于如何设计出良好的股票期权薪酬,使其为股东带来的收益能够抵消双方估值差异所造成的损失。

第三,对于缺少现金的公司,尤其那些具有发展潜力的新兴公司来说,通过授予高管股票期权薪酬,不仅能够吸引和留住高管,也能避免当下直接支付数额不菲的现金薪酬。⑤最典型的,就是美国"硅谷"的高科技公司了。"硅谷公司向高科技精英们发放了大笔的期权,创造了一种全新的股票期权文化。期权文化绝不仅仅意味着几个运气奇佳的小子撞上了金山;没有期权的推动,硅谷不会成为今天这个样子。期权,以及期权将会带来滚滚金钱的信念,使得创

(接上页)张小康:《"买套"行权,股权激励强硬派底气何在?》,载《每日经济新闻》2011年6月26日,http://www.nbd.com.cn/articles/2011-03-28/578131.html,最后访问时间:2022年8月16日。对股票期权薪酬这种信号功能的讨论,see Saul Levmore, *Puzzling Stock Options And Compensation Norms*, 149 U. Pa. L. Rev. 1901, 1926—1928(2001); and Andrew C. W. Lund, *Compensation As Signaling*, 64 FLORIDA L. R., 591, 610(2012)。

① 《激励办法》第2条第1款规定:"本办法所称股权激励是指上市公司以本公司股票为标的,对其董事、高级管理人员及其他员工进行的长期性激励。"

② 《激励办法》第28条第2款规定:"激励对象获授的股票期权不得转让、用于担保或偿还债务。"

③ 即公司股东和市场投资者对该股票期权价值的看法,参见 Kevin J. Murphy, *Explaining Executive Compensation: Managerial Power versus the Perceived Cost of Stock Options*, 69 U. Chi. L. Rev. 847, 859 (2002)。

④ 估计折扣率大概在30%—40%之间,Hall, *Six Challenges in Designing Equity-Based Pay*, Journal of Corporate Finance 21, Vol.15, No.3, at 26.

⑤ Brian J. Hall and Kevin J. Murphy, *The Trouble with Stock Options*, Vol.17, No.3 The Journal of Economic Perspectives 49, 49(2003).因为这些公司没有现金也缺乏凑集资金的能力来给予高管薪酬,see Mark A. Clawson and Thomas C. Klein, *Indexed Stock Options: A Proposal for Compensation Commensurate with Performance*, 3 Stan. J. L. Bus. & Fin. 31, 39(1997); Richard A.Booth, *Give Me Equity or Give Me Death——The Role of Competition and Compensation in Silicon Valley*, 1 Entrepreneurial Bus. L. J. 265 (2006)。我国的实际情况也颇为类似,"初步统计显示:在2011年提出股权激励预案的公司中,中小板和创业板公司占比超过70%",孔洁珉:《上市公司高管薪酬变局》,载《首席财务官》2011年第5期。

业成为一项事业。如果说硅谷曾长时间充当世界经济的引擎，那么期权就是引擎的燃料。"①

第四，对于股权集中型的上市公司而言，其控股股东能够较为有效地监督公司高管。但不可否认，股东与高管之间利益分离的情况依然会存在，高管仍有可能为了自己的利益损害全体股东包括控股股东的利益，例如进行没有效率的扩大经营等。②所以，对于控股股东而言，股票期权薪酬也具有一定的正面价值，这是因为"股权激励使他们（高管）具有对上市公司资产重组的积极性，通过分立和剥离出缺乏竞争优势不能增加股东价值的现金陷阱业务，兼并收购新的能够增加股东财富的投资机会以增加上市公司的利润和投资价值，从而增加股东和管理层的利益"。③因此"为了大股东和自身利益的经营层会根据公司和大股东战略的需要从原来的有计划'掏空'上市公司改变为有计划改善上市公司状况，会从'掠夺的魔鬼'变为'赠与的天使'，会千方百计通过价值转移提高上市公司的经营绩效"。④就此而论，股票期权薪酬对于股权集中型上市公司的中小股东更具有重要意义。因为如果控股股东侵害中小股东的利益，那么中小股东就会"用脚投票"，抛售公司的股票。一旦有众多的中小股东出售股票，则股价势必大幅下跌。此外，潜在的投资者认识到公司可能会被控股股东所侵害，则其对于股价的估值会偏低，这样也会使股价下跌。如果公司赋予高管股票期权薪酬，那么公司股价的下跌会极大影响到公司高管的利益。从而在一定程度上高管会反对控股股东"掏空"公司的行为。"从我国的现实情况来看，多数上市公司高管人员与大股东有着千丝万缕的关系，高管人员的利益诉求对大股东的行为有着重要的影响，其中包括股改动议。在股改完成后可推行股权激励的政策条件下，上市公司高管人员对股改的成本收益评价无疑将重新调整。未来上市公司管理层的利益将与广大中小投资者的利益紧密相关，这不仅将极大地促进股改，同时也为上市公司建立长效激励机制，完善公司治理机制奠定了坚

① 刘崇仪：《股票期权计划与美国公司治理结构》，载《世界经济》2003年第1期。
② Kobi Kastiel, *Executive Compensation in Controlled Companies*, 90 Ind. L. J. 1131(2015).
③④ 何庆明：《股权激励对上市公司的影响及投资策略分析》，载《证券市场导报》2007年第6期。

实的基础。"①所以,股票期权薪酬不仅能够有效地解决股权分散型上市公司中所存在的代理问题,而且也能在一定程度上解决股权集中型上市公司中所存在的代理问题。②这也是针对我国多数上市公司存在控股股东的实际情况,学者、媒体以及监管机构等大力提倡上市公司实施高管股票期权薪酬的原因所在。当然,因为高管多由控股股东选择的董事选出,如果高管违背控股股东的意愿,那么高管迟早会被控股股东抛弃。至于高管多大程度上能维护全体股东的整体利益,取决于公司的具体情况,尤其是控股股东的控制力。

三、股票期权薪酬效果的实证研究

中国证监会在 2006 年出台了《上市公司股权激励管理办法(试行)》,随后在 2008 年相继出台了三份备忘录,③在总结之前丰富经验的基础上,于 2016 年制定了《上市公司股权激励管理办法》(证监会在 2018 年又修订了该办法),同时废止了旧的试行办法和相关配套规则,为我国上市公司高管股票期权薪酬的成功实施奠定了坚实的法制基础。与之相应,则是我国上市公司高管股票期权薪酬的不断普及和发展。

从长期发展来看,股权激励必将成为高管薪酬结构的重要组成部分。④"截至 2012 年 5 月底,共有 284 家 A 股上市公司正在推进股权激励,占 A 股公司总数的 12%,比去年同期 9%的水平有明显上升。其中,87 家公司为 2012 年前 5 个月推出;约有 20%的创业板公司和 30%的信息技术类公司推出了股权激励计划。"⑤相关实证研究报告也表明了股票期权薪酬的巨大作用,列举

---

① 黄人杰、郝旭光:《上市公司股权激励制度的几个问题》,载《财经科学》2006 年第 5 期。

② Kun Wang & Xing Xiao, *Controlling Shareholders' Tunneling and Executive Compensation:Evidence from China*, 30 J. Account. Public Policy 89, 91(2011).

③ 《股权激励有关事项备忘录 1 号》(2008 年)、《股权激励有关事项备忘录 2 号》(2008 年)以及《股权激励有关事项备忘录 3 号》(2008 年)。

④ 夏娜丽:《公司股权激励及高管薪酬披露分析》,载《证券市场导报》2007 年第 7 期。

⑤ 严学锋:《A 股公司 CEO 薪酬日趋理性》,载《董事会》2012 年第 11 期。然而,虽然股票期权薪酬发展态势良好,但采用该种薪酬的上市公司依然颇为稀少,其比例远低于在港股和美股上市的中国大陆公司,参见曹乃承:《他们该拿那么多钱吗:上市公司高管薪酬探讨》,载《创新时代》2011 年第 10 期。就薪酬结构来看,平均而言,股票期权等激励性薪酬占我国民营上市公司高管薪酬的 50%左右,参见高明华等:《中国上市公司高管薪酬指数报告》(2011),经济科学出版社 2011 年版,第 244—245 页。

如下：

　　一份 2007 年的实证研究表明："实施股权激励的上市公司 2006 年每股收益水平远远高于深市平均每股收益 0.21 元的水平，简单平均数达到 0.50 元。"[①]同年的另一份研究报告将实行股权激励制度的公司与沪深两市的指数作比较，"结果前者比后者高出不少，市场（对于股权激励计划）的反应就是股价的上升"。因此，"总体上股权激励的实施有利于上市公司价值的提高，促进了上市公司股票价格的上升，给投资者带来了相应的投资机会"。[②]一份研究报告通过对 2008 年 9 月 30 日前在我国境内上海、深圳股票交易所上市且施行了股权激励的 63 个样本公司进行实证检验，综合运用配对样本 T 值检验法、因子分析法、回归分析法等，得出的结论是："股权激励确实对公司经营业绩产生了显著性的影响，在此基础上，分析是否因采用不同激励标的物、不同股权激励比例对经营绩效产生差异，可得期权可以比股票更好地对公司经营业绩产生显著影响。"[③]另一份更为全面的实证研究选择了从 2006 年 1 月 1 日起至 2009 年 12 月 31 日止，89 家进行股权激励的上市公司作为研究对象，"其中有 73 家公司实施的股票期权计划，占据 82.02%，成为股权激励的主要模式。该研究进一步表明：(1)现阶段股权激励制度在我国上市公司治理实践中激励效果明显，股权激励绩效明显优于市场整体绩效；(2)《激励办法》实施至今，股权激励绩效呈现出持续增长的趋势，这说明《激励办法》以及管理层后续制定的各项规范股权激励实践的法规是有效而且必要的；(3)上市公司短期内和中期内股权激励的绩效表现出稳定及增长的态势，其长期表现值得期待；(4)选择股票期权激励模式时的股权激励绩效明显好于其他模式下的股权激励绩效，因此股票期权应当成为上市公司首选的激励模式；(5)国有和非国有上市公司的股权激励效果差异并不明显，这说明不论是国有还是非国有上市公司，都可以通过实施股权激励取得更好的绩效；(6)高成长性公司股权激励绩效明显好于低成长性公司，可见高成长性公司应更加积极地

　　① 夏娜丽：《公司股权激励及高管薪酬披露分析》，载《证券市场导报》2007 年第 7 期。
　　② 何庆明：《股权激励对上市公司的影响及投资策略分析》，载《证券市场导报》2007 年第 6 期。
　　③ 孙堂港：《股权激励与上市公司绩效的实证研究》，载《工业经济研究》2009 年第 3 期。

利用股权激励的激励作用"。①有实证研究表明,"使用 2006—2011 年间的股票期权样本来检验 ESO 效应对企业绩效的影响。通过对绩效指标 ROA、ROE 的回归分析,得出 ESO 对企业绩效有显著的正效应。说明通过将经理人的个人经济利益与企业的长期发展联系起来,可以使经理人努力工作,更好地管理公司,不仅公司实现了更好的发展,同时高级管理者还可以获取丰厚的报酬。这为上市公司企业经营提供了启示,公司应该充分利用股票期权激励制度,来激励经理人,进而实现经理人和公司利益的双赢"。②实证研究表明,"选取我国 2016—2018 年成功实施股权激励计划的 507 家 A 股上市公司样本,对股权激励强度与公司绩效的关系进行实证检验,发现股权激励强度与企业绩效显著正相关;与限制性股票相比,股票期权的激励效果更优;在实施股票期权的企业中,企业绩效随股权激励强度的增加而显著提高,限制性股票模式下二者关系不显著;与非国有企业相比,国有企业的股权激励强度与企业绩效的关系变化更加敏感;随着上市时间的增加,股权激励强度与企业绩效之间的正向关系逐渐显著,上市时间对二者关系有显著的调节作用。为了降低企业管理成本、提高企业的核心竞争力,需要合理设计股权激励方案中的激励要素,并根据企业自身特点慎重选择实施股权激励时机,这有利于企业用好股权激励这一长期激励工具"。③

当然基于不同的统计数据和统计方法,会得出不同的结论。例如有实证研究"以 2006—2011 年公司年报中公布实施股权激励的上市公司为样本,对股权激励与公司业绩的关系以及不同激励模式的激励效果进行了深入的实证

---

① 何凡:《中国上市公司股权激励绩效实证研究——基于〈上市公司股权激励管理办法〉实施后的经验数据》,载《四川教育学院学报》2010 年第 11 期。

② 纪建悦、王艳霞:《股票期权激励与公司绩效关系的实证研究——基于我国制造业上市公司 2006—2011 年的经验数据》,载《金融发展研究》2014 年第 5 期。

③ 倪艳、胡燕:《股权激励强度对企业绩效的影响——以 A 股上市公司为例》,载《江汉论坛》2021 年第 4 期。同样,有研究"通过选取来自中国 A 股上市公司 2006 年至 2017 年的面板数据,运用'渐进性'双重差分法,检验了经理人股权激励计划与企业价值间的关系。本文的实证结果显示,上市公司经理人的股权激励可以提升企业价值。具体而言,经理人股权激励可以通过改善企业经营业绩、吸引机构投资者持股以及留存员工三个作用渠道提升上市公司的企业价值"。周云波、张敬文:《经理人股权激励可以提升企业价值吗?——来自中国 A 股上市公司的证据》,载《消费经济》2020 年第 1 期。

分析,研究发现:(1)实施股权激励对上市公司业绩的提升具有一定的积极作用,但影响效果较小,并不显著。究其原因,主要是我国资本市场的弱有效性、经理人市场的发育不成熟、公司治理结构的不完善以及法规和政策的不健全,这些都可能导致股权激励的失效;(2)实施股票期权模式的公司业绩略微好于实施限制性股票的公司,但二者之间的差异并不明显。这一实证分析结果与我国目前上市公司中大部分采用股票期权激励模式的现状相符"。[①]总体而言,在我国,股票期权薪酬确实能够有效地结合高管与股东的利益,实现两者的双赢。

第三节　股票期权薪酬中的代理问题

虽然股票期权薪酬能够较为有效地解决公司中的代理问题,然而,"股票期权薪酬并不是包治百病的万应灵丹,其自身也同样存在着一些固有的局限和风险"。[②]当股票期权薪酬能够有效地结合高管与股东利益,减少公司治理中的代理问题时,其自身也会产生新的代理问题。[③]产生这些代理问题的根本原因在于高管在公司中具有的强大影响力,包括对于公司董事会和独立董事的影响、投资策略和内容决策权以及信息披露时机和内容的选择等。具体分析如下:

一、代理问题之一:高管权力

高管在公司拥有巨大的影响力,此种影响力有可能会使其获得在公平谈判(at arm's length bargain)之下所不能获得的"超额薪酬"(excessive compensation),这即为著名的"高管权力理论"(managers' power theory)。[④]虽然高管

---

① 刘广生、马悦:《中国上市公司实施股权激励的效果》,载《中国软科学》2013 年第 7 期。

② 刘崇仪:《股票期权计划与美国公司治理结构》,载《世界经济》2003 年第 1 期。

③ Lucian Arye Bebchuk and Jesse M. Fried, *Executive Compensation as an Agency Problem*, 17 Journal of Economic Perspective 71, 72(2003).

④ ［美］卢西恩・伯切克、［美］杰西・弗里德:《无功受禄:审视美国高管薪酬制度》,赵立新等译,法律出版社 2009 年版。

权力主要存在于股权分散型的上市公司;但是,在股权集中型的上市公司,高管权力在某种程度上也有所体现。就前者而言,主要表现为由于存在着"集体行动的困境"等多种问题,股东难以有效地监督公司高管;而受股东委托的主要由独立董事组成的薪酬委员会,基于各种原因往往又会受到高管的影响,例如独立董事能否进入公司的董事候选人名单,通常由公司的首席执行官来决定。因此他们会偏向于高管利益,给予高管超额的股票期权薪酬。"此外,各种社会的和心理的因素('袍泽之谊'、'团队精神'、避免在董事会团队中发生冲突的自然愿望,以及某些时候的友谊和忠诚)也在把董事们拉向同一个方向。"①就后者而言,主要表现为公司的高管要么是公司的实际控制人;要么其在公司中拥有巨大的影响力,能够与公司的控股股东或者主要股东进行某种利益交换。对此,有个案研究认为,"在股权高度集中且大股东担任董事长兼首席总裁的公司中,公司的所有权与经营权'黏合'不仅导致了大股东(而不是经营者)主导股票期权制定过程,采取措施提高股票期权的行权门槛,产生新的代理问题,而且使股票期权失去了激励的源条件,股票期权业绩考核指标与激励对象不再相关,契约双方认真预测公司未来经营业绩与契约条款的匹配性动力丧失,最终导致股票期权激励效应难以发挥"。②

二、代理问题之二:财务操纵

为了获得股票期权或者使自己从股票期权中获得最大收益,高管不惜通过公司财务上的违法行为来实现授予(或者行使)股票期权所需满足的条件或者虚假抬高公司的股价。在正常情况下,高管固然可以通过改善公司的经营

---

① [美]卢西恩·伯切克、[美]杰西·弗里德:《无功受禄:审视美国高管薪酬制度》,赵立新等译,法律出版社 2009 年版,第 3 页。

② 袁振兴:《股票期权激励的源条件、代理问题及其激励效果——雏鹰农牧股份公司股票期权激励计划的案例分析》,载《会计之友》2016 年第 2 期。有实证研究表明,以"2006 年到 2009 年推出 ESO 计划的中国上市公司为样本,从高管权力、内部条件及外部环境三个方面对公司股权激励的动因进行了研究。结果表明,公司高管权力越大,公司就越有可能推出 ESO 计划;公司规模、资金流动性与推出 ESO 计划呈显著正相关关系;公司股权结构越集中、财务杠杆越高,则有抑制 ESO 计划推出的倾向;公司风险与 ESO 计划之间呈凹性关系,表明风险过高和过低都不利于 ESO 计划的推出"。赵青华、黄登仕:《高管权力与股票期权计划实证研究》,载《重庆大学学报(社会科学版)》2013 年第 3 期。

管理、加强公司产品的质量以及扩大公司的市场份额等手段，来提升公司真实的经营业绩从而获得恰如其分的收益。但是，在市场不景气或者公司表现不佳的情况下，公司高管可能会铤而走险，违反证券法等相关法规的要求，通过虚假记载、误导性陈述以及重大遗漏等财务违法行为操纵公司的财务会计报告，使得公司的经营业绩表面上满足规定的条件或者虚假地抬高公司的股价。①有研究认为，"股票期权的道德风险已经成为它的主要风险之一，高管人员有可能会通过操纵信息的发布，甚至制造虚假财务信息来影响股价的变动。经理人员在既定的期权授予日之前，可以通过某些特定的操作打压股票的价格，然后再授予自己股票期权，并从中获利；而在执行股票期权之前，又会拉高股价，以最大限度地获取执行价格与市价之间的差额利润"。②然而，此类行为在实务中往往难以被证实，如果不加以适当规范，极有可能会损害股东的利益。"简言之，对于公司高级管理层采用以期权为基础的薪酬有其'黑暗的一面'：在缺乏特殊监控机制的情况下，期权越多意味着欺诈越多。"③对此，监管层也认识到了问题的严重性，"实践中，股权激励授予条件、行权条件是否成就由董事会审议决定。当董事、高管人员作为激励对象参与股权激励时，在绩效考核指标多以财务业绩指标为主的情况下，不但容易引发管理层操纵业绩，还易导致董事会对授予条件、行权条件进行自我评判，独立性、公允性不足"。④

---

① Lucian A. Bebchuk and Jesse M. Fried, *Executive Compensation at Fannie Mae：A Case Study of Perverse Incentives*，*Nonperformance Pay*，*and Camouflage*，30 J. Corp. L 807，808(2005).

② 曲海翔、曹彦栋：《论上市公司经理股票期权对中小投资者的利益损害及应对策略》，载《财会研究》2011年第9期。我国有实证研究以"以中集集团股票期权激励为例，从股票期权激励计划草案公告时点的机会主义选择，以及围绕股票期权激励计划草案公告前后的信息披露和盈余管理机会主义择机三个方面，分析上市公司股票期权激励计划推出前后的机会主义择时行为。研究发现，管理层为了降低行权价格，以最大化股票期权预期收益，会有意识选择公司股价较低点时公告股权激励计划草案，并且倾向于在草案公告前披露坏消息、推迟好消息，同时实施向下盈余管理，以配合机会主义择时行为"。王烨等：《股票期权激励计划公告与机会主义择时——基于中集集团的案例研究》，载《管理案例研究与评论》2015年第5期。

③ ［美］约翰·C.科菲：《看门人机制：市场中介与公司治理》，黄辉、王长河等译，北京大学出版社2011年版，第64页。

④ 《上市公司股权激励管理办法》起草说明。有实证研究也指出，"目前中国实施股权激励的上市公司激励有效期设置时间相对较短，大多小于5年。但相对于主板，科创板企业的股权激励期限相对更长，有近70%的科创板企业股权激励期限超过5年，更加具有'激励性'，这可能是因为科（转下页）

三、代理问题之三：短期利益

由于高管能否从股票期权薪酬中获得实实在在的收益,直接与公司的股价相关:公司股价越高,则高管的获利也就越大。因此,为了获得收益,公司高管可能会通过牺牲股东长期利益的方法,如减少研发投入、减少广告支出或者追求风险过高的投资(excessive risk taking)等,使公司的股价在短期内暂时地表现良好,从而他们可以在股价处于"高位"时行使自己的股票期权。[1]有学者正确地指出,"与公司收益挂钩的高额报酬造成贪婪极度化。因为高管能够从高风险决策所带来的高收益中获取高额报酬,而高风险所导致的公司损失乃至破产往往在很长时间后才能浮现,在短期内高管面临问题和承担责任的风险极小。因此,高管往往能够在在任期间获取高额收益,而不用承担任何风险。当公司危机发生时,高管只要能够说明自己的决策完全符合法律的要求即可。当高风险的决策能够获取高报酬而不用负任何责任又没有外部监管时,人性的贪婪便被无限扩大。于是,道德危机发生了。当全世界遭受严重金融危机时,当公司遭遇破产危机时,公司管理层却仍然受之前签订的合同的保护,照常获取高额收益"。[2]对于即将卸任或者职位处于危机中的高管来说,此类现象尤为突出。一旦丰厚的薪酬到手,公司是否能够长期持续地经营,对高管来说无关紧要。[3]并且,由于高管过分在乎股东利益,而置其他利益相关者利益于不顾,"因为管理层的报酬是与公司的股价相联系的(例如,公司配售给管理层的期权),而股价是由公司的营利能力决定的。因此,管理层更愿意为股

(接上页)创板企业对创新要求更高,更加注重人力资源,因此更倾向于实施较长时间的股权激励方案以留住核心人才"。王斌等:《中国上市公司股权激励:现状与讨论》,载《财务研究》2022年第1期。

① 在美国法上,就公司的短期利益与长期利益之争有诸多不同观点,对此可参见 Nadelle Grossman, *Turning a Short-Term Fling Into a Long-Term Commitment : Board Duties in a New Era*, 43 U. Mich. J. L. Reform 905(2010); J. B. Heaton, *The Long Term in Corporate Law*, 72 Bus. LAW. 353(2017)。

② 吴世学:《全球金融危机与公司治理》,载《交大法学》2014年第2期。

③ 有美国学者就认为本次金融危机的原因之一就是公司高管的薪酬结构导致了其追求短期利益,参见 Judith F. Samuelson and Lynn A. Stout, *Are Executives Paid Too Much?* WALL ST. J., Feb.25, 2009, at A13, *available at* http://online.wsj.com/article/SB123561746955678771.html,最后访问时间: 2012年12月12日。

东利益最大化而赚钱,钱赚得越多,股价越高,期权行权时,管理层获得的报酬就越多。因此,管理层因其激励机制而事实上很少考虑其他利益相关者的利益。"[1]

四、代理问题之四:意外之财

因为公司内部监督机制的不完善,所以高管股票期权激励计划往往会违反风险和收益相适应的原则,给予高管"意外之财"(windfalls)。在高管股票期权薪酬实务中,往往会出现这样一种现象:当宏观经济形势低迷或者公司业绩不佳,致使公司股价下跌时,公司往往会发行新的股票期权以代替旧的股票期权,以便高管在股东遭受损失的情况下,也能获得收益。当然有时也会撤销已经制定的股票期权激励计划,等市场好转之时,再择机推出。理由往往是确保股票期权薪酬仍然具有激励作用,激励并且留住公司的高管。当宏观经济表现良好或者出现利好的经济政策而使得公司股价高涨时,公司却并不提高行权价格,从而使得高管获得"意外之财"。这种"旱涝保收"的薪酬设计,无疑违背了公司实施股票期权薪酬的初衷,即公司高管应该与股东"共担风险,共享收益"。

五、其他代理问题

上市公司高管股票期权薪酬还存在其他一些代理问题,但是,本书认为在实务中,这些代理问题要么已经得到有效解决,要么对公司和股东产生的危害甚为轻微。因此,本书不准备对这些问题进行详细地讨论,此处仅简要提及:

第一,公司高管可能会通过购买金融衍生产品来对冲(hedge)其所拥有的股票期权的风险。[2]例如高管可以和对手方(通常为银行)约定,将价值1000万元的股票期权与对手方1000万元现金互换。股票期权的获益和损失都由对

---

① 吴世学:《全球金融危机与公司治理》,载《交大法学》2014年第2期。

② Steven A. Bank, *Devaluing Reform*:*The Derivatives Market and Executive Compensation*, 7 DePaul Bus. L. J. 301(1995).

手方承担;而高管则可以要求对手方将这 1000 万元购买指数基金等投资工具。这样通过金融衍生工具,高管可以完全对冲掉股票期权所具有的风险。本书认为这一问题确实存在,但大可不必对此过分操心。因为一是《激励办法》第 28 条第 2 款已经明确规定,"激励对象获授的股票期权不得转让、用于担保或偿还债务",购买衍生产品可能被解释为转让该股票期权,因此违反本款的规定。二是在我国,由于金融衍生品市场并不发达,尚未有公司高管购买金融衍生品对冲股票期权的情况出现。[1]

第二,公司董事会通过"倒填"(也被称为"回溯",backdate)期权的授权日期,给予高管更为优惠的行权价格,[2]例如真实的授权日期为 12 月 1 日,其股价为 20 元/股,行权价格为 20 元/股;如果董事会采用"倒填"期权授权日期的方式,把授权日改为 11 月 1 日,其股价为 15 元/股,行权价格为 15 元/股。对高管而言,其即可坐享 5 元/股的额外收益。在我国,由于《激励办法》在上市公司披露决定行权价格的方式[3]方面作了严格规定,实务中,"倒填"股票期权日期的情况并没有出现过。

第三,高管行使其股票期权的结果会稀释公司既存股东的股份,对他们造成损害。[4]这种潜在的损害后果确实会存在,但实际产生的损害后果却相当微小。原因在于:其一,实务中,公司通常会采用股份回购的方式来获得其所需交付给高管的股份。实际上起到一种向股东分红的效果。鉴于我国实际情况,应该大力提倡。如果股东认为其权利会被稀释,那么其可以向公司出售自

① 国内已经有学者注意到该问题,参见李安安:《股份投票权与收益权的分离及其法律规制》,载《比较法研究》2016 年第 4 期。

② 刘赟:《经理人权力与股票期权的现实操作》,载《河北法学》2011 年第 8 期。

③ 《激励办法》第 29 条规定:"上市公司在授予激励对象股票期权时,应当确定行权价格或者行权价格的确定方法。行权价格不得低于股票票面金额,且原则上不得低于下列价格较高者:(一)股权激励计划草案公布前 1 个交易日的公司股票交易均价;(二)股权激励计划草案公布前 20 个交易日、60 个交易日或者 120 个交易日的公司股票交易均价之一。上市公司采用其他方法确定行权价格的,应当在股权激励计划中对定价依据及定价方式作出说明。"由于行权价格需要参考草案公布时的有关价格,而草案公布的时间是确定的,因此很难想象我国会出现"倒填"股票期权的情况出现。当然,董事会有可能选择对于高管有利的时间公布草案。

④ Kenneth J. Martin and Randall S. Thomas, *When Is Enough, Enough? Market Reaction to Highly Dilutive Stock Option Plans and The Subsequent Impact on CEO Compensation*, 11 Journal of Corporate Finance 61(2005).

己的股份。①其二,按照《激励办法》的规定,公司发行的股票期权等激励性薪酬不得超过已发行股份的10%,所以即使存在股东权利被稀释的情况,其也存在着上限,不会过分地侵害股东的利益。②最为根本的理由是如果高管的股票期权薪酬能够设计公平合理,切实地体现风险和收益相适应原则,真正贯彻股票期权薪酬所要实现的目标,那么该股票期权薪酬所能给股东带来的回报远远高于股份被稀释所遭受的损害。③

虽然我国上市公司高管股票期权薪酬法律制度建立的时间并不算长,但是前述所讨论的股票期权薪酬中存在的"四大代理问题",却已经出现。例如公司在制定高管薪酬时缺乏有效的内部监督机制、④高管薪酬与公司业绩不匹配、⑤高管通过控制信息披露的时间以获得私利⑥以及股票期权薪酬无法形成长期激励⑦等问题已经时有发生。实事求是地讲,有些实证研究也表明股票期

---

① 《激励办法》第12条规定:"拟实行股权激励的上市公司,可以下列方式作为标的股票来源:(一)向激励对象发行股份;(二)回购本公司股份;(三)法律、行政法规允许的其他方式。"实务中,通常采用前两种方法。另参见《公司法》(2023年修订)第162条第3项。

② 《激励办法》第14条第2款规定,"上市公司全部在有效期内的股权激励计划所涉及的标的股票总数累计不得超过公司股本总额的10%。非经股东会特别决议批准,任何一名激励对象通过全部在有效期内的股权激励计划获授的本公司股票,累计不得超过公司股本总额的1%"。按照国外学者的看法,一般来说稀释程度小于5%,属于可接受范围;而超过10%则会引起较为强烈的反对,机构投资者会投反对票。所以设置10%的稀释上线,至少不会引起机构投资者的反对,从而对股价不会产生较大影响,具体分析讨论参见 Martin and Thomas, *When Is Enough, Enough? Market Reaction to Highly Dilutive Stock Option Plans and The Subsequent Impact on CEO Compensation*, 11 Journal of Corporate Finance, at 61—83. 有学者认为,"我国证监会规定的10%对于我国上市公司而言还是比较合理的",朱勇国:《中国上市公司高管股权激励研究》,首都经济贸易大学出版社2012年版,第75页。

③ 关于股票期权稀释问题的深入讨论,参见 Richard A. Booth, *Why Stock Options are the Best Form of Executive Compensation（And How to Make Them Even Better）*, 6 N. Y. U. L. & Bus. 281, 310—323(2010)。

④ "2010年的一项调查表明,只有40%的上市公司在高管人员薪酬奖励方面有适当的约束机制。中国内地的上市公司存在着一些特殊性,比如缺少透明度和对财务内容的充分披露,由一个单一大股东控股,传统文化的影响使得薪酬委员会在中国上市企业中的地位非常微妙,对高管们薪酬的监控也就成了一句空话,使得股东尤其是一些中小股东的利益难以得到保障。"曹乃承:《他们该拿那么多钱吗:上市公司高管薪酬探讨》,载《创新时代》2011年第10期。

⑤ "当前股权薪酬实践说明,高管薪酬并没有与其贡献相挂钩,没有充分激励高管提升公司业绩和股东价值,而且还产生了负效应。"傅穹、于永宁:《高管薪酬的法律迷思》,载《法律科学(西北政法大学学报)》2009年第6期。

⑥ 宋元东:《石基信息行权期将近,创新业务完善战略拼图》,载《每日经济新闻》2011年2月27日,http://www.nbd.com.cn/articles/2011-02-27/496194.html,最后访问时间:2022年8月17日。

⑦ 李晓永、赵凌云:《中国企业股票期权行权期限问题研究》,载《经济与管理》2011年第4期。

权的激励效果不尽如人意。例如,有实证研究"以 2007 年至 2009 年间的公布股票期权激励方案的上市公司为总体样本,运用线性回归模型分析了管理层激励、公司股本结构、公司治理结构、公司规模、盈利能力、杠杆系数等因素对公司效率的影响。首先,估计结果未能证实管理层持股显著有利于公司效率。相对而言,股本结构、盈利能力、杠杆系数与公司价值之间存在更显著的联系。这表明现阶段我国上市公司的高管股票期权能力并没有发挥作用。公司必须完善相关的治理结构,而政府也应从法律法规和政策引导等方面推进股票期权正作用的发挥"。①证监会同样指出,股票期权薪酬在实践中"暴露出现行股权激励制度的不足,例如事前备案影响激励效率,不符合简政放权的要求(目前已取消);股权激励条件过于刚性,上市公司自主灵活性不强;市场剧烈变化时,行权价格倒挂致使激励对象无法行权,等等"。②并且这些问题也引起了媒体和学者的注意和批评。

因此有学者发出了"股权激励请减速缓行"的呼吁,③但显然这并不是主流观点。诚如郁光华教授所言"在现实的世界里,我们只能把这一制度(股票期权)的采用和报酬与企业绩效不相关的报酬制度相比。在中国法律制度还不是十分成熟的情况下,股票期权制度的采用也更容易被滥用。这就要求证券市场的法律法规对高管滥用内幕信息或采用其他方法操纵企业股价的行为实施严厉的打击"。④"整体上看,A 股公司 CEO 们胡乱自定薪酬、薪酬与业绩严重失衡的时代已过去,可谓公司治理的一大进步。与此同时,少数公司 CEO 薪酬畸高、CEO 薪酬与业绩严重不匹配、CEO 薪酬结构不合理等现象依然存在——进一步完善相关制度设计,真正达到 CEO 与公司、股东的共赢,无疑任

---

① 周州、徐立锋:《中国上市公司高级管理人员股票期权激励有效提升公司价值的实证研究》,载《经济师》2011 年第 2 期。

② 《上市公司股权激励管理办法》起草说明。

③ 高明华:《股权激励请减速缓行》,载《董事会》2011 年第 6 期。

④ 郁光华:《从代理理论看对高管报酬的规范》,载《现代法学》2005 年第 2 期。面对股票期权薪酬中存在的"四大代理问题",仅仅通过市场化的手段,例如敌意并购、高管市场的竞争以及产品市场的竞争等市场方法来予以解决是远远不够的并且效果也非常有限,必须通过法律规范的方式来解决这"四大代理问题"。[美]卢西恩·伯切克、[美]杰西·弗里德:《无功受禄:审视美国高管薪酬制度》,赵立新等译,法律出版社 2009 年版,第 46—53 页。

重道远。"①

第四节　股票期权薪酬代理问题解决的方法

一、"三个方面的监督,两种策略的运用"

本书依据我国现行《公司法》《证券法》以及证监会颁布的《激励办法》等相关法律、行政法规(为行文便利,如不作特别说明,以下都统称为法规),结合我国上市公司高管股票期权薪酬的实践,在借鉴英、美以及日等先进国家相关法规和实践经验(包括司法实践)的基础上,就如何有效地解决本书所指出的我国上市公司高管股票期权薪酬中所出现的"四大代理问题",提出建议和主张,以期能够促进我国上市公司高管股票期权薪酬制度的不断发展和完善。

具体而言,本书试图通过"三个方面的监督,两种策略的运用"②来解决(或者部分解决)上市公司高管股票期权薪酬中的代理问题,尤其是其中的"高管权力"问题,具体来说:

"三个方面的监督"分别是公司内部的监督(公司治理)、资本市场的监督(薪酬顾问的监督)以及公权力机关的监督(证监会和法院)。就高管的股票期权薪酬而言,本为公司内部事务,每个公司的具体情况又各不相同,通过公司自身内部治理机制的改进和完善,尤其是通过加强薪酬委员会的权力及其独立董事的作用和完善信息披露制度,来解决其中的代理问题,除了在效率方面比较高之外,也最具有正当性。"为了能在全球的竞争中获得成功,上市公司应该制定属于自身特色的薪酬计划,来解决公司所面临的问题,如:独特的商业战略和公司的发展期间等。当市场环境等发生变化时,公司应当不时地调整高管的薪酬组合来应对这种变化。因为这些缘故,'一刀切'(one-size-fits-

---

① 严学锋:《A股公司CEO薪酬日趋理性》,载《董事会》2012年第11期。

② 这种解决股票期权薪酬中代理问题的思路主要得益于《公司法剖析:比较与功能的视角》一书中关于解决公司代理问题的思路。解决代理问题除了加强监督之外,还有激励的方式,但是针对股票期权薪酬中所产生的代理问题,主要的方式应为监督。因为如果采用激励机制,又会出现激励机制中的代理问题,循环不断,不能最终解决问题。但也不是说,激励方式就没有用武之地,如给予独立董事股权薪酬也是一种能解决股票期权薪酬中代理问题的激励方式。

all)或者'规则取向'(rules-based approach)的高管薪酬是无法奏效的。"①需要强调的是,本书并不认为,在股票期权激励计划表决方面,股东会能够起到很好的监督作用。理由在于就我国而言,高管的股票期权激励计划基本上都会获得主要股东的支持,包括控股股东、员工持股会以及保险公司、基金公司等机构投资者。所以,对中小股东而言,通过"股东集体行动反对期权计划殊为不易,因为由股东联合起来反对一项期权计划提案需花费大量资源,这对任何股东来说都可能会觉得很不值得。相比之下,如果是由董事会为通过期权计划而征集投票代理权,②所有费用却都由公司埋单"。③因此,对于中小股东而言,事前的监督形式意义大于实质意义。④所以,本书不准备对股东事前监督股票期权薪酬的相关问题进行详细讨论。此外,由于监事会在股票期权激励计划的制定过程中,仅仅是"对激励对象名单予以核实"⑤或者对于名单变更等发表意见,⑥基本上不会起到实质性的监督作用,所以本书也不讨论监事会的作

---

① The Conference Board,*The Conference Board Task Force on Executive Compensation* 12(2009),*available at* http://www.conference-board.org/pdf_free/execcompensation2009.pdf,最后访问时间:2022年8月21日。

② 《激励办法》第40条规定,"上市公司召开股东会审议股权激励计划时,独立董事应当就股权激励计划向所有的股东征集委托投票权"。

③ [美]卢西恩·伯切克、[美]杰西·弗里德:《无功受禄:审视美国高管薪酬制度》,赵立新等译,法律出版社2009年版,第43—44页。

④ James E. Heard,*Executive Compensation*:*Perspective of the Institutional Investor*,63 U. Cin. L. Rev. 749,758(1995).实证研究上,股东事前批准的收益能够抵消其不菲的成本也颇值得怀疑,参见Lilian Ng et al.,*Does Shareholder Approval Requirement of Equity Compensation Plans Matter?* 17 Journal of Corporate Finance 1510(2011)。

⑤ 《激励办法》第42条第2款规定:"上市公司监事会应当对限制性股票授予日及期权授予日激励对象名单进行核实并发表意见。"《激励办法》第46条规定:"上市公司在向激励对象授出权益前,董事会应当就股权激励计划设定的激励对象获授权益的条件是否成就进行审议,独立董事及监事会应当同时发表明确意见。律师事务所应当对激励对象获授权益的条件是否成就出具法律意见。上市公司向激励对象授出权益与股权激励计划的安排存在差异时,独立董事、监事会(当激励对象发生变化时)、律师事务所、独立财务顾问(如有)应当同时发表明确意见。"《激励办法》第47条规定:"激励对象在行使权益前,董事会应当就股权激励计划设定的激励对象行使权益的条件是否成就进行审议,独立董事及监事会应当同时发表明确意见。律师事务所应当对激励对象行使权益的条件是否成就出具法律意见。"

⑥ 《激励办法》第50条第3款规定:"独立董事、监事会应当就变更后的方案是否有利于上市公司的持续发展,是否存在明显损害上市公司及全体股东利益的情形发表独立意见。"第55条规定:"股东会审议股权激励计划前,上市公司拟对股权激励方案进行变更的,变更议案经董事会审议通过后,上市公司应当及时披露董事会决议公告,同时披露变更原因、变更内容及独立董事、监事会、律师事务所意见。"

用。由于公司内部监督的局限性,仅仅依靠公司自身监督,完善公司治理并不能完全解决高管股票期权薪酬中的"四大代理问题"。因此,还需要像薪酬顾问这样证券市场独立的"看门人",通过其专业、客观的服务,来监督股票期权薪酬的合理性。此外,证监会可以通过制定办法、备忘录等强行性规范或者"遵守或者解释"的规定等①来减少股票期权薪酬中的代理问题。最后,法院的司法审查不仅能够使得违反法律规定的董事承担应有的法律责任;并且通过司法判决的说理,阐明他们应有的行为标准,也能为其提供适当的行为规范,重要意义自不待言。需要指出的是,从公司法的角度来讲,三个方面监督的重点应该是股票期权薪酬制定的过程是否公平合理,②而非薪酬的绝对数量。"在股东获利的情况下,即使薪酬再高,也是值得并且应当鼓励的。"③虽然本书大体上区分了三个方面及多个主体监督各自的侧重点,但是它们之间是互相影响的,尤其是证监会的影响最大。其制定的关于独立董事和信息披露的规定直接影响着公司的内部监督。其制定的关于高管股票期权薪酬追回的条款,为公司在事后追回高管获得的不当薪酬奠定了实在法依据。证监会对于证券市场的看门人"薪酬顾问""财务顾问"等享有监管权。虽然目前证监会没有专门制定关于薪酬顾问的相关规定,但是如果薪酬顾问是证券公司或者财务顾问的话,那么其需要遵守证监会的相关规定。最后,证监会对于资本市场参与人的行政处罚是当事人提出诉讼的重要证据。因此,我国证监会对于上市公司高管股票期权薪酬的不断发展和完善起着最为重要的作用。

"两种策略的运用"分别是事前策略,即股票期权激励计划制定过程所能采取的解决代理问题的策略;事后策略,即在股票期权激励计划生效之后(从

---

① 对于证监会制定的"遵守或者解释"(comply or explain)规则,公司可以遵守也可以不遵守。但是如果不遵守的话,则公司必须说明充分的理由并将之披露给公众,接受监督。因为这些规则代表了社会公众对于良好公司治理的共识,除非公司提供足够且充分的理由来说明其为何不遵守这些规则,否则公司就很难得到股东和公众的认可,从而对公司产生不利影响。

② 例如有学者指出,"在分配结果不公平时,只有在程序不公平的情形下才会产生不满意感。可见,要让人们尤其是股东和职工认同经营者的高薪,程序公正无疑至关重要"。参见朱羿锟:《经营者薪酬:正当性危机与程序控制》,载《法学论坛》2004年第6期。

③ [美]卢西恩·伯切克、[美]杰西·弗里德:《无功受禄:审视美国高管薪酬制度》,赵立新等译,法律出版社2009年版,引言第7页。

股票期权激励计划正式生效到股票期权全部行权完毕)所能采取的解决代理问题的策略。在我国,通过法院的司法审查等事后策略来监督董事,以期解决股票期权薪酬中的代理问题难度相对较大。相比之下,通过事前策略,如加强薪酬委员会的权力及其独立董事的作用、完善股票期权薪酬的信息披露制度以及薪酬顾问利益冲突的防止等策略,来解决其中的代理问题显得更为实际和重要。但毋庸置疑的是,即使事后策略的效果有限,因为存在着法院的司法审查,董事等在制定股票期权激励计划的时候,才不得不稍微谨慎行事,从而具有一定的事前监督的效果。又如,就高管股票期权薪酬追回制度而言,虽然是在财务违法行为被证实之后,公司才能追回已经支付给高管的股票期权薪酬,但是因为有这样一种制度的存在,公司高管在事前通过财务违法行为来获得薪酬的动机也就大大减少了,从而也具有事前监督的效果。所以,事前策略和事后策略之间也存在着互相影响的情况。制作简要表格如下:

表 1-1

	公司内部监督	资本市场监督	公权力机关监督
事前策略	加强薪酬委员会的权力及其独立董事的作用;完善高管股票期权薪酬的信息披露制度。	制定关于薪酬顾问独立性的规定;并禁止有利益冲突的薪酬顾问向公司提供发表独立意见的服务。	证监会针对某些具体的代理问题制定的规则。
事后策略	具体化高管股票期权薪酬追回制度。	完善薪酬顾问的民事法律责任。	法院采用"修正的商业判断规则";完善股东派生诉讼制度。

二、本书主要内容

本书的第二章、第三章和第四章主要研究如何通过公司内部治理来解决高管股票期权薪酬中的代理问题,其中第二章是事前策略之一,加强薪酬委员会和独立董事的权力;第三章是事前策略之二,完善高管股票期权薪酬的信息披露制度;第四章则是事后策略即具体化股票期权薪酬追回制度。

第五章重点研究资本市场监督,即薪酬顾问在监督高管股票期权薪酬中所扮演的角色、存在的问题以及完善建议。

第六章和第七章则讨论公权力机关的监督。其中第六章讨论证监会如何在事前通过"遵守或者解释"规则来解决意外之财、短期利益以及信息披露控制等问题;第七章则讨论法院如何在事后通过"修正的商业判断规则"来追究有过错董事的责任。

第八章是本书的总结。

第五节　研究方法

一、法律解释学的方法

作为一本法学类的著作,本书主要采用的是法律解释学的方法。在阐明相关法律词汇(文义解释)、整合规范股票期权薪酬的法规体系(体系解释)以及探寻立法的目的(目的解释)的同时,本书就法规中规定不完善或者没有规定的地方,提出完善的建议(法律续造)。①

二、比较法的方法

因为股票期权薪酬是美国上市公司高管薪酬的主要组成部分,②法规和实践经验都比较丰富。关于股票期权薪酬中代理问题的解决,美国经验能为我国相关制度的解释和完善提供诸多宝贵的借鉴。日本对于股东派生诉讼的改革及其效果也能为我国相关制度的完善提供有益的借鉴。由于作为社会科学的法学难以像自然科学一样,在实验室里对理论和假设进行验证,因而,在某种意义上其他国家同种法律制度的实践,能够作为本国相同制度的"试验室"。当然,由于各国在政治、经济、文化等多种方面存在差异,"实验结果"多大程度上对本国的制度有借鉴意义,就值得仔细甄别和评估,难

---

① 经典法学方法论,尤其是民法学方法论的著作,当首推[德]卡尔·拉伦茨:《法学方法论》,陈爱娥译,商务印书馆 2003 年版;以及黄茂荣:《法学方法与现代民法》(第五版),法律出版社 2007 年版;杨仁寿:《法学方法论》(第二版),中国政法大学出版社 2013 年版;王利明:《法学解释学》(第二版),中国人民大学出版社 2016 年版。

② 林泽炎:《美国公司高层经理薪酬管理考察报告》,载《经济理论与经济管理》2003 年第 8 期。

度不可谓不大。①

三、法律经济学的方法

本书始终重视在解释、完善或者设计某种解决股票期权薪酬中代理问题的策略时,其本身所需投入的成本(costs)和所能产生的收益(benefits),并对之进行比较分析。以最小的成本来解决股票期权薪酬中的代理问题,始终是本书的一个指针。②

四、案例分析和实证研究的方法

最后,本书采用实证研究的方法,包括微观性的个案分析和宏观性的总括研究。前者主要通过具体个案,比如具体的诉讼案件、新闻媒体的报道以及某个公司具体的股票期权激励计划等来分析和讨论股票期权薪酬中产生的代理问题及其解决方法。后者主要通过宏观性的实证研究,在分析数量可观的统计样本的基础上,整体性讨论股票期权薪酬的价值以及其中的代理问题。

第六节　关于本书几点说明

限于作者的学术背景和研究能力等,本书并不试图就上市公司高管股票期权薪酬制度的所有相关问题进行深入研究。本书仅仅是对股票期权薪酬中四个具有普遍性和现实性的代理问题进行较为深入的研究,不求面面俱到。所以,关于本书作如下说明:

---

① 关于比较法的相关著作,参见[意]罗道尔夫·萨科:《比较法导论》,费安玲等译,商务印书馆2014年版;[日]大木雅夫:《比较法》,范愉译,法律出版社1999年版。
② 法律经济学的经典著作当首推[美]理查德·波斯纳:《法律的经济分析》(第七版),蒋兆康译,法律出版社2012年版。其他著作例如[美]罗伯特·考特、托马斯·尤伦:《法和经济学》(第五版),史晋川等译,格致出版社2010年版;[美]斯蒂文·沙维尔:《法律经济分析的基础理论》,赵海怡等译,中国人民大学出版社2013年版;张永健:《法经济分析:方法论20讲》,北京大学出版社2023年版。

一、未讨论会计与财务问题

仅就美国而言,财务会计制度和税收制度对于股票期权薪酬的兴起和衰落有着非常重要的影响。有学者指出,20 世纪 90 年代美国之所以盛行股票期权的原因:一是在 2005 年之前,根据美国财务会计准则的规定,如果股票期权薪酬的行权价格和授权时的市场价格相同,那么该股票期权薪酬可以不计为公司的成本。所以,薪酬委员会认为在这种条件下授予高管的股票期权薪酬是"免费的"。二是美国税法规定,上市公司高管的薪酬高于 100 万美元的部分,不得作为公司的费用扣减;除非这种薪酬是基于公司的业绩表现,例如股票期权等;并且这样的薪酬需要由独立董事组成的薪酬委员会制定并得到股东会的同意。按照美国《国内税收法典》(Internal Revenue Code)第 162(m)条的规定,在每个税收年度,如果上市公司的首席执行官与其余四位薪酬最高的公司高管每人的年收入超过 100 万美元,那么超过的部分不能作为公司的费用在税前扣除;除非该收入是业绩薪酬,并且得到股东会的批准。实务中,由于高管们的年薪远远高于 100 万美元,所以几乎所有的上市公司都会遵守此规定以获得费用扣除。这两个因素的同时作用,使得股票期权薪酬迅速成为高管薪酬组成中最重要的部分。[①]

对于我国而言,这两种因数的作用并不明显。首先,就财务会计方面而言,《企业会计准则第 11 号——股份支付》规定:"以权益结算的股份支付换取职工提供服务的,应当以授予职工权益工具的公允价值计量。授予后立即可行权的应当在授予日按照权益工具的公允价值计入相关成本或费用,相应增加资本公积。完成等待期内的服务或达到规定业绩条件才可行权的,在等待

---

① 但是,根据 2004 年 12 月 16 日美国财务会计标准委员会的要求,上市公司自 2005 年 6 月 15 日之后第一次年度报告开始,必须从其利润中减掉股票期权的价值,把期权费用化。因此,股票期权对于公司的吸引力已经大不如前了。据统计,在 2001 年按照授权时的价值计算股票期权薪酬占据标普 500 中首席执行官薪酬的 53%,限制性股票仅占 8%;而到 2010 年,股票期权薪酬仅占据了 20%,限制性股票则快速上升至 34%,参见 Murphy, *Explaining Executive Compensation: Managerial Power versus the Perceived Cost of Stock Options*, 69 U. Chi. L. Rev., at 31. 所以,有学者称之为"一个时代的终结",参见〔美〕艾拉·T.凯、斯蒂文·范·普腾:《企业高管薪酬》,徐怀静等译,华夏出版社 2010 年版,第 75—92 页。

期内的每个资产负债表日,应当以对可行权权益工具数量的最佳估计为基础,按照权益工具授予日的公允价值,将当期取得的服务计入相关成本或费用和资本公积。"《激励办法》第 9 条第 10 项明确规定,上市公司应当将股票期权成本化,并披露对公司的影响,"股权激励会计处理方法、限制性股票或股票期权公允价值的确定方法、涉及估值模型重要参数取值合理性、实施股权激励应当计提费用及对上市公司经营业绩的影响"。其次,就税收方面而言,2016 年生效的《财政部 国家税务总局关于完善股权激励和技术入股有关所得税政策的通知》规定:"(一)上市公司授予个人的股票期权、限制性股票和股权奖励,经向主管税务机关备案,个人可自股票期权行权、限制性股票解禁或取得股权奖励之日起,在不超过 12 个月的期限内缴纳个人所得税。(二)上市公司股票期权、限制性股票应纳税款的计算,继续按照《财政部 国家税务总局关于个人股票期权所得征收个人所得税问题的通知》(财税〔2005〕35 号)……等相关规定执行。股权奖励应纳税款的计算比照上述规定执行。"而《财政部 国家税务总局关于个人股票期权所得征收个人所得税问题的通知》(2005)规定:"(一)员工接受实施股票期权计划企业授予的股票期权时,除另有规定外,一般不作为应税所得征税;(二)员工行权时,其从企业取得股票的实际购买价低于购买日公平市场价的差额,是因员工在企业的表现和业绩情况而取得的与任职、受雇有关的所得,应按'工资、薪金所得'适用的规定计算缴纳个人所得税。对因特殊情况,员工在行权日之前将股票期权转让的,以股票期权的转让净收入,作为工资薪金所得征收个人所得税;(三)员工将行权后的股票再转让时获得的高于购买日公平市场价的差额,是因个人在证券二级市场上转让股票等有价证券而获得的所得,应按照'财产转让所得'适用的征免规定计算缴纳个人所得税。"对此,有学者认为,"从我国的实际情况来看,目前对股票交易行为除了征收证券交易印花税外,还对个人的股息、红利所得征收个人所得税。这些规定不利于股票期权计划的实施,在无形中加大了公司的成本,减少了经营者的实际收益,最终激励的目的难以达到"。[①]

[①]　孔洁珉:《上市公司高管薪酬变局》,载《首席财务官》2011 年第 5 期。

二、主要研究普通的上市公司

主要原因在于金融类上市公司资本结构①以及其在整个社会中的重要影响力,产生了"系统性风险"和"大而不倒"的问题。因此,金融机构高管股票期权薪酬中的重点问题,除了上述提到的"四大代理问题"之外,还有一个更为重要的问题就是该股票期权薪酬是否会对金融机构的债权人和整个社会带来负面影响。就我国而言,相关监管机构对于金融业高管的薪酬作出了特别的规定,例如《商业银行稳健薪酬监管指引》(2012)和《保险公司薪酬管理规范指引(试行)》(2012)等。

三、并不特别区分国有上市公司与民营上市公司

本书认为不论是国有上市公司还是民营上市公司,都有动力去激发公司高管为公司和股东创造价值,在真正所有人监督并不到位的国有上市公司甚至比民营公司更有动力去实施股票期权激励计划。但是,考虑到国有上市公司的特殊性,例如国有上市公司治理中大股东的利益取向与民营公司的利益取向并不完全相同、②高管与职工的工资差不能过大、对于高管的评价标准也不尽相同以及确保股票期权计划的公平性和合理性等,③致使国有上市公司的高管股票期权薪酬激励制度发生反复。例如,2009年之后国有上市公司的股权激励计划已被停止,但停止两年后,从2011年开始又得以实施。④但是,随着

---

① 金融机构尤其是吸收公众存款的金融机构,其负债与所有者权益之间的比例非常之高;同时,股东又受到有限责任和组合投资的保护,一旦投资获利,其收益归股东所有;如果投资失败,后果则多由债权人或者像本次美国金融危机所表现的那样,由政府(全体纳税人)承担。因为存在这样类似于保险的机制,金融机构的股东当然希望高管追求高风险、高回报的投资,从而对债权人和整个社会带来了"负外部性"(negative externality)影响。

② "国家通过其控制的公司可以从事一些以利益最大化为导向的公司所不愿意从事的行为,例如:低于市场价出售核心产品、在职工中贯彻计划生育制度以及追求城镇的全面就职等。"Donald C. Clarke, *The Independent Director in Chinese Corporate Governance*, 31 DJCL 125, 141(2006).

③ "一直以来国有企业推行股权激励备受质疑的症结在于:一是具有一定行业垄断性的央企做股权激励是否合适;二是央企中个人的贡献到底该如何衡量,有无合法的依据。"孔洁珉:《上市公司高管薪酬变局》,载《首席财务官》2011年第5期。

④ 罗诺:《中国建筑股权激励或难产,国资委认为治理存问题》,载《21世纪经济报道》2012年3月22日,http://finance.sina.com.cn/stock/s/20120322/034611649135.shtml,最后访问时间:2022年8月21日。

国有企业改革的大幕拉开,国有上市公司高管的股票期权激励计划又正式获得中央的肯定。例如《中共中央　国务院关于深化国有企业改革的指导意见》有两个条文肯定了包括股票期权在内的激励性薪酬的作用。①《激励办法》也明确规定本法适用于国有控股的上市公司,只是"国家有关部门对其有特别规定的,应同时遵守其规定"。②

四、未深入讨论上市公司高管股票期权的历史

本书并没有对我国和美国等发达国家上市公司高管股票期权薪酬的历史发展作综合性地说明,只是在具体讲到减少股票期权薪酬中代理问题的策略时,才会简要梳理一下具体制度的发展历史。就我国而言,在 2006 年之前,曾出现过"上海仪电模式""武汉模式""贝岭模式""泰达模式"与"吴仪模式"等股权激励模式,但是因为这些模式都是在特定的背景下推出的,还不能成为真正意义上的股权激励计划。③然而,自 2006 年股权激励试行办法正式实施之后,股权激励制度在激励模式选择、激励股权的来源及数量确定、激励对象的选择、激励期限的长度、行权价格的确定、股权激励信息的披露、股权激励计划的

---

①　《中共中央　国务院关于深化国有企业改革的指导意见》第 10 条规定:"实行与社会主义市场经济相适应的企业薪酬分配制度。企业内部的薪酬分配权是企业的法定权利,由企业依法依规自主决定,完善既有激励又有约束、既讲效率又讲公平、既符合企业一般规律又体现国有企业特点的分配机制。建立健全与劳动力市场基本适应、与企业经济效益和劳动生产率挂钩的工资决定和正常增长机制。推进全员绩效考核,以业绩为导向,科学评价不同岗位员工的贡献,合理拉开收入分配差距,切实做到收入能增能减和奖惩分明,充分调动广大职工积极性。对国有企业领导人员实行与选任方式相匹配、与企业功能性质相适应、与经营业绩相挂钩的差异化薪酬分配办法。对党中央、国务院和地方党委、政府及其部门任命的国有企业领导人员,合理确定基本年薪、绩效年薪和任期激励收入。对市场化选聘的职业经理人实行市场化薪酬分配机制,可以采取多种方式探索完善中长期激励机制。健全与激励机制相对称的经济责任审计、信息披露、延期支付、追索扣回等约束机制。严格规范履职待遇、业务支出,严禁将公款用于个人支出。"第 19 条规定:"坚持试点先行,在取得经验基础上稳妥有序推进,通过实行员工持股建立激励约束长效机制。优先支持人才资本和技术要素贡献占比较高的转制科研院所、高新技术企业、科技服务型企业开展员工持股试点,支持对企业经营业绩和持续发展有直接或较大影响的科研人员、经营管理人员和业务骨干等持股。员工持股主要采取增资扩股、出资新设等方式。完善相关政策,健全审核程序,规范操作流程,严格资产评估,建立健全股权流转和退出机制,确保员工持股公开透明,严禁暗箱操作,防止利益输送。"

②　《激励办法》第 73 条。

③　参见杨华、陈晓升:《上市公司:股权激励理论、法规与实务》(修订版),中国经济出版社 2009 年版,前言。

修改等方面都与实施之前有明显的区别,因此,真正法制化地实施股票期权薪酬是在 2006 年之后。①所以,2006 年之前我国存在的多种股票期权激励的实践,现在看来已无多大参考价值。

---

① "2005 年 12 月 31 日,中国证监会发布了《上市公司股权激励管理办法(试行)》,规定已完成股改的上市公司可以着手实施股权激励,建立和健全激励与约束机制,由此正式拉开了我国上市公司股权激励的帷幕。"孔洁珉:《上市公司高管薪酬变局》,载《首席财务官》2011 年第 5 期。

第二章 公司内部监督的事前策略(一):
加强薪酬委员会的权力及其独立董事的作用

第一节 引 言

本章主要讨论如何通过加强我国上市公司薪酬委员会的权力及其独立董事的作用,来部分解决上市公司高管股票期权薪酬中的代理问题之一:由于存在着"高管权力",使得薪酬委员会及其独立董事作用有限,无法有效地监督高管股票期权薪酬的制定过程,使得高管获得超额薪酬。[①]

在我国上市公司董事会的结构中,按照证监会的强制规定,独立董事至少占三分之一以上。[②]另外三分之二的董事往往由在任的公司高管(执行董事)和大股东派出的人员(非执行董事)等来担任。[③]例如"辽宁得亨股份有限公司2007年年报显示,该公司董事会共有10名成员。其中,A、B、C、D为执行董事,E、F为非独立非执行董事,G、H、I、J为独立董事。A同时担任董事长、总经理、党委书记;B兼任公司总工程师,C兼任总会计师,D兼任副总经理,其和E、F'在股东单位或其他关联单位领取报酬、津贴'"。在多数情况下,非

[①] 有实证研究认为,"管理层权力越大的公司,高管薪酬与公司业绩间的敏感性越弱,说明管理层可能利用手中日益膨胀的权力获得高薪,形成代理冲突"。王清刚、王婧雅:《管理层权力、公司业绩与高管薪酬——基于沪深A股农业上市公司的经验证据》,载《农业技术经济》2012年第7期。

[②] 《上市公司独立董事管理办法》(以下简称《独立董事管理办法》)第5条第1款规定:"上市公司独立董事占董事会成员的比例不得低于三分之一,且至少包括一名会计专业人士。"

[③] 《上市公司章程指引》(2022年修订)第96条第3款规定:"董事可以由经理或者其他高级管理人员兼任,但兼任经理或者其他高级管理人员职务的董事以及由职工代表担任的董事,总计不得超过公司董事总数的二分之一。"

执行董事会与公司现任高管处于同一"战线"。因而,在实际效果上,公司的高管往往能够对公司的董事会产生较大的影响。通过影响公司的董事会,高管也能间接对薪酬委员会中的独立董事产生较大的影响力。①

具体来说,本书认为"高管权力"主要来源于三个方面:第一,公司高管本身所具有的强势地位。例如有权提名独立董事以及向"友好的"独立董事给予不菲的津贴等。第二,薪酬委员会的有限权力。薪酬委员会只有拟定股票期权薪酬的权力,至于是否采用,决定权在公司董事会。然而,董事会中高管董事成为激励对象的情况非常普遍,这样很难保证董事会能够作出符合全体股东利益的决策。第三,独立董事制度本身存在的一些问题。例如独立性标准的不完善、缺乏激励机制等。高管地位越强势,高管权力就越大;②薪酬委员会权力越有限,此消彼长之下,高管权力也就越大;独立董事的作用越有限,高管权力也就越大。所以,通过削弱高管的强势地位、加强薪酬委员会权力及其独立董事的作用等,都能减少高管权力的影响,本书主要讨论后面两种减少高管权力的方法。

事实上,不论是股权分散型的上市公司还是股权集中型的上市公司,都存在着高管权力。在实践中,这种高管权力使得薪酬委员会及其独立董事倾向于维护高管而非股东,尤其是中小股东的利益。只不过,在股权分散型上市公司,高管权力所服务的对象仅仅是高管自身;而在股权集中型上市公司,高管权力除了维护自身利益之外,也可能服务于控股股东的利益。在此类公司中,股票期权薪酬可能成为高管和控股股东谋取私利的工具,例如高管能够以同意控股股东的"掏空行为"为对价交换控股股东对股票期权薪酬的支持。③所

---

① 有实证研究显示了高管权力对于审计委员会的影响,该文认为,"高管权力会干预审计委员会专业性作用的发挥,随着高管权力的增加,审计委员会专业性对内部控制的监控作用将被削弱"。刘焱、姚海鑫:《高管权力、审计委员会专业性与内部控制缺陷》,载《南开商业评论》2014 年第 2 期。本书认为高管权力对于薪酬委员会也有类似影响。

② 有实证研究表明,"董事长与总经理两职兼任、董事会规模越小、第一大股东持股比例越低,管理层权力越大",王清刚、王婧雅:《管理层权力、公司业绩与高管薪酬——基于沪深 A 股农业上市公司的经验证据》,载《农业技术经济》2012 年第 7 期。

③ 有实证研究认为"大股东在转移上市公司资源时,需要对作为上市公司资源的'守护者'高管进行'赎买',股票期权正是此一'合法性''赎买'工具,因而未能发挥激励高管的作用(大股东'赎买'观)。如果上述理论推断正确,那么应有如下两个假设:(1)大股东隧道行为与股票期权的激励(转下页)

以,在两种类型的上市公司中,都存在着同样迫切的问题:如何加强薪酬委员会的权力及其独立董事的作用,减少高管权力对他们的影响,制定出符合全体股东利益的股票期权薪酬,并对股票期权实施过程中的违法行为或者不正当行为进行监督。

加强薪酬委员会的权力及其独立董事的作用这种策略除了具有效率性和正当性之外,还具有全局性的特点,在所有策略中起着最为关键的作用。所谓全局性是指如果这种策略运用得当,那么股票期权薪酬中存在的绝大部分问题将得到妥善解决。因为在一开始制定股票期权薪酬的时候,薪酬委员会拥有决定性的权力并且其独立董事能够保持独立与客观,本着公平交易的立场和态度与高管谈判,那么其他一些代理问题,例如"意外之财""短期化倾向"等也能够在谈判的过程中顺利地得到解决。从而其他主体,例如薪酬顾问、证监会等来监督高管股票期权薪酬的需求将会大大降低。此外,如果在事后发现高管有违法或者违反公司规定的行为,例如操纵公司的财务报告等,那么薪酬委员会可以对此进行有力的监督,并且有权决定是否追回已经支付给高管的股票期权薪酬。尽管本书对于这种策略寄予厚望,但是考察先进国家或者地区薪酬委员会及其独立董事制度的实践情况,我们会发现效果也不能令人满意。如何加强薪酬委员会的权力及其独立董事作用,应当是个全球性的公司治理问题。①

第二节　我国关于制定上市公司高管股票期权薪酬的相关规定

按照《公司法》的规定,上市公司董事的薪酬由股东会决定,经理等高级管

（接上页）强度负相关;(2)大股东控制权是通过隧道行为这一中介机制影响股票期权的激励有效性"。该文基于2005年第3季度至2009年底我国上市公司实施的股票期权数据,使用事件法和多元回归方法证实了两个假设,表明了上述理论推断的合理性。该文建议,"要使股票期权如愿发挥激励作用,最好在股权分散型公司实施,如果在股权集中型公司实施,必须设法'堵住'大股东窃取公司资源的'隧道'"。陈仕华、李维安:《中国上市公司股票期权:大股东的一个合法性"赎买"工具》,载《经济管理》2013年第2期。本书认为,加强薪酬委员会的权力及其独立董事的作用能够在一定程度上堵住大股东窃取公司资源的"掏空行为"。

① See Jonathan R. Macey, *Corporate Governance: Promises Kept, Promises Broken*, Princeton University Press, 2010.

理人员的薪酬则由董事会决定。①然而,按照《激励办法》第 41 条的规定,股票期权薪酬需要由股东会特别决议批准,②要求显然更为严格。《激励办法》与《公司法》规定不同的理由有二:其一是如果公司通过定向发行新股的方式向激励对象履行支付股份的义务,会导致增加公司资本并修改公司章程,这属于股东会批准的事项;而且,发行新股会稀释既有股东的权利,对股东产生不利益,所以应当由股东会表决通过。其二是在我国上市公司中,不少经理等高级管理人员同时兼任公司的董事,至少对这些高管而言,其股票期权薪酬应由股东会批准。为了保证制定股票期权薪酬的公平性以及防止利益冲突的发生,持股 5% 以上的主要股东或实际控制人及其关联人原则上不得成为激励对象,③独立董事和监事也不得成为激励对象。④在拟定和审议期权计划的时候,独立董事、董事以及监事应当诚实守信,勤勉尽责,维护公司和全体股东的利益。⑤具体的做法是:

由上市公司董事会下设的薪酬委员会负责拟定股票期权激励计划草案。⑥

---

① 《公司法》(2023 年修订)第 59 条第 1 项规定,股东会"选举和更换董事、监事,决定有关董事、监事的报酬事项"。同时,《公司法》(2023 年修订)第 67 条第 8 项规定,董事会"决定聘任或者解聘公司经理及其报酬事项,并根据经理的提名决定聘任或者解聘公司副经理、财务负责人及其报酬事项"。上市公司董事和高管薪酬的制定主体和程序与此一致。

② 本条规定为"股东会应当对本办法第九条规定的股权激励计划内容进行表决,并经出席会议的股东所持表决权的 2/3 以上通过。除上市公司董事、监事、高级管理人员、单独或合计持有上市公司 5% 以上股份的股东以外,其他股东的投票情况应当单独统计并予以披露。上市公司股东会审议股权激励计划时,拟为激励对象的股东或者与激励对象存在关联关系的股东,应当回避表决"。《激励办法》第 9 条规定的是股票期权激励计划的必要记载事项。

③ 《激励办法》第 8 条第 2 款规定,"单独或合计持有上市公司 5% 以上股份的股东或实际控制人及其配偶、父母、子女,不得成为激励对象"。

④ 《激励办法》第 8 条第 1 款规定,"激励对象可以包括上市公司的董事、高级管理人员、核心技术人员或者核心业务人员,以及公司认为应当激励的对公司经营业绩和未来发展有直接影响的其他员工,但不应当包括独立董事和监事。在境内工作的外籍员工任职上市公司董事、高级管理人员、核心技术人员或者核心业务人员的,可以成为激励对象"。

⑤ 《激励办法》第 3 条第 2 款规定,"上市公司的董事、监事和高级管理人员在实行股权激励中应当诚实守信,勤勉尽责,维护公司和全体股东的利益"。

⑥ 《激励办法》第 33 条规定,"上市公司董事会下设的薪酬与考核委员会负责拟订股权激励计划草案"。《上市公司治理准则》(2018 年修订)第 42 条规定,"薪酬与考核委员会的主要职责包括:(一)研究董事与高级管理人员考核的标准,进行考核并提出建议;(二)研究和审查董事、高级管理人员的薪酬政策与方案"。

按照《独立董事管理办法》和《上市公司治理准则》的规定,薪酬与考核委员会中独立董事应当占多数并担任召集人,①并且《独立董事管理办法》对独立董事的独立性作出了明确规定。②草案在薪酬与考核委员会拟定完毕之后,交由董事会审议。为了防止利益冲突的产生,董事会在审议时,作为被激励对象的董事和关联董事应予回避,不得参与表决。③为了加强独立董事和监事的监督作用,独立董事应当就股票股权激励计划是否有利于上市公司的持续发展、是否存在明显损害上市公司及全体股东利益发表独立意见。④监事会应当对激励对象名单予以核实,并将核实情况在股东会上予以说明。⑤律师事务所对于股票

---

① 《上市公司治理准则》(2018年修订)第38条规定,"上市公司董事会可以按照股东会的有关决议,设立战略、审计、提名、薪酬与考核等专门委员会。专门委员会成员全部由董事组成,其中审计委员会、提名委员会、薪酬与考核委员会中独立董事应占多数并担任召集人,审计委员会中至少应有一名独立董事是会计专业人士"。

② 《独立董事管理办法》第2条对独立董事的独立性做了正面的定义,即"独立董事是指不在上市公司担任除董事外的其他职务,并与其所受聘的上市公司及其主要股东、实际控制人不存在直接或者间接利害关系,或者其他可能影响其进行独立客观判断关系的董事。独立董事应当独立履行职责,不受上市公司及其主要股东、实际控制人等单位或者个人的影响"。同时,《独立董事管理办法》第6条则对独立性做了消极的限制,即当该董事存在法规规定的情形时,不被视为具有独立性。本条规定,"独立董事必须保持独立性。下列人员不得担任独立董事:(一)在上市公司或者其附属企业任职的人员及其配偶、父母、子女、主要社会关系;(二)直接或者间接持有上市公司已发行股份百分之一以上或者是上市公司前十名股东中的自然人股东及其配偶、父母、子女;(三)在直接或者间接持有上市公司已发行股份百分之五以上的股东或者在上市公司前五名股东任职的人员及其配偶、父母、子女;(四)在上市公司控股股东、实际控制人的附属企业任职的人员及其配偶、父母、子女;(五)与上市公司及其控股股东、实际控制人或者其各自的附属企业有重大业务往来的人员,或者在有重大业务往来的单位及其控股股东、实际控制人任职的人员;(六)为上市公司及其控股股东、实际控制人或者其各自附属企业提供财务、法律、咨询、保荐等服务的人员,包括但不限于提供服务的中介机构的项目组全体人员、各级复核人员、在报告上签字的人员、合伙人、董事、高级管理人员及主要负责人;(七)最近十二个月内曾经具有第一项至第六项所列举情形的人员;(八)法律、行政法规、中国证监会规定、证券交易所业务规则和公司章程规定的不具备独立性的其他人员。前款第四项至第六项中的上市公司控股股东、实际控制人的附属企业,不包括与上市公司受同一国有资产管理机构控制且按照相关规定未与上市公司构成关联关系的企业。独立董事应当每年对独立性情况进行自查,并将自查情况提交董事会。董事会应当每年对在任独立董事独立性情况进行评估并出具专项意见,与年度报告同时披露"。

③ 《激励办法》第34条第1款,"上市公司实行股权激励,董事会应当依法对股权激励计划草案作出决议,拟作为激励对象的董事或与其存在关联关系的董事应当回避表决"。但本款所指的"关联董事"在概念上并不明确。

④ 《激励办法》第35条第1款规定,"独立董事及监事会应当就股权激励计划草案是否有利于上市公司的持续发展,是否存在明显损害上市公司及全体股东利益的情形发表意见"。

⑤ 《激励办法》第37条第2款规定,"监事会应当对股权激励名单进行审核,充分听取公示意见。上市公司应当在股东会审议股权激励计划前5日披露监事会对激励名单审核及公示情况的说明"。

期权激励计划的合法性等问题,须出具法律意见。①独立董事或者监事会认为必要时,可以要求上市公司聘请独立财务顾问,对股票期权激励计划的可行性、是否有利于上市公司的持续发展、是否损害上市公司利益以及对股东利益的影响发表专业意见。②

董事会审议批准股票期权激励计划草案后,"上市公司应当在董事会审议通过股权激励计划草案后,及时公告董事会决议、股权激励计划草案、独立董事意见及监事会意见"。③并且"上市公司应当在召开股东会前,通过公司网站或者其他途径,在公司内部公示激励对象的姓名和职务,公示期不少于 10 天"。④在股东会正式表决股票期权激励计划草案之前,董事会可以变更草案。⑤对于股东会投票,独立董事可以征集委托投票权。⑥在股东会正式表决时,股东与股东会拟审议事项有关联关系时,应当回避表决,其所持有表决权

---

① 《激励办法》第 39 条规定,"上市公司应当聘请律师事务所对股权激励计划出具法律意见书,至少对以下事项发表专业意见:(一)上市公司是否符合本办法规定的实行股权激励的条件;(二)股权激励计划的内容是否符合本办法的规定;(三)股权激励计划的拟订、审议、公示等程序是否符合本办法的规定;(四)股权激励对象的确定是否符合本办法及相关法律法规的规定;(五)上市公司是否已按照中国证监会的相关要求履行信息披露义务;(六)上市公司是否为激励对象提供财务资助;(七)股权激励计划是否存在明显损害上市公司及全体股东利益和违反有关法律、行政法规的情形;(八)拟作为激励对象的董事或与其存在关联关系的董事是否根据本办法的规定进行了回避;(九)其他应当说明的事项"。

② 《激励办法》第 35 条第 2 款,"独立董事或监事会认为有必要的,可以建议上市公司聘请独立财务顾问,对股权激励计划的可行性、是否有利于上市公司的持续发展、是否损害上市公司利益以及对股东利益的影响发表专业意见。上市公司未按照建议聘请独立财务顾问的,应当就此事项作特别说明"。《激励办法》第 36 条规定上市公司"采用其他方法确定限制性股票授予价格或股票期权行权价格的,应当聘请独立财务顾问,对股权激励计划的可行性、是否有利于上市公司的持续发展、相关定价依据和定价方法的合理性、是否损害上市公司利益以及对股东利益的影响发表专业意见"。

③ 《激励办法》第 54 条第 1 款。

④ 《激励办法》第 37 条第 1 款。

⑤ 《激励办法》第 50 条规定,"上市公司在股东会审议通过股权激励方案之前可对其进行变更。变更需经董事会审议通过。上市公司对已通过股东会审议的股权激励方案进行变更的,应当及时公告并提交股东会审议,且不得包括下列情形:(一)导致加速行权或提前解除限售的情形;(二)降低行权价格或授予价格的情形。独立董事、监事会应当就变更后的方案是否有利于上市公司的持续发展、是否存在明显损害上市公司及全体股东利益的情形发表独立意见。律师事务所应当就变更后的方案是否符合本办法及相关法律法规的规定、是否存在明显损害上市公司及全体股东利益的情形发表专业意见"。

⑥ 《激励办法》第 40 条规定,"上市公司召开股东会审议股权激励计划时,独立董事应当就股权激励计划向所有的股东征集委托投票权"。

的股份不计入出席股东会有表决权的股份总数。①最后,上市公司董事会应当根据股东会决议,负责实施股票期权的授权、行权和注销。②

尽管《激励办法》《独立董事管理办法》以及《上市公司治理准则》等相关法规对于薪酬委员会及其独立董事的作用颇为看重,但是实际效果上,他们是否能够完成其所被寄予的厚望,颇为令人怀疑。

第三节 薪酬委员会及其独立董事作用有限的现实困境及其原因

一、薪酬委员会及其独立董事作用有限的现实困境

在实务中,薪酬委员会及其独立董事是否能起到令人满意的作用,确保公司高管所获得的股票期权薪酬准确客观地反映其对公司的贡献,论功行赏? 甚至,因为薪酬委员会的存在,高管薪酬的绝对数量减少了? 通过实证研究的分析报告,我们看到:

在股权分置改革(2006年)之前"尚未发现薪酬委员会能为投资者带来治理溢价的证据,对样本公司而言,薪酬委员会机构形同虚设,对经理层激励约束不足"。③在股权分置改革之后,"根据2008年沪深交易所对两市的上市公司薪酬委员会履职情况的调查发现,虽然超过90%的公司已经设立了薪酬委员会,但是所发挥的作用并不大,还尚在起步阶段"。④一份研究报告指出,"在非国有企业,没有发现薪酬委员会影响公司绩效的证据。这可能由于非国有企业的高管薪酬本身就是市场化的结果,薪酬委员会的设置提高了薪酬但没有对高管产生激励效果,反而加大了企业的代理成本。总体说来,薪酬委员会的治理作用令人堪忧"。但是,"国有企业薪酬委员会的设置与公司绩效正相关,

---

① 《上市公司股东会规则》第31条第1款。
② 《激励办法》第42条第1款。
③ 牛建波、刘绪光:《董事会委员会有效性与治理溢价——基于中国上市公司的经验研究》,载《证券市场导报》2008年1月。
④ 孔洁珉:《上市公司高管薪酬变局》,载《首席财务官》2011年5月。

在非国有企业样本中并没有发现类似证据。这可能是由于国有企业存在着薪酬管制。薪酬委员会的设置使高管薪酬趋于市场化,起到了薪酬激励的作用,进而影响了国有企业的绩效"。[①]就创业板市场而言,"原本应该起到很大作用的薪酬委员会,在创业板公司形同虚设,高管对其薪酬的决定有很大的影响力。别看很多独董出任薪酬委员会,其实几乎起不到作用"。[②]但是,有的实证研究对薪酬委员会持有更为正面的评价,例如有学者认为,"有证据表明薪酬委员会在董事会的授权下对公司的薪酬政策产生了积极的影响,通过对高管考核标准和薪酬政策的研究和审查,对薪酬政策提供了有用的指导。薪酬委员会对薪酬与业绩关系的调整可以使高管的个人利益和公司价值更加紧密地联系起来,使薪酬政策有效发挥对高管的激励作用。薪酬委员会制度在我国实施的时间不长,而且不是强制实施,但是我们得到的结果显示其治理作用发挥得比较好,公司的薪酬政策更加客观、合理"。[③]有的研究也发现,"业绩较差的公司、第一大股东为国有的公司、面临高风险的上市公司以及更具成长潜力的公司,更有可能设立薪酬委员会。这与有效契约论的预期相符,具有上述特点的上市公司,潜在的代理成本高,预期可从设立薪酬委员会中获益。当然,我们提供的证据也部分支持管理权力论。但是,通过从薪酬—业绩敏感度的考察,我们发现上市公司设立薪酬委员会以后,薪酬—业绩敏感度有了显著提高,这进一步支持有效契约论的观点"。[④]

就独立董事对高管薪酬的影响而言,"中国目前的独立董事制度对于上市公司高管的薪酬激励机制的完善作用收效甚微,甚至可能成为帮助高管提高薪酬的工具。这种影响既可能体现在高管的薪酬水平上,也可能体现在高管薪酬与业绩的敏感性上"。[⑤]另一份实证研究同样认为,"尽管独立董事制度的

① 高文亮、罗宏:《薪酬管制、薪酬委员会与公司绩效》,载《山西财经大学学报》2011年第8期。

② 韩迅:《"财谋":天价薪酬吞噬业绩》,载《21世纪经济报道》2011年10月3日。

③ 毛洪涛等:《薪酬委员会在高管薪酬激励有效性中的治理效应研究——基于2002—2010年A股上市公司的实证研究》,载《投资研究》2012年第9期。

④ 刘西友、韩金红:《上市公司薪酬委员会有效性与高管薪酬研究——基于"有效契约论"与"管理权力论"的比较分析》,载《投资研究》2012年第6期。

⑤ 杨蕾、卢锐:《独立董事与高管薪酬——基于中国证券市场的经验证据》,载《当代财经》2009年第5期。

建设有利于薪酬与业绩联系更加紧密,但独立董事比例的大小对薪绩敏感性的影响却不具有统计意义上的显著性,这表明独立董事制度建设更多的是一种象征意义,建立独立董事制度的企业体现的是一种加强公司治理改革、保护股东权益的姿态"。[1]

综合前述的实证研究报告,本书认为薪酬委员会及其独立董事能够起到一定的作用,来抵挡高管权力对于公平薪酬的影响,但是基于下面所要提到的理由,其作用并不十分突出,有极大的改进空间。

二、薪酬委员会及其独立董事作用有限的原因

哈佛大学伯切克和弗里德教授认为:"事实上,有缺陷的薪酬安排普遍存在、根深蒂固,并且是系统性的。它源自公司治理结构中的瑕疵,这种治理结构使得高管能够对董事会施加相当大的影响力。"[2]因此,"董事缺乏就薪酬问题讨价还价的足够动力,或者干脆就没有有效地监督薪酬。高管对董事的影响使其能够获得'租金'——超出那些通过真正的公平交易可以获得的利益"。[3]"确有大量证据表明,高管对董事会的影响力越大,其薪酬越高,而薪酬相对于业绩的敏感度越低。"[4]我国不少学者也表达了类似的看法,例如有学者就明确指出:"根据 2008 年的调查发现,虽然超过 90%的沪深上市公司已经设立了薪酬委员会,但是所发挥的作用并不大……尤其是一些上市公司中,公司的高级管理人员与董事会成员有着千丝万缕的联系。在这种情况下,希望通过薪酬委员会来控制高管们的薪酬显然是缘木求鱼了。"[5]因而,即使在股东分红"颗粒无收"的情况下,高管的薪酬却大幅增加。这种"高管拿高薪,股东低

① 张必武、石金涛:《董事会特征、高管薪酬与薪绩敏感性——中国上市公司的经验分析》,载《管理科学》2005 年第 4 期。
② [美]卢西恩·伯切克、[美]杰西·弗里德:《无功受禄:审视美国高管薪酬制度》,赵立新等译,法律出版社 2009 年版,前言第 1 页。
③ 同上书,第 4 页. Also see Jennifer S. Martin, *The House of Mouse and Beyond*:*Assessing the SEC's Efforts to Regulate Executive Compensation*, 32 DJCL 418,515—516(2007).
④ 同上书,第 4 页。
⑤ 曹乃承:《他们该拿那么多钱吗?》,载《销售与管理》2011 年第 9 期。

分红"的情况,无疑让身为"老板"的广大股民难以接受。[①]

本书认为,就我国而言,以下三个原因的共同作用,产生了所谓"高管权力"的现象,影响了薪酬委员会及其独立董事的独立和客观判断,使得不论是薪酬委员会还是独立董事都呈现出作用有限、效果不彰的窘境。

(一)高管在公司中的强势地位

1. 高管对任命薪酬委员会的独立董事有着强大的影响力

《独立董事管理办法》第 9 条规定,"上市公司董事会、监事会、单独或者合计持有上市公司已发行股份百分之一以上的股东可以提出独立董事候选人,并经股东会选举决定。依法设立的投资者保护机构可以公开请求股东委托其代为行使提名独立董事的权利。第一款规定的提名人不得提名与其存在利害关系的人员或者有其他可能影响独立履职情形的关系密切人员作为独立董事候选人"。但是在实务中,独立董事在绝大多数情况下由公司董事会提出。"我国引入独立董事制度的最初定位是让其代表中小股东的利益,在公司治理中平衡大股东和经理层的权力。但是,目前我国上市公司的独立董事均由大股东推荐或由上市公司的董事会推荐并以简单多数的选举方式由股东会选举产生。根据上海证券报做的一份调查显示,独立董事的提名来源主要有三种:由董事会提名的独立董事最多,占被访者的 60%,其次由大股东提名,约占26.7%,另有 13.3%的独立董事由管理层提名担任。"[②]在我国,由于高管兼任董事的现象比较突出,并且其他非执行董事往往是之前担任过公司高管的人员,这样,共同的高管身份可能使得非执行董事基本上与现任高管处于同一"战线"。因此,高管对董事会产生较大的影响力。如果薪酬委员会的独立董事们在股票期权薪酬上斤斤计较,不按照高管的意思办,那么想要继续当选显然是件不容易的事情。但是能够顺利当选独立董事,除了可以获得可观的津贴收入之外,还能

---

① 周小雍:《银证保"金领三国"高管薪酬 2010 排行榜:广发证券 7209 万超越》,载《第一财经日报》2011 年 5 月 4 日,http://finance.sina.com.cn/roll/20110504/06089788119.shtml,最后访问时间:2023 年 7 月 31 日。

② 史春玲:《独立董事选聘程序的完善——基于代理理论的视角》,载《财会通讯》2010 年第 10期。相同结论参见高玥:《独立董事选任机制对董事会监督有效性影响分析》,载《经济纵横》2009 年第10 期。

扩展新的商业关系、结识新的业界精英，对于自己的本职工作大有助益。此外，当选独立董事会极大地拓展其知名度和社会影响力。[1]因此，为了个人利益，独立董事不大会在股票期权薪酬上违反高管的意志。

2. 高管能为"友好"的独立董事提供好处

在实务中，由于高管对公司的董事会能够产生较大的影响力，通过这种影响力，其就可以为"友好的"独立董事提供很多好处。例如(1)提供不菲的津贴。按照《独立董事管理办法》第41条的规定，"上市公司应当给予独立董事与其承担的职责相适应的津贴。津贴的标准应当由董事会制订方案，股东会审议通过，并在上市公司年度报告中进行披露。除上述津贴外，独立董事不得从上市公司及其主要股东、实际控制人或者有利害关系的单位和人员取得其他利益"。(2)高管能为"友好的"独立董事所服务的单位提供捐助。虽然我国公司法没有规定在公司中谁可以决定对外捐赠，但实务中，所有的捐赠决定几乎都由董事会作出。[2](3)高管可以向其他上市公司推荐"友好的"独立董事，[3]等等。

（二）薪酬委员会权力有限，有名无实

按照《上市公司治理准则》第42条[4]和《激励办法》第33条的规定，对于股票期权薪酬，薪酬委员会仅有咨询和建议的权力，而无决定权。股票期权激励

---

[1] 一份对于2012年度独立董事薪酬的统计数据显示，"8084个独立董事职位中任职满一年的有6384位，这6384位独立董事2012年获得的总报酬为4.55亿元，平均薪酬为7.13万元。'不同公司独立董事薪酬差别很大，高的可以上百万，但有的也只有几万元'"。刘田：《上市公司独董报告：人均薪酬9.25万》，载《第一财经日报》2013年5月25日。有学者认为，"人有逐利的本能，所谓'天下熙熙，皆为利来；天下攘攘，皆为利往'。按照前述界定，担任独立董事只是相关人士的一份兼职。如果兼职担任独董的收入大致相当于甚或远高于本职的薪资时，其难免对这份兼职以及兼职服务的公司，甚至提供这个机会的大股东产生依赖的情感和希望继续保留这份兼职的愿望。严格来讲，这种依赖本身就是对'独立'的背离。但另一方面，董事不领薪水、津贴也不意味着其就能保持'独立'、与公司无涉"。姜朋：《独立董事相对论》，载《中外法学》2015年第6期。

[2] 相关讨论，参见刘小勇：《公司捐赠与董事的责任——美国法与日本法的启示》，载《环球法律评论》2011年第1期。

[3] Michael S. Weisbach, *Optimal Executive Compensation vs. Managerial Power: A Review of Lucian Bebchuk and Jesse Fried's "Pay without Performance: The Unfulfilled Promise of Executive Compensation"*, 5—6 (NBER Working Paper No.w12798, December 2006), *available at* http://papers.ssrn.com/sol3/papers.cfm?abstract_id=955231，最后访问时间：2023年7月31日。

[4] 本条规定为，"薪酬与考核委员会的主要职责包括：(一)研究董事与高级管理人员考核的标准，进行考核并提出建议；(二)研究和审查董事、高级管理人员的薪酬政策与方案"。

计划只能由董事会审议批准之后,才能提交股东会表决。但是,正如有学者一针见血地指出:"如果专门委员会仅具有咨询的作用,而不能单独行使董事会的权力,则其功能的发挥将受到极大的影响。因为委员会的主要功能之一是为董事会中不执行公司业务的独立董事提供一种机制,使独立董事在公司经理层不参与或者独立董事占多数的情形下对某些事项独立判断并做出决定,从而对经理层起到制约和监督的作用。目前我国的绝大多数上市公司股权高度集中,大股东控制公司董事会的情形非常普遍,如果委员会仅具有咨询的作用,而无法进行独立的决策和监督,独立董事和委员会的作用将难以发挥。"[①]此外,由于董事会中的非执行董事和执行董事往往同时成为股票期权激励计划的激励对象,这样难以保证董事会会作出以股东利益最大化为出发点的股票期权激励计划。将股票期权薪酬的拟定和决定交由两个不同的主体行使,由此产生的另一个问题便是责任不清,对于引起股东和社会公众不满的股票期权薪酬,薪酬委员会可以声称该薪酬是由董事会最后审议通过,其责任应该由董事会负责;而董事会也可以声称该薪酬主要由薪酬委员会拟定,其是否符合股东利益,应由薪酬委员会承担主要责任,互相之间的扯皮,不仅会降低制定股票期权薪酬的效率,更会减少声誉惩罚机制和民事责任机制对于董事行为的威慑作用。"一般来说,能够被聘请担任独立董事的人,大多是在某一个领域有较为成功的业绩和影响的专业人士,如果因为上市公司的问题使其受到连带影响,他们的个人声誉因此受损,则是得不偿失的事情。于是,声誉考量是独立董事在接受聘任邀请以及在董事会中行为并发挥作用时的重要激励和约束因素。也就是说,在我国上市公司独立董事的行为过程中,声誉机制发挥着至关重要的作用。"[②]

(三) 薪酬委员会中的独立董事制度存在的缺陷

1. 相关法规关于独立董事独立性标准的规定不够全面

如前所述,相关法规对于独立董事的积极面和消极面都作了规定,然而就

---

① 谢增毅:《董事会委员会与公司治理》,载《法学研究》2005 年第 5 期。

② 宁向东等:《基于声誉的独立董事行为研究》,载《清华大学学报(哲学社会科学版)》2012 年第 1 期。

前者而言,要求独立董事必须独立客观地进行判断;就后者而言,独立董事(包括其近亲属和主要社会关系)不得与其所受聘的上市公司及其主要股东存在可能妨碍其进行独立客观判断的情况。但是,存在某种极有可能会影响独立董事独立客观判断的情况却没有被认定为不符合独立性标准,主要是高管与独立董事之间存在某种商业上或者经济上的联系。例如(1)"交叉董事"的情况,甲公司的高管 E 是乙公司薪酬委员会中的独立董事,而乙公司高管 M 恰又是甲公司薪酬委员会的独立董事,如果不对此现象进行一定的规范,可想而知,"互相放水""投桃报李"的现象将很难避免。(2)高管和独立董事有商业上的合作关系,例如同为某一合伙企业的合伙人。(3)独立董事对高管负有巨额债务等。这些情况的存在,都极有可能会影响其独立客观的判断,但是相关规定却没有将其排除。有学者就指出,"与公司做生意的人为数众多而变化不定,独立董事与'非独立董事'一样,都可能与公司的交易对手有或深或浅的交情,有或多或少的利益牵连。当独立董事陷入利益冲突的时候,他在此时、此事就不再是独立董事,他在此时、此事就需要披露利益冲突、避免行使表决权"。①虽然《独立董事管理办法》规定的非独立性标准是示例性的,不排除其他影响其独立客观判断的情形存在,但实务中,绝大多数上市公司都是按照《独立董事管理办法》来遴选独立董事,并没有进一步附加条件。

2. 独立董事的"结构性偏见"

更为重要和难以防范的是公司高管与独立董事之间基于非经济上的联系所造成的独立董事无法进行独立客观判断的情形,即所谓的"结构性偏见"(structural bias)。②我国学者朱羿锟教授深入分析了独立董事产生结构性偏见的根源:"第一,独立董事与高管的社会地位相当。就我国上市公司而言,独立董事主要来自其他公司的董事或高管,以及专家学者等社会名流。这些各行各业的精英们有着许多相似的知识、技能、经历以及社会背景;第二,独立董事

---

① 方流芳:《独立董事在中国:假设和现实》,载《政法论坛》2008 年第 5 期。
② Julian Velasco, *Structural Bias and the Need for Substantive Review*, 82 Wash. U. L. Q. 821(2004). 在我国的现实情况下,非执行董事对于公司高管的结构性偏见可能更为严重,在实务中,使得非执行董事往往与高管处于同一"战线"。

与高管往往有着共同的人际网络,比如来自名牌大学,不少甚至有共同在名牌大学的 MBA、EMBA 学习经历;企业家协会、论坛等场所也是其交流和沟通的重要平台;他们领取丰厚的薪酬,养成了许多共同的生活方式等。第三,独立董事与高管的群体自我意识比较明显。他们往往有着相似的信念和价值观,如权利追求、成就追求,快乐感、善行、一致性,安全等等。"[1]由此产生了"'群体偏好'、'董事互惠'以及'群体性思维'等"。[2]

3. 独立董事缺乏专业知识,容易受到公司内部人的影响[3]

制定符合公司实际情况的股票期权薪酬制度是一项专业性要求非常强的工作,[4]然而相关法规却没有对薪酬委员会中独立董事的专业性提出要求。[5]有学者就指出:"一些独董欠缺专业度,我们参加过很多公司的薪酬委员会,发现委员很少有高管背景的,而这个背景非常重要,没有高管背景的董事的讨论,很多时候停留在哲学而非管理层面。不少西方大公司的薪酬委员会委员在薪酬委员会工作了 8—10 年,大部分是大企业的高管。"[6]实际上"中国很多公司薪酬委员会主席是学校教授,自己没有经营管理过公司,发表的意见可能更多是学术的观点,而不是从企业经营的角度"。[7]"对于上市公司青睐高校教

---

① 朱羿锟:《董事问责:制度结构与效率》,法律出版社 2012 年版,第 223—227 页;朱羿锟:《董事会结构性偏见的心理学机理及问责路径》,载《法学研究》2010 年第 3 期。

② 同上书,第 227 页。

③ Linda J. Barris, *The Overcompensation Problem:A Collective Approach to Controlling Executive Pay*, 68 Ind. L. J. 59, 76(1992).

④ 这是因为高管薪酬机制的决定因素有很多,"包括公司绩效、公司规模、市场机制、经理人员任期与离职的可能性、经理市场同行业报酬、工作特征等,非一般人士所能了解"。张剑峰:《从美国大公司财务丑闻看股票期权的制度缺陷》,载《辽宁大学学报(哲学社会科学版)》2004 年第 2 期。而且,股票期权本身所具有的特点,如费用化、对股东权利的稀释效果以及风险性等,都非专业人士所能掌握。

⑤ 《上市公司治理准则》第 38 条规定:"上市公司董事会应当设立审计委员会,并可以根据需要设立战略、提名、薪酬与考核等相关专门委员会。专门委员会对董事会负责,依照公司章程和董事会授权履行职责,专门委员会的提案应当提交董事会审议决定。专门委员会成员全部由董事组成,其中审计委员会、提名委员会、薪酬与考核委员会中独立董事应当占多数并担任召集人,审计委员会的召集人应当为会计专业人士。"

⑥ 严学锋:《薪酬委员会主席需强有力》,载《董事会》2012 年第 4 期。

⑦ 一份研究报告对 853 家上市公司进行研究后发现,"我国上市公司独立董事来自高校及科研机构有 681 家,比例高达 79.84%;聘请企业经营管理人员作为独立董事的上市公司仅占 30.48%"。李维安等:《南开盘点三年独立董事制度的公司治理价值》,载《中外管理》2004 年第 9 期。

授当独董这一现象,业内人士称,主要是高校的教师独立性更强一些,而且经常从事理论研究,理性和逻辑性更强,看问题更宏观一些,也更具有战略性。同时,能够将一些知名的学者引入麾下,除了能对公司发展出谋划策外,对于公司来说还是一笔无形的资产,这时独董就相当于是上市公司的形象代言人,公众对有知名学者担任独董的上市公司也会更多一份信赖。此外,一些知名学者多聚集在高校,加之作为学者,独立性在公众看来更有保障,这也是一些上市公司热衷高校知名学者和教授担任独董的主要动因。"[1]事实上,"按上市公司平均每年需要提交六份定期信息披露文件(年报一份、中期报告一份和季度报告四份)、审查一份信息披露文件需要 8 个小时来计算,独立董事此项工作时间至少是 48 个工作小时。一旦公司有临时披露的事项,独立董事更要比普通董事花费更多的时间去处理专管事项。在理论上,独立董事在信息披露文件上签名之前有义务进行尽职调查,然而,尽职调查意味着独立董事到公司所在地去接触第一手信息,与公司管理者进行面对面的交流,这可能需要花费超出'正常工作量'10 倍以上的时间。于是,在绝大多数情况,独立董事都是在异地独自面对一堆文件(绝大部分是通过电子邮件传递的电子文件),没有交流,没有质疑和反馈,没有机会亲自核查信息的真实性。当然,我们没有理由怀疑:大多数独立董事在签名之前都能把长达上百页的电子文件下载、打印和阅读,但是,他们能否在异地进行尽职调查,这就颇有疑问了。在信息、时间不足的情况下,独立董事在事实上不可能比普通董事更多、更深地参与公司事务,可是,法律要独立董事承担的使命又远远超出普通董事,于是,独立董事不能尽职、勤勉地履行义务就可能成为普遍现象,这也使独立董事在公众面前暴露出他们特有的、可能遭受诉讼打击的软肋——欠缺董事应有的尽职、勤勉义务"。[2]因此,"最终的薪酬设计往往偏袒高管,其后果不仅仅是使高管多获取了薪酬那么简单,更危险的在于它可能扭曲了高管的薪酬结构和激励性,比如降低高管薪酬与业绩的敏感性,使得高管不去尽可能地提高股东财富,因而使股

---

① 朱宝琛:《独立董事的那些人那些事》,载《证券日报》2011 年 8 月 5 日,http://finance.sina.com.cn/stock/stocktalk/20110805/043510265714.shtml,最后访问时间:2023 年 7 月 31 日。

② 方流芳:《独立董事在中国:假设和现实》,载《政法论坛》2008 年第 5 期。

东遭受了更大的损失"。①

但是,我们也应当注意到,"一般而论,薪酬委员会之专业性及独立性常难以兼顾,盖在强化董事独立性的同时,将必定减低其等对与该公司有关特定资讯的了解。又由于董事欠缺企业特定专业性(firm-specific knowledge),若其等必须履行诸如绩效评估及薪酬制定决策等困难任务,董事独立性即可能造成阻碍"。②主要可以通过两种方法来增强薪酬委员会的专业性:第一,聘请专业的薪酬顾问,这是美国最为通行的办法;③另一个办法是向公司的内部成员,尤其是首席财务官(CFO)和人力资源主管来获得相关信息,包括在薪酬委员会中增加内部董事,这是我国常见的做法。"薪酬委员会在讨论测算业绩指标以及财务影响时一般都会将企业 CFO 吸收进来,甚至有一部分项目就由 CFO牵头。虽然人力资源部门在吸引、保留和激励的角度上更为专业,但高管薪酬还涉及众多较复杂的财务问题,尤其是绩效体系的设计,这需要财务部门的支持。CFO 和人力资源部门可以说是设计高管薪酬制度中起到同样重要作用的两个部门。"④但产生的问题是,薪酬委员会的独立董事因为信息不对称,而被内部人士所俘获。"独立董事置身公司之外,没有机会接近公司的第一手信息,在很大程度上需依靠公司管理者提供的二手信息去作出判断,独立董事作出判断的事项越多,他和公司管理者共同对第三人负责的事项也就越多,两者共同的利害关系也就越多。"⑤最终,"在信息不对称情况下,经营者完全有动机和可能,人为地设计期权的行权期、行权价、行权条件等,或者美化公司的经营业绩、粉饰公司的财务指标,从而实现股权激励下的个人收益最大化,而不管

---

① 杨蕾、卢锐:《独立董事与高管薪酬——基于中国证券市场的经验证据》,载《当代财经》2009 年第 5 期。

② 蔡昌宪:《简评台湾地区薪资报酬委员会之相关规范:以成员资格及薪酬顾问为中心》,载《台湾法学杂志》2012 年第 204 期。

③ "理论上未能维持独立董事对于任职公司事务之专业性,其中一个方法乃聘顾薪酬方面的顾问。"实务中,"2006 年的万科股权激励计划就聘请了薪酬顾问协助制定,一位相关人士透露,最后的方案中,约有 70%的内容由公司内部制定,30%为翰威特调整添加",孔洁珉:《上市公司高管薪酬变局》,载《首席财务官》2011 年 5 月。本书第五章将以薪酬顾问为主题,展开详细的讨论。

④ 孔洁珉:《上市公司高管薪酬变局》,载《首席财务官》2011 年 5 月。

⑤ 方流芳:《独立董事在中国:假设和现实》,载《政法论坛》2008 年第 5 期。

这样做是否会使公司利益和股东利益最大化"。①甚至内部人士实际上越俎代庖,自定薪酬。例如"民生银行 2011 年年报披露,其执行董事、副行长梁玉堂为董事会薪酬与考核委员会委员,而他在去年所领的薪酬达 428.7 万元,在该行排名第四。一名业内人士指出,这明显带有'自己给自己定薪水'的嫌疑,失去了公正性,亦有可能违反相关监管精神"。②这时就有必要聘请独立的薪酬顾问来审查股票期权薪酬的合理性。

4. 独立董事的薪酬结构缺乏激励性

我国上市公司现有的独立董事的薪酬结构,不能为独立董事提供适当的激励机制,使其为股东利益最大化服务。"目前,我国独立董事不在公司领取薪金,而仅根据其所任职公司的规模大小、实力强弱、行业分类、工艺特性以及工作量大小,甚至参加董事会会议的次数得到部分津贴,其总数通常要比内部董事或者经理少得多",③这与其努力、风险不相匹配。"如果独立董事与公司发展并无多大关系,就难以有效地激励独立董事尽职尽责。"④"作为理性经济人的独立董事如果不能获取(经济上和非经济上的)好处,却要花费大量的时间和精力去处理公司事务,并要承担相应的风险,其履行职责的积极性必然会受到影响。"⑤有研究报告即指出"对独立董事实行有效的薪酬激励才能保障独立董事对高管(委托人)监督的有效履行,而制定一个满足独立董事偏好的报酬契约,无疑是解决这一问题的核心"。⑥

5. 独立董事缺乏声誉约束力和法律责任

由于存在着上述提到的有名无实、责任不清以及股票期权薪酬在信息披露方面存在的问题,使得公众无法对薪酬委员会中独立董事的履职情况进行

① 张剑峰:《从美国大公司财务丑闻看股票期权的制度缺陷》,载《辽宁大学学报(哲学社会科学版)》2004 年第 2 期。

② 卢先兵等:《上市银行高管薪酬涨势依旧,薪酬形成机制遭质疑》,载《21 世纪经济报道》2012 年 3 月 30 日。

③ 吴建斌:《试论上市公司独立董事的责任及其限制》,载《南京大学学报(哲学·人文科学·社会科学)》2006 年第 3 期。

④ 杜晶:《上市公司管理报酬法律制度的理论与现实》,载《清华法学》2009 年第 3 期。

⑤ 李明辉:《独立董事的激励与约束机制研究》,载《山西财经大学学报》2006 年第 3 期。

⑥ 王建明:《独立董事薪酬激励机制实证分析》,载《技术经济》2011 年第 6 期。

适当评价,从而不能对他们产生声誉上的约束力。相对而言,因为薪酬委员会的独立董事大都由高校教授等来担任,他们都是比较爱惜自己"羽毛"的人士,如果社会公众能够对他们进行强有力的监督,这将会对这些社会名流产生声誉上的约束力,从而促使其认真地履行自己的义务。"在一个充分有效的劳动力市场上,'专家声誉'作为一种人力资本的信号机制,能够减少劳动力市场上的信息不对称,带给'声誉'拥有者无可限量的未来收益。'好名声'是无数次的经历积累的结果,得来殊为不易,失去却是一朝一夕的事情。因此,独立董事与普通人最大的区别,无疑在于他有动机保持他经过千辛万苦所获得的'专家声誉',即自身的人力资本价值。即使面临物质的诱惑,通过权衡利弊,也很容易做出选择。"①实证研究也表明,"由于上市公司在挑选独立董事的时候,会尽量避免选择来自丑闻公司的独立董事以防止对于本公司造成声誉上的不利影响,这体现了独立董事劳动力市场对于显著失职的独立董事具有一定的鉴别能力"。②

此外,"我国独立董事的实际(法律)责任微不足道,主要表现为指控独立董事的情形少见,实际承担责任的不仅凤毛麟角,而且责任轻微"。③我国学者指出,"上市公司公开文件中存在不实陈述、误导和隐瞒重要信息并不是个别情形,有些是疏漏,有些是故意。此外,公司与关联公司、控股股东的交易、公司为股东债务提供担保、募股资金改变用途、大股东占用公司资金、内幕交易等等,都是很容易就把董事牵扯进去的诉讼题材。在理论上,中国董事的法定责任远比西方严格,独立董事的法定责任又超过了普通董事"。④因此理论上讲"诉讼风险高而又没有责任保险,独立董事的合理选择本应当是在多种场合充当公司的异见人士,从而预先为自己准备开脱理由,然而,中国的独立董事并没有进行这样的选择,他们反而普遍对公司控制者采取顺从态度。这个谜局又该如何破解?惟一合理的解释是,表面上存在的诉讼风险与现实相去甚远,在法律文本中存在的那些诉讼风险在现实中是可以忽略不计的,那些担任独

---

①② 陈艳:《独立董事声誉与独立董事劳动力市场有效性》,载《经济学家》2009 年第 4 期。
③ 朱羿锟:《董事问责:制度结构与效率》,法律出版社 2012 年版,第 185 页。
④ 方流芳:《独立董事在中国:假设和现实》,载《政法论坛》2008 年第 5 期。

立董事的人士早就已经用他们的如炬目光洞悉了中国国情。由于很少发生针对上市公司和董事的诉讼,因此,严格的法律多半停留在纸面,当事人并没有感到诉讼风险的真实存在,以至不需要责任保险也愿意担任独立董事"。①

"有一句老话说得好,'世上没有无缘无故的爱,也没有无缘无故的恨'。在独立董事与中小股东素不相识,却得到大股东首肯、由董事会遴选,并可能由大股东随时罢免的情况下,指望独立董事成为中小股东的代言人未免一厢情愿。"②

三、对"高管权力"的一些反思

本书认为,毫无疑问,高管权力现象确实存在,这种权力使得公司高管能够获得超额薪酬。但是我们不能因此得出结论,高管所获得的全部薪酬,尤其是股票期权等激励性薪酬,都是高管因上述原因而获得的。理由在于:

第一,高管这种资源属于稀缺资源,其自身在进行薪酬谈判的时候,就具有谈判优势(bargaining power),可以获得相对有利的薪酬安排,③如同陌生人之间一次性的、经过讨价还价而达成的所谓"公平合同",在高管和公司之间的薪酬谈判上根本就不存在。就我国而言,有学者指出,"自 20 世纪 80 年代利润留存制和承包责任制的实施,中国的企业改革深入到所有权与经营权分离的层面。一方面,当产出决策从国家向企业转移时,经理人在企业决策中拥有了更大的自主权,并可以支配相当规模的经济资源。企业经理人员(主要指国有企业的厂长和经理)开始对企业内部决策负责,市场竞争意识和竞争能力得到培育,其积累的从业经验、关系网络以及掌控的资源逐步在企业的绩效增长中得以体现,从某种程度上成为市场的稀缺资源。另一方面,90 年代迅速涌入的外资企业以及伴随国退民进而不断成长的民营公司出于业务拓展和公

---

① 方流芳:《独立董事在中国:假设和现实》,载《政法论坛》2008 年第 5 期。当然,在康美药业案中,独立董事被判承担亿元的赔偿责任,引发一片恐慌,参见傅穹:《司法视野下独立董事的责任反思与制度创新》,载《法律适用》2022 年第 5 期。

② 姜朋:《独立董事相对论》,载《中外法学》2015 年第 6 期。

③ Kevin J. Murphy, *Explaining Executive Compensation:Managerial Power versus the Perceived Cost of Stock Options*, 69 U. Chi. L. Rev. 847, 854—855(2002).

司成长的需要,也开始与国有企业竞争高素质的经理人员,进一步增强了对经理才能的竞争需求。公司开始越来越多地依赖薪酬体系来吸引、激励与保留高素质的经理和专业技术人才"。①

第二,对于上市公司高管来说,有着多种潜在的、能向其提供不菲薪酬的职位存在,如果公司不能给予其合理的薪酬,那么他完全可以转投他家,如私募基金、对冲基金等。与此颇为相似的是,我国不少公募基金的经理人因为对薪酬不满意,转投私募基金。例如一篇报道这样写道:"据了解,基金经理一年的平均收入大约在 30 万—300 万元之间,即使是王亚伟,也只是有过年薪千万的传言,这与私募基金经理上千万收入依然相距甚远。即使在阳光私募基金中,私募基金经理也能提取绩效部分大约 17% 作为报酬。对于公募基金管理数百亿规模的基金经理来说,这简直不敢想象。这样的落差太大。"②由于高管是稀缺资源,高管加入某家上市公司的机会成本非常高。

第三,随着机构投资者监督作用的增强、③经理人市场的竞争性、④上市公司收购市场的潜在威胁、媒体和社会公众的舆论监督(即所谓的"公愤")以及证监会和法院等公权力机关的监督等,都或多或少地减弱了高管权力的影响力。对此,艾拉·T. 凯和斯蒂文·范·普腾认为,"虽然我们坚持认为,基本高管薪酬模式运作得当,但具体的改进将会使之在其他方面继续取得进展,如高

① 李维安等:《经理才能、公司治理与契约参照点——中国上市公司高管薪酬决定因素的理论与实证分析》,载《南开管理评论》2010 年第 2 期。

② 赵娟、黄利明:《救救公募基金:当李旭利们出走之后》,载《经济观察报》2009 年 7 月 4 日;参见赵娟:《基金业一哥王亚伟低调复出 在前海成立私募公司》,载《经济观察网》2012 年 10 月 18 日,http://www.eeo.com.cn/2012/1018/234740.shtml,最后访问时间:2012 年 10 月 18 日。

③ 例如我国学者通过分析 2005 年至 2009 年间沪深两市 874 家上市公司之后,认为"整体而言,中国机构投资者持股显著提高了高管薪酬水平和薪酬业绩敏感度。然而不同的机构投资者对薪酬结构的影响存在较大差异,其中只有基金表现出对薪酬水平和薪酬业绩敏感度显著的影响作用。这主要是由于不同的机构投资者在投资实力、投资策略等各方面的差异,导致他们对高管薪酬的监控动机和监控能力存在较大的差别"。毛磊等:《机构投资者与高管薪酬——中国上市公司研究》,载《管理科学》2011 年第 5 期。但是,也有反对意见认为,"在中国,机构投资者并未有效限制高管股权激励和固定薪酬的增长,对于薪酬设计的改善作用和高管薪酬自我膨胀的制约作用也有待加强",李超等:《机构投资者能改进上市公司高管的薪酬激励吗?》,载《证券市场导报》2012 年 1 月。

④ 比较详细地说明,参见 Andrew C. W. Lund & Gregg D. Polsky, *Diminishing Returns of Incentive Pay in Executive Compensation Contracts*, 87 Notre Dame L. Rev. 677,694—706(2011)。

管真正的股票持有权,各种长期激励制度的适当结合,更为适度的遣散费和额外津贴,及反映出公司良好治理情况的薪酬委员会政策及程序"。①

本书认为我国现行的上市公司高管股票期权薪酬决定权分配存在着比较重大的缺陷,因此,完善的重点应当是如何加强薪酬委员会及其独立董事的作用。对于一些具有颠覆性的完善建议,例如将薪酬决策外包②和在股东会层面设置薪酬委员会等,③本书并不采纳。

第四节　完善建议:赋予薪酬委员会全权和给予独立董事股权薪酬

如前所述,高管权力来源于三方面:高管在公司中的强势地位、薪酬委员会的有限权力以及独立董事制度本身的缺陷等,对此可以从削弱高管的强势地位、加强薪酬委员会权力以及加强薪酬委员会中独立董事的作用三个方面进行完善。本书主要讨论后面两种方法。虽然本书认为可以通过改革股东提案权制度④和累积投票制⑤等来减弱高管的强势地位,这样可以便于中小股东提名自己中意的独立董事以及提出自己的薪酬建议,但是考虑到本书第一章指出的股东集体行动的困境以及资本多数决的限制,本书对这些方法并不看好。

---

① 〔美〕艾拉·T.凯、斯蒂文·范·普腾:《企业高管薪酬》,徐怀静等译,华夏出版社 2010 年版,第 6 页。

② Bengt Holmstrom, *Pay without Performance and the Managerial Power Hypothesis:A Comment*,30 J. Corp. L. 767(2005).

③ Kenneth Davis, *Taking Stock-Salary and Options Too:The Looting of Corporate America*,69 Md. L. Rev. 419(2010).

④ 《公司法》(2023 年修订)第 115 条第 2 款规定,"单独或者合计持有公司百分之一以上股份的股东,可以在股东会会议召开十日前提出临时提案并书面提交董事会。临时提案应当有明确议题和具体决议事项。董事会应当在收到提案后二日内通知其他股东,并将该临时提案提交股东会审议;但临时提案违反法律、行政法规或者公司章程的规定,或者不属于股东会职权范围的除外。公司不得提高提出临时提案股东的持股比例"。

⑤ 《公司法》(2023 年修订)第 117 条规定,"股东会选举董事、监事,可以按照公司章程的规定或者股东会的决议,实行累积投票制。本法所称累积投票制,是指股东会选举董事或者监事时,每一股份拥有与应选董事或者监事人数相同的表决权,股东拥有的表决权可以集中使用"。

对于如何加强薪酬委员会的权力及其独立董事的作用,本章仅针对两个问题提出具体的完善建议,第一是有名无实的问题;第二是独立董事的薪酬结构激励不足的问题。对于独立董事专业性缺乏可能为内部人俘获,需要聘请薪酬顾问审查股票期权薪酬合理性的相关问题,将会在第五章进行深入讨论。对于独立性标准规定不够全面、独立董事对高管的结构性偏见以及独立董事缺乏声誉约束等问题,本书认为应当通过完善信息披露的方式来部分地予以解决,故将在第三章完善公司高管股票期权薪酬信息披露部分进行讨论。对于法律责任缺乏的问题,本书认为应当增加法院的司法审查,这将在第七章进行深入的讨论。所有完善建议的目的在于:使得薪酬委员会的决定具有权威性和决定性,薪酬委员会的独立董事能够更加独立、勤勉以及客观地履行职责,制定出接近最优的股票期权薪酬,实现股东利益最大化。这种策略在本书看来,是所有监督策略中最具有效率性、正当性以及全局性的策略。

一、赋予薪酬委员会全权

根据《独立董事管理办法》第 28 条第 2 款规定,"董事会对薪酬与考核委员会的建议未采纳或者未完全采纳的,应当在董事会决议中记载薪酬与考核委员会的意见及未采纳的具体理由,并进行披露"。除非董事会有充分的理由,他们才敢于拒绝或者改变薪酬委员会所拟定的计划。由于此时董事会明确对于股权激励计划负责,不存在权责不清的问题。若是基于不充分的理由拒绝薪酬委员会的建议,董事会将承受极大的股东不满和社会舆论压力,造成公司股价的下跌。有学者指出,《德国公司治理法典》"创造性地使用了'遵循或解释(comply or explain) 原则'模式,即每家上市公司或者遵循《法典》的最佳行为建议,或者解释某一个条款没有得到遵循。这样的做法对于上市公司而言,似乎没有直接的强制力,但隐含在此原则模式后面的是市场的压力迫使公司去遵循最佳行为建议条款。上市公司若不有效遵循这些规则,将会遭受投资者的冷眼,甚至导致股价下跌"。[①]股东也有可能以此作为董事未履行受信

---

① 彭真明、陆剑:《德国公司治理立法的最新进展及其借鉴》,载《法商研究》2007 年第 3 期。

义务的依据,向法院提出股东派生诉讼。这种"遵守或者解释"的规范方法,原则上能够贯彻广为接受的最佳治理实践,但是同时又能给具有特殊需要的公司以自由决定的空间,是一种较为理想的规范方法。①

虽然如此,本书认为既然几乎所有的上市公司都设置了薪酬委员会,为之付出了大量的成本,薪酬委员会就应该切实起到应有的作用,最重要的就是让其全权负责公司高管的股票期权薪酬制定工作,而非像《独立董事管理办法》和《上市公司治理准则》等规定的那样,仅起到咨询建议的作用。②当然,股票期权激励计划需要由股东会表决,自不待言。③正如有学者所言,"董事会委员会必须具有一定的决定权,而不能仅仅作为咨询建议机构,否则独立董事的地位和作用就容易被湮没"。④本书认为,在信息披露制度不断完善和薪酬顾问的协助等条件的支持下,独立董事占多数的薪酬委员会能够制定出符合股东长期利益的股票期权薪酬。通过赋予薪酬委员会全权不仅能够减少在股票期权薪酬制定方面权责不清的问题,而且还能增加独立董事对于自身权力的荣誉感和责任心。因为法规明确要求由薪酬委员会来制定股票期权薪酬,其容易受到社会舆论的监督,从而增强了声誉机制的约束力。诚如有学者所言:"独立

---

① Annaleen Steeno, Note: *Corporate Governance: Economic Analysis of a "Comply or Explain" Approach*, 11 Stan. J. L. Bus. & Fin. 387(2006).

② 有学者即建议,"建立专门负责高管薪酬激励的制定与实施事项的薪酬委员会,并赋予其对高管薪酬的充分的控制权和实施权,保证薪酬委员会的独立性和专业性,是保障激励机制真正起到促进作用的必不可少的配套制度。薪酬委员会制度也是公司治理机制中的重要组成部分"。马其家:《我国上市公司高管激励机制的完善》,载《当代经济研究》2011 年第 9 期。

③ 在美国,上市公司 CEO 的薪酬由董事会的薪酬委员会决定,非 CEO 高管的薪酬由薪酬委员会向董事会建议,由董事会决定,参见 NYSE Listed Company Manual, 303A.05 Compensation Committee(a)。按照纽交所和纳斯达克交易市场上市规则的要求,薪酬委员会由三名以上的独立董事组成,独立性标准由交易规则制定。许多公司的薪酬委员会聘请外部的薪酬顾问提供建议。See Jeffrey D. Bauman, *Corporations, Law And Policy: Materials And Problems*, West Publishing Co., 2009, p.824. 例外的情况是按照上市或上场规则,股权性薪酬包括股票期权薪酬,需要由股东会表决。从 2003 年 6 月 30 日起所有在纽约证券交易所和纳斯达克证券交易市场上市的公司都需要将其股权性薪酬计划交由股东会表决,如果对该计划进行实质性修改,也需要股东会的表决。一些例外的情形包括:该计划是为了吸引新的员工或者该计划是向所有股东发售的认购权证等。该规定是纽约证券交易所和纳斯达克交易市场制定的上市规则,并不是公司法、证券法或者是美国证监会的规定。参见 Release No.34-48108; File Nos. SR-NYSE-2002-46 and SR-NASD-2002-140, *available at* http://www.sec.gov/rules/sro/34-48108.htm., 最后访问时间:2023 年 7 月 31 日。

④ 谢增毅:《董事会委员会与公司治理》,载《法学研究》2005 年第 5 期。

董事若能在董事会中表现出应有的客观和独立,将有利于保护和提升他们的声誉,并拓展他们未来的市场。反之,如果独立董事未能发挥其作用,甚至出现舞弊行为,将会导致其声誉资本受损,进而影响其在劳动力市场上的价格。因此,为了维护其在劳动力市场上的声誉,独立董事会选择积极地履行其职责,而不是与内部人合谋。"[1]有实证研究也证实,"独立董事职业市场激发的声誉机制能够起到约束独立董事并促进其监督能力发挥的作用,由此,为委托—代理理论的声誉假说提供了证据支持"。[2]

二、给予独立董事股权性薪酬

除了给予独立董事适当的现金津贴薪酬之外,还应鼓励上市公司给予其一定的股权性或者其他依据公司业绩决定的激励性薪酬。[3]由于《独立董事管理办法》规定,公司不得向独立董事授予限制性股票和股票期权,所以本书的股权性薪酬为公司股票。[4]因为当独立董事持股较多时,为了更好地维护自身的利益防止高管的寻租行为,他们会加强对高管的监督。[5]"对于独立董事的激励,国外实践证明股权激励是最好的办法。"[6]此外,"只有在对独立董事进行必要的业绩评价,确定其满足相关的业绩要求之后,方能向其支付报酬。对于独

① 李明辉:《独立董事的激励与约束机制研究》,载《山西财经大学学报》2006 年第 3 期。

② 孙烨、孟佳娃:《薪酬委员会独立性与高管货币薪酬:独立董事声誉的调节作用》,载《东南学术》2013 年第 3 期。

③ 有学者就认为,"现行的激励方式基本上为固定津贴制,形式单一,不利于将独立董事的短期利益与长远利益、独立董事的个人利益与公司股东的整体利益有机结合。建议独立董事激励方式从单一向多元发展,如津贴、交通费、会议费、股票、股票期权、长期奖金及其他福利等。报酬可用现金和股票支付。应少给现金,多给股票,以使独立董事的报酬和公司的经营业绩挂起钩来,以加强独立董事与公司利益而不是与大股东利益的紧密度"。熊金才:《独立董事激励机制激励功能的文化悖论》,载《求索》2006 年第 3 期。

④ 有学者认为禁止独立董事成为激励对象有失妥当,参见李明辉:《独立董事的激励与约束机制研究》,载《山西财经大学学报》2006 年第 3 期。相比之下,美国独立董事的薪酬更为多样,"除了现金薪酬之外,更有股票期权、非限制性股票、递延股票以及多种股票混合形式",值得我们借鉴,参见杨洪常:《美国公司外部董事薪酬结构变更及其启示》,载《南京财经大学学报》2005 年第 6 期。

⑤ 美国学者 Charles M. Elson 认为给予董事股权性薪酬是解决"消极董事会"(passive board)最有效的方法,Charles M. Elson, *The Duty Of Care*, *Compensation*, *And Stock Ownership*, 63 U. Cin. L. Rev. 649, 653(1995)。

⑥ 朱勇国:《中国上市公司高管股权激励研究》,首都经济贸易大学出版社 2012 年版,第 67 页。

立董事的业绩评价应当有别于内部董事,要从独立董事的职责(监督职能、评价职能、战略职能)出发,采用多个指标加以考核,而不宜采用单一指标,更不宜像经理层业绩评价那样采用财务指标"。①具体而言,独立董事的业绩指标包括:"参加公司董事会及相关委员会会议的次数和时间、对重大决策的表态和投票情况、对上市公司董事会及其委员会的建议和实施绩效、对公司经营行为的意见和评价、对公司经营战略提出的咨询意见及其被采纳的情况、对上市公司披露信息的真实性的意见等。由于独立董事的不当行为被发现可能需要一段时间,因此,业绩评价的期间不宜过短。"②

当然,对于股权性薪酬的功能,我们也不能过于乐观,因为独立董事在履行职责时也面临着权衡的问题(benefits-and-costs-trade off)。正如有学者提出,"虽然上市公司会给予独立董事一些公司的股票或期权,但独立董事从降低(或制约)管理层的收入而导致公司价值提高的行为中所获得的收益却很小。如果他们不与公司的管理层'合作',也会面临着被解聘的风险,从而损失了担任独立董事所带来的各种利益和继续到其他公司担任独立董事的机会,其他公司也不愿聘用经常与管理层发生冲突的人担任独立董事"。③有学者同样认为,"如何给独立董事确定'适当'的津贴,是一个两难问题:支付太低则难以保证独立董事工作的'积极性',支付太高又会影响其'独立性',如果独立董事获得的薪酬足够多,他们若坚持对管理层施加制约,本身的报酬将受到威胁。这样,独立董事或者失去工作的动力,或者偏袒上市公司的经理层"。④总之,"相关法规所能做的非常有限。因为在董事会工作就如同加入了一个俱乐部,这一点是不大可能改变的"。⑤

另外,由于薪酬委员会的召集人在委员会中起着相对关键的作用,其既可以监督内部管理变革,也可以督促一个低绩效业务单位的转变,⑥所以可以考

---

① ② 李明辉:《独立董事的激励与约束机制研究》,载《山西财经大学学报》2006年第3期。

③ 张剑峰:《从美国大公司财务丑闻看股票期权的制度缺陷》,载《辽宁大学学报(哲学社会科学版)》2004年第2期。

④ 周良、陈共荣:《独立董事背景特征对其薪酬的影响研究》,载《求索》2011年第3期。

⑤ Arthur Levitt, Jr., *Corporate Culture and the Problem of Executive Compensation*, 30 J. Corp. Law. 749, 752(2005).

⑥ 杨洪常:《美国公司外部董事薪酬结构变更及其启示》,载《南京财经大学学报》2005年第6期。

虑对其适当地增加薪酬,尤其是股权性薪酬。

本章指出了"高管权力"的三方面来源,即高管在公司中的强势地位、薪酬委员会的有限权力以及独立董事制度本身的缺陷等。本章主要针对两个问题,即薪酬委员会有名无实和独立董事的薪酬结构激励不足,提出完善建议。本书认为应当由薪酬委员会全权负责公司高管的股票期权薪酬制定工作,而非像《独立董事管理办法》和《上市公司治理准则》所规定的那样,其仅起到咨询建议的作用。此外,除了给予独立董事适当的现金津贴薪酬之外,还应给予其一定的股权性薪酬,将其个人利益与股东的利益紧密地联系在一起,促使其尽职地监督公司的高管。

第三章 公司内部监督的事前策略(二)：
完善高管股票期权薪酬的信息披露制度

第一节 引 言

完善的上市公司高管股票期权薪酬信息披露制度能够有效减少"高管权力"的影响。通过强制披露公司高管此种薪酬的信息,可以降低股东获取此类信息的成本,减少公司治理中的代理成本,从而增加中小股东参与公司治理的积极性。[①]对此,《激励办法》专门在第六章对于股权激励薪酬的信息披露事项作了规定。但是,正如在第一章导论中所述,因为存在"集体行动困境""理性冷漠"以及"资本多数决"等原因,中小股东不愿意也不可能积极地参与公司治理,影响公司的决策。这里所说的提高中小股东参与公司治理的积极性,更多地体现在由于获得了更易懂和更全面的关于高管股票期权薪酬的信息,[②]这些股东可以通过媒体采访、[③]网络微博或者朋友圈、

---

① 郁光华:《从代理理论看对高管报酬的规范》,载《现代法学》2005年第2期。我国证券市场的基本情况是以中小投资者即散户为主,"从交易金额和交易数量,个人投资者仍居主导地位,交易账户数占比超99%。2012年,个人散户、个人小户和个人中户交易金额占比最大,分别为28.3%、30.4%和13.3%"。朱伟骅、王振华:《上海证券市场投资者结构与行为报告(2013)》,来源于网络资料:https://www.renrendoc.com/paper/143278789.html,最后访问时间:2024年6月30日。

② 例如《国务院办公厅关于进一步加强资本市场中小投资者合法权益保护工作的意见》就要求,"披露内容做到简明易懂,充分揭示风险,方便中小投资者查阅"。

③ 我国有学者也认为,"新闻舆论监督也是强有力的监督方式,一旦遭到曝光,会引起社会各界的广泛关注,高管的行为也就无所隐匿,其职业声誉必将随之扫地,因而对于高管来说,新闻舆论监督也是有效的监督约束方式"。马其家:《我国上市公司高管激励机制的完善》,载《当代经济研究》2011年第9期。但是有实证研究认为,"虽然上述证据表明,媒体报道对经理薪酬契约具有一定的公（转下页）

公司论坛①以及社会舆论②等方式,来表达自己对此事的看法。如果公司高管的股票期权薪酬引起了中小股东的反对,不仅使得公司、董事会、薪酬委员会、独立董事以及高管承受巨大的公愤(outrages)压力,而且很有可能会引起证监会或有关监管机关的关注。面对此种可能性,公司薪酬委员会和董事会不得不谨慎行事。因此,通过这种方式,中小股东可以间接地对公司董事会、薪酬委员会以及独立董事的决策产生影响。尤其值得期待的是,随着我国机构投资者力量的不断壮大,通过完善的高管股票期权薪酬披露制度,机构投资者能够以较少的成本获得相关信息从而将有利于其进行监管。"随着机构投资者持股比例的提高,机构投资者出于对利益的追求及成本的控制,会主动监控被投资公司,积极地参与被投资公司的治理,使公司高管人员的薪酬与公司的业绩相联系,使得被投资公司的薪酬激励机制更加完善,进而提高高管人员的薪酬业绩敏感性。"③

(接上页)司治理作用,但是媒体报道不能降低经理与职工的薪酬差距,对经理薪酬业绩敏感性的提高也只有微弱的影响"。李培功、沈艺峰:《经理薪酬、轰动报道与媒体的公司治理作用》,载《管理科学学报》2013年第10期。

① "在2006年万科股权激励方案出台之后,一些小股东发出了质疑的声音,并引起了一场王石与他们的网络辩论。比如:曹新是一位长期持有万科股票的小股东。虽然他认为万科是中国股市'少数几家阳光下的上市公司',但他对万科的股权激励计划却很是不满。在万科论坛发帖的网民SOSME则对激励计划感到沮丧。他认为,当净利润增长率超过15%就要给管理层激励,'这简直就是对股东的抢劫'。"冉孟顺、田雨:《万科股权激励方案引发争议》,载《南方周末》2006年4月6日。事实上,万科取消了2006年的股权激励方案,并在2010年推出新的股权激励方法并得到了股东会的批准。中小股东在媒体上的反对意见,可能是万科取消股权激励方案的一个原因。

② "公司不能完全无视公众意见,因为负面的公众意见能够促使立法者或者监管者采取行动,制定对公司或者产业有害的法规。毫无疑问,公司高管很希望免遭媒体的批评。"Richard A. Posner, *Are American CEOs Overpaid, and If So, What If Anything Should Be Done About It?*, 58 Duke L. J. 1013, 1029(2009). 但是,过于密集和激烈的舆论意见,也可能会使得顶尖人才不愿意担任高管职务,参见Steven N. Kaplan, Response, *Weak Solutions to an Illusory Problem*, 159 U. PA. L. REV. PENNUMBRA 43, 56(2010), *available at* http://www.pennumbra.com/responses/11-2010/Kaplan.pdf,最后访问时间:2023年8月2日。

③ 刘暄、宋玉:《机构投资者与公司高管薪酬业绩敏感性研究》,载《财会月刊》2016年第36期。有实证研究"以2005年至2009年中国沪深两市有机构投资者持股的874家上市公司为研究样本,考察机构投资者持股对薪酬水平和薪酬业绩敏感度的影响,并进一步对机构投资者进行细分,分析包括基金、券商、QFII、社保基金、保险公司和信托公司在内的不同类型机构投资者对薪酬水平和薪酬业绩敏感度的影响的差异性。研究结论表明,整体而言,中国机构投资者持股显著提高了高管薪酬水平和薪酬业绩敏感度,然而不同的机构投资者对薪酬结构的影响存在较大差异,其中只有基金表现出(转下页)

　　并且,强制披露高管此种薪酬的信息,"将促使董事会在制定高管股票期权薪酬时不得不考虑'败德行为'的不利后果,从而谨慎行事"。[1]"公司高管的披露制度降低了股东监督管理层的成本,提高了机构投资者的监督声誉并产生了相应的阻慑作用。再有,在市场的高透明度下,薪酬委员会迫于要说明报酬分配采用方法的依据的压力而增进了他们的责任感。"[2]董事会成员必须为他们的决策提供充分的理由,否则要么被认为是没有尽到其职责,要么被认为是没有能力,不论从哪方面看都会对董事,尤其是薪酬委员会中的独立董事产生非常不利的影响。从这方面看,完善的股票期权薪酬信息披露制度能够增强对于董事会,尤其是薪酬委员会中独立董事的声誉约束机制,"促使其审慎行事,理智地设计和控制薪酬计划"。[3]尤其是通过证券交易所的"公开谴责",[4]更加能够增加这种"声誉惩罚"机制的威慑力。因为"一般而言,上市公司或者董事的违规行为被交易所公布于众并受到谴责后,其在投资者心中的信用肯定会下降,并影响到上市公司后期资金的筹措,最终导致上市公司股价下跌等一系列不利影响。因此,公开谴责应该能够有效地纠正并规范上市公司及其董事的行为,对证券市场的违规行为起到防微杜渐的积极作用"。[5]实证研究也表明:"由于上市公司在挑选独立董事的时候,会尽量避免选择来自丑

(接上页)对薪酬水平和薪酬业绩敏感度显著的影响,其他 5 种机构投资者对薪酬水平和薪酬业绩敏感度不存在影响或影响不显著。这主要是由于不同的机构投资者在投资实力、投资策略等各方面的差异,导致他们对高管薪酬的监控动机和监控能力存在较大的差别"。参见毛磊:《机构投资者与高管薪酬——中国上市公司研究》,载《管理科学》2011 年第 10 期。

　　① 葛家澍、田志刚:《上市公司高管薪酬强制性披露研究》,载《厦门大学学报(哲学社会科学版)》2012 年第 3 期。

　　② 郁光华:《从代理理论看对高管报酬的规范》,载《现代法学》2005 年第 2 期。

　　③ 朱羿锟:《经营者薪酬:正当性危机与程序控制》,载《法学论坛》2004 年第 6 期。Mark J. Loewenstein, *Reflections on Executive Compensation and a Modest Proposal for (Further) Reform*, 50 S. M. U. L. Rev. 201, 216(1996). 上市公司董事被誉为"世界上对于声誉最为敏感"的一个群体,所以有效的声誉约束机制对于规范董事行为有着不可估量的作用,详细地讨论, see David A. Skeel, Jr., *Shaming in Corporate Law*, 149 U. Pa. L. Rev. 1811(2001); David A. Skeel, Jr., *Corporate Shaming Revisited: An Essay For Bill Klein*, 2 Berkeley Bus. L. J. 105(2005).

　　④ 《上海证券交易所纪律处分和监管措施实施办法》(2022 年修订)第 8 条。所谓公开谴责是在符合中国证监会规定条件的媒体上或者通过其他公开方式对监管对象进行谴责。

　　⑤ 万明、宋清华:《证券交易所公开谴责效率的实证分析——基于深、沪交易所比较的视角》,载《投资研究》2012 年第 3 期。

闻公司的独立董事以防止对于本公司造成声誉上的不利影响,这体现了独立董事劳动力市场对于显著失职的独立董事具有一定的鉴别能力。"①

总之,正如赖英照所言"贯彻公开原则不但使投资者获得必要的信息,而且具有监督发行公司及证券事业的作用。美国联邦最高法院大法官布兰代斯(Louis D. Brandeis)1914 年写下的名言'阳光是最好的防腐剂,灯光是最有效率的警察'就是借信息公开,发挥吓阻不法的功效"。②当然,此类信息披露的目的不在于直接限制公司高管的薪酬,然而薪酬制定过程的更加透明可能会对高管产生约束作用。③我国有实证研究也肯定了强制信息披露的正面效果,该实证研究"选取 2004 至 2006 年沪深两市上市公司的面板数据检验了我国 2005 年颁布的高级管理人员薪酬披露规则对高管薪酬与公司业绩之间的敏感性产生的影响。研究发现,高管薪酬强制性披露规则提高了高管薪酬与公司业绩之间的敏感性,国有企业高管薪酬与公司业绩之间的敏感性提高程度大于非国有企业。这为证券监管部门进一步以强制性披露的方式完善现有高管薪酬信息披露制度提供了经验支持"。④

然而,不可否认的是,强制披露信息会增加上市公司的守法成本,主要有三:

一、信息过多

过多的信息不仅给上市公司带来负担,也使投资者陷于太多的信息而无法关注重要信息。⑤"公司遵循信息披露规则的要求编辑、发布薪酬信息而产生

①　陈艳:《独立董事声誉与独立董事劳动力市场有效性》,载《经济学家》2009 年第 4 期。
②　赖英照:《股市游戏规则:最新证券交易法解析》,中国政法大学出版社 2006 年版,第 6 页。
③　David I. Walker, *The Challenge of Improving the Long-Term Focus of Executive Pay*, 51 B. C. L. Rev. 435, 453(2010).《国务院办公厅关于进一步加强资本市场中小投资者合法权益保护工作的意见》对于提高信息披露的透明度作出了明确的规定,"对显著影响证券期货交易价格的信息,交易场所和有关主体要及时履行报告、信息披露和提示风险的义务。建立统一的信息披露平台。健全跨市场交易产品及突发事件信息披露机制。健全信息披露异常情形问责机制,加大对上市公司发生敏感事件时信息披露的动态监管力度"。
④　田志刚:《强制性披露能提高高管薪酬与公司业绩之间的敏感性吗?——基于上市公司面板数据的经验研究》,载《经济管理》2011 年第 8 期。
⑤　对此问题的详细讨论,参见[美]欧姆瑞·本·沙哈尔、[美]卡尔·E.施奈德:《过犹不及:强制披露的失败》,陈晓芳译,法律出版社 2015 年版。

的印刷费、邮寄费、律师费和会计师费以及可能因为信息披露而引发的诉讼费等，还包括因为高管薪酬信息披露产生的'噪音'。冗杂、累赘、令人困惑的高管薪酬信息，股东就必须花费额外的时间和精力来对其进行梳理和甄别，以发现真正有价值的信息。"①

二、产生"囚徒困境"与"乌比冈湖效应"

由于信息的披露，一方面可能会导致公司部分商业秘密的泄露。在法律没有作出强制规定的情况下，因为存在所谓的"囚徒困境"现象，②可能会产生信息披露不足的情况。"'囚徒困境'理论说明，在非强制信息披露制度下，高管薪酬信息的披露不可能是最理想的或者是最完美的，其中原因，是因为有第三方的存在。如果公司公开披露了高管薪酬的全部信息，包括薪酬总额、薪酬结构以及薪酬政策和薪酬理念等内容，尽管信息披露可能使该公司股东获得信息披露所带来的好处，但也将使公司秘密演化成为一种'公共产品'，其他公司自然可以由此而受益。这样，公司具有竞争优势的高管薪酬信息将被其他公司采纳，并很可能使该公司在这方面丧失竞争优势。"③另一方面，也会导致产生所谓的"乌比冈湖效应"（Lake Wobegon effect）。④因为，"一般而言，公司

---

① 邓辉、张怡超：《公司高管薪酬信息披露制度功能之辨正》，载《当代法学》2010 年第 6 期。

② 当然，如果所有上市公司都按照相同的标准来披露股票期权薪酬，那么公司之间都能互相获得对方的相关信息，泄露商业秘密的后果也就不那么严重。这也是法律强制要求上市公司披露信息，而不是公司自愿披露的主要原因。通过所谓"囚徒困境"的经济模型，在没有强制规定信息披露的情况下，发行人必然选择不披露信息。假设对于我方而言，信息披露对其不仅没有好处，而且需要承担不菲的成本和泄露商业机密等，其得分为－1；而不披露信息则不会造成损失，得分为 0；对他方而言，情形类似。因此，不论他方做何种选择，我方的最优选择都是不披露信息。表格模型如下：

我方/他方	披露	不披露
披露	（－1，－1）	（－1，0）
不披露	（0，－1）	（0，0）

③ 邓辉、张怡超：《公司高管薪酬信息披露制度功能之辨正》，载《当代法学》2010 年第 6 期。

④ "乌比冈湖效应"（Lake Wobegon Effect）的名称，源自盖瑞森·凯勒（Garrison Keillor）虚构的草原小镇。镇上的"女人都很强，男人都长得不错，小孩都在平均水平之上"。不过小镇上各种可笑的事情层出不穷，即该镇上的居民其实也没有聪明到那么多。社会心理学借用这一词，指人的一种总觉得什么都高出平均水平的心理倾向，即给自己的许多方面打分高过实际水平。用另一种通俗的说法就是自我拉抬偏差（self-enhancing bias）。

的董事会都会认为他们所选择的高管的能力高于平均水平;或者,如果董事会承认公司高管的能力低于平均水平则会降低投资者的信心,因此不论何种情况,强制披露公司高管的薪酬,都会导致薪酬的上升而不是下降,因为公司董事会必然会把那些'低收入'高管的薪酬提升至中等或中等以上水平"。[1]这样不仅会提高"低收入"高管的薪酬,同时又会提高整个高管薪酬的平均水平,如此往复,所以高管的薪酬呈现不断上升的趋势,这被学者称为"棘轮效应"(ratchet effect)。[2]关于这一现象,已经被我国相关实证研究所证实。一份实证研究表明"利用中国 A 股 2004—2011 年数据实证检验了高管薪酬契约的参照点效应及其治理后果。研究结果表明:(1)我国上市公司高管薪酬契约呈现明显的参照点效应,即上市公司高管薪酬显著受到同行业、本地区高管薪酬均值等外部参照基准的影响;(2)薪酬契约参照点效应引发的主观心理感知对企业高管的在职消费和主动离职行为等都有重要影响,具体来讲,当高管薪酬水平低于同行业、本地区高管薪酬均值时,企业高管将产生自我利益被侵蚀的消极心理感知,进而导致他们通过在职消费途径寻求替代性激励补偿的动机显著增强;同时,企业高管发生主动离职行为的概率也明显增强"。[3]

三、设计出低效薪酬结构

更为令人担心的是,由股东选出但又不完美的代理人董事会和薪酬委员会自然地对这些政治压力(因为薪酬披露而为公众所关注)作出反应,设计低效率但政治正确的高管薪酬。"高管薪酬信息披露的受众包括除股东之外的其他利益群体,公司董事会及管理层对于来自工会、媒体、公众的压力以及由此所做出的反应,容易导致高管薪酬总体上趋于向上、能为社会所接受的平均

---

[1]　Walker, *The Challenge of Improving the Long-Term Focus of Executive Pay*, 51 B. C. L. Rev., at 453—454.

[2]　"棘轮效应",又称"制轮作用",是指人的消费习惯形成之后有不可逆性,即易于向上调整,而难于向下调整。关于"乌比冈湖效应"和"棘轮效应"的分析,参见邓辉、张怡超:《公司高管薪酬信息披露制度功能之辨正》,载《当代法学》2010 年第 6 期。

[3]　徐细雄、谭瑾:《高管薪酬契约、参照点效应及其治理效果:基于行为经济学的理论解释与经验证据》,载《南开管理评论》2014 年第 4 期。

水平,高管薪酬结构也逐渐趋于大家共同采用的模式,以避免成为例外而受到负面评价,如此迎合公众偏好的薪酬契约必然影响效率的改进。强制性信息披露监管的难度在于如何平衡基于不同目的的信息需求者的利益诉求。"[1]这些重要但经常被忽视的信息披露的成本,必须和其收益相比之后,才能决定最优的关于高管薪酬披露的形式与内容。[2]

本书认为学者们提到的薪酬披露所带来的成本问题确实存在而且为数不少,但是相比于薪酬披露所能带来的利益,只要薪酬披露的成本在适中的范围之内,对于股东而言是可以接受的。就上市公司高管股票期权薪酬的信息披露而言,其最大的功能就在于促使董事会、薪酬委员会以及独立董事能够切实地履行自己的职责,制定出符合高管和股东长期利益的股票期权薪酬,从而最大化股票期权薪酬给股东带来的收益,以抵消其不菲的成本。需要强调的是,我国信息披露的基本原则是真实、准确、完整、及时、通俗易懂和简明清晰。[3]实务中,前面四个基本原则受到的关注最多,违反这四个原则也会导致相应的民事责任。而后面两个要件并无相应的民事责任,属于倡导性的原则。事实上,就股票期权薪酬的披露,本书认为,易懂性(easily-to-understand)也颇为重要,这要求披露的信息语言易懂和平实,[4]尽量通过图示、表格等方式来披露信息,而不是用专业性很强、枯燥乏味的格式化(boilerplate)词句来表述所披露的信息。本书希望通过完善公司高管股票期权薪酬的信息披露制度,能够增加董事会、薪酬委员会以及独立董事在制定股票期权薪酬时的责任感,从而加强高

---

① 林建秀:《完善上市公司高管薪酬信息披露管理机制研究》,载《经济纵横》2013年第3期。

② Kevin J. Murphy, *The Politics of Pay: A Legislative History of Executive Compensation* 10(Marshall Research Paper Series Working Paper FBE 01.11, August 24, 2011), *available at* http://papers.ssrn.com/sol3/papers.cfm?abstract_id=1916358,最后访问时间:2023年8月2日。

③ 《证券法》(2019年修订)第78条第2款规定,"信息披露义务人披露的信息,应当真实、准确、完整,简明清晰,通俗易懂,不得有虚假记载、误导性陈述或者重大遗漏"。《上市公司信息披露管理办法》(以下简称《信息披露管理办法》)第3条第1款规定,"信息披露义务人应当及时依法履行信息披露义务,披露的信息应当真实、准确、完整,简明清晰、通俗易懂,不得有虚假记载、误导性陈述或者重大遗漏"。《激励办法》第53条规定,"上市公司实行股权激励,应当真实、准确、完整、及时、公平地披露或者提供信息,不得有虚假记载、误导性陈述或者重大遗漏"。

④ 此点特别受到机构投资者的重视,参见 California State Teachers' Retirement System(CAL-STRS), *Principles for Executive Compensation* 2, *available at* http://www.calstrs.com/corporategovernance/PrinciplesExecutiveCompensation.pdf,最后访问时间:2023年8月2日。

管股票期权薪酬与公司业绩之间的关联性(pay-for-performance),避免"无功受禄"的情况出现。

第二节　美国关于股票期权薪酬信息披露的法规规定和实务经验

美国对上市公司高管薪酬(包括股票期权薪酬)信息披露的规定,是比较全面的。面对快速变化的上市公司高管薪酬实践和相关法规的修改,美国证监会不断修订和完善有关高管薪酬信息披露方面的规则。但是从根本上讲,"证监会并不对高管薪酬的多少发表意见,其作用仅在于确保公司的股东获得其所需要的信息,使其能够作出基于充分信息之上的判断(make an informed judgment)"。[1]大体而言,美国有关高管薪酬披露的规定经历了三次比较重大的修订,分别是 1992 年的修订、2006 年的修订[2]以及 2010 年的修订,结合本书的研究主题,简要介绍如下:

一、1992 年的修订

美国证监会在 1992 年对高管薪酬信息披露规定进行了一次重大修订,这被认为是"美国高管薪酬信息披露制度发展史上的一座里程碑"。[3]本次修订的主要目的是"增加股东对以下事项的理解:所有支付给董事和高管的薪酬、董事作出支付薪酬决定时所采用的依据以及薪酬和公司业绩之间的关系"。[4]"事

---

[1]　Chairman Mary L. Schapiro, *Remarks at the George Washington University Center for Law*, *Economics and Finance Fourth Annual Regulatory Reform Symposium* (October 26, 2012), *available at* http://www.sec.gov/news/speech/2012/spch102612mls.htm.,最后访问时间:2023 年 8 月 2 日。

[2]　关于 1992 年和 2006 年修改情况的介绍,参见郑晓玲:《美国股票期权激励的经验和启示》,载《国际金融研究》2007 年第 4 期。

[3]　主要是对公司年报的 402 项进行了修正(Item 402 of Regulation S-K),具体条文参见 Executive Compensation Disclosure, Securities Act Release No.6962, Exchange Act Release No.31。本次修订的导火索是 1991 年老布什带领美国高管代表团访问日本,美国媒体通过比较美国高管与日本高管之间的薪酬,发现美国高管的薪酬远远高于其日本同行;与此形成鲜明对比的是,美国公司的业绩低下而且还大量裁员,引起了公众的一致批评意见,从而使得 SEC 下定决心,修改上市公司高管薪酬的披露规则。Susan Lorde Martin, *The Executive Compensation Problem*, 98 Dick. L. Rev. 237, 237(1993).

[4]　Halle Fine Terrion, *Regulation S-K*, *Item 402*: *The New Executive Compensation Disclosure Rules*, 43 Case W. Res. L. Rev. 1175, 1176(1993).

实上,本次修订主要针对的是股票期权薪酬,SEC希望通过披露更多关于股票期权的细节使得公司高管不能在股票期权薪酬上进行模糊处理或者隐藏些什么东西。"①具体包括:

第一,披露薪酬委员会发布的高管人员薪酬报告。公司应该披露薪酬委员会制定的有关高管人员薪酬的政策,包括公司业绩与高管薪酬之间的关系,"描述决定 CEO 报酬的各种业绩指标,不管是定性的或定量的指标"。②该报告的主要目的使得股东知道薪酬委员会是如何代表他们利益的。

第二,用表格披露期权授予、期权拥有和期权行使的详细信息。其中最重要的是要求公司披露股票期权在行权时可能实现的潜在价值。③第一张表格公开过去一年中所发行的股票期权。并以 5% 和 10% 的股价增长率来计算该股票期权在行权时潜在的价值。第二张表格公开过去一年中已经行权的股票期权的价值以及已届行权期但未行权的股票期权价值。第四张表格公开之前是否调整或修改了股票期权的行权价格。有学者指出,"1992 年规则一个显著的特点是要求使用更多的表格来揭示高管薪酬信息,这可避免叙述性的说明和复杂的专业术语给股东造成不必要的阅读困难"。④

第三,披露公司业绩比较图(the "Graph")。公司应该披露与主要股票指数前 5 年每年投资回报率的曲线比较图。这些股票指数可以是同一交易市场的综合指数(如果是标准普尔 500 指数的公司,则公司必须使用该指数作为比较对象),也可以是公开的行业指数或者公司自己选择的同类公司。其中投资回报率应该考虑股利再投资的收益。⑤这意味着公司高管的薪酬应当通过比较市场表现得以正当化。⑥

---

① Kevin J. Murphy, *Explaining Executive Compensation*: *Managerial Power versus the Perceived Cost of Stock Options*, 69 U. Chi. L. Rev. 847, 856(2002).

②⑤ 童卫华等:《中国上市公司高管人员报酬信息披露研究》,载《重庆大学学报(社会科学版)》2006 年第 5 期。

③ 文杰:《公司高管薪酬法律问题研究》,载《上海财经大学学报》2010 年第 4 期。

④ Michael E. Ragsdale, *Executive Compensation*: *Will the New SEC Disclosure Rules Control "Excessive" Pay at the Top?* 61 UMKC L. Rev. 537, 553(1993).

⑥ Terrion, *Regulation S-K*, *Item 402*: *The New Executive Compensation Disclosure Rules*, 43 Case W. Res. L. Rev., at 1188—1189.

第四,交叉任职的披露(interlocking)。为了避免由于"交叉董事"情况存在而导致利益冲突情况的发生,按照证监会的要求,如果公司存在下列情况,则需披露:两家公司的薪酬委员会董事存在交叉任职的情况;一家公司的执行官担任第二家公司薪酬委员会的董事,而第二家公司的执行官担任第一家公司薪酬委员会的董事;以及一家公司的执行官担任第二家公司薪酬委员会的董事;而第二家公司的高管担任第一家公司的董事。

二、2006 年的修订

在 2006 年,美国证监会"在管理者报酬披露规定方面进行了 14 年以来最大的一次变革。针对公司高层管理者的薪酬形式越来越从明码标价转为模糊不清这样一个趋势,证监会增加了一系列新规则。新的规则采用叙述性披露加表格式披露的方式,加大了对管理报酬制定过程的陈述力度",[1]希望能给予投资者更为透明和全面的有关高管和董事薪酬的图景。[2]具体包括:

第一,新的规则强调了应当使用平实的语言进行信息的披露。主要包括应当使用:清晰、简洁的章节和段落以及短句;使用确定性的日常用语;避免使用双重否定、法律术语、高度技术性的词汇以及定义性的术语(glossaries and defined terms);使用描述性的标题和次标题;以及对复杂的素材进行表格式或者要点式(bullet lists)的表述。[3]公司应当避免过于复杂和样板式的披露。

第二,在公司年度报告中加入薪酬的讨论与分析部分(Compensation

---

① 杜晶:《上市公司管理报酬法律制度的理论与现实》,载《清华法学》2009 年第 3 期。披露规则的具体内容,参见 SEC Final Rule Release(FRR) 33-8732A, Executive Compensation and Related Person Disclosure, *available at* http://www.sec.gov/rules/final/2006/33-8732a.pdf,最后访问时间:2023 年 8 月 2 日。

② Leigh Johnson et al., *Preparing Proxy Statements under the SEC's New Rules Regarding Executive and Director Compensation Disclosures*, 7 U. C. Davis Bus. L. J. 373, 375(2007).

③ 公司通过采用七种表格来直观地表示公司高管和董事的薪酬,分别是 Summary Compensation Table("SCT")、Grants of Plan-Based Awards Table(supplementing the SCT)、Outstanding Equity Awards at Fiscal Year-End Table、Option Exercises and Stock Vested Table、Pension Benefits Table、Non-qualified Deferred Compensation Table 以及 Director Compensation Table(Patterned after the SCT for the NEOs.),参见 Joseph E. Bachelder, *SEC Adopts Final Rules on Executive Pay Disclosure*, *available at* http://www.jebachelder.com/articles/060831.html,最后访问时间:2023 年 8 月 2 日。

Discussion & Analysis/CD&A),其主要目的是薪酬政策和决定背后的考虑因素。[1]该报告要求阐述公司薪酬目标以及薪酬中的各部分是如何实现该目标的、薪酬中的各种组成部分、为什么选择这些薪酬组成部分、如何决定该组成部分的薪酬数量以及该部分在整个薪酬组成中起到的作用。同时,在 CD&A 中还要说明一些具体的问题,例如高管在薪酬制定过程中扮演了何种角色,股票期权薪酬在授予时,关于信息披露方面的政策、薪酬委员会监督股票期权薪酬中所起到的作用以及行权价格是如何确定的等。该报告视为是向证监会递交的报告,受到《证券交易法》和《萨班斯法案》中关于信息披露责任的规定。如果业绩薪酬中,需要披露具体的业绩指标导致公司可能会泄露商业秘密而损害股东和公司的利益时,公司可以选择不披露,但必须说明理由。有学者认为,"通过在 CD&A 中具体地披露高管在薪酬制定过程中扮演了何种角色,再加上薪酬委员会报告,有利于防止灰色地带现象发生,迫使薪酬制定的各方关系人善尽职责"。[2]

第三,薪酬委员会报告(Compensation Committee Report),为了回应对于薪酬委员会董事在薪酬制定过程中所起到的作用,证监会要求公司简要地披露薪酬委员会的报告,如同审计委员会报告一样。这份报告需要披露委员会是否审查了薪酬的讨论与分析,并与高管进行商讨;基于这样的审查和商讨,薪酬委员会是否建议董事会将该薪酬的讨论与分析报告编入公司的年报中。薪酬的讨论与分析和薪酬委员会的报告代替了之前的高管人员薪酬报告。

第四,制定了长期性激励薪酬(Grants of Plan-Based Awards Table)的披露规则,代替了 1992 年修订的披露规则。主要要求披露当年所授予的长期性激励薪酬以及其未来的潜在价值。

第五,描述薪酬顾问在提供薪酬建议时所起到的作用,以及该薪酬顾问是由薪酬委员会聘用还是由公司高管聘用。[3]

---

[1] Johnson et al., *Preparing Proxy Statements under the SEC's New Rules Regarding Executive and Director Compensation Disclosures*, 7 U. C. Davis Bus. L. J.

[2] 杜晶:《上市公司高管报酬法律制度的理论与现实》,载《清华法学》2009 年第 3 期。

[3] 参见 Warren J. Casey & Richard Leu, *New Executive Compensation Disclosures Under Dodd-Frank*, *available at* http://www.daypitney.com/news/newsDetail.aspx?pkID=3287,最后访问时间:2023 年 8 月 2 日。

三、2010 年的修订

2010 年的《多德—弗兰克法案》又增添了新的薪酬信息披露要求。

第一,关于薪酬顾问情况的披露。公司必须披露薪酬委员会是否保留或者采纳了薪酬顾问的建议;以及薪酬顾问的工作是否引起了利益冲突,如果是,冲突的性质及冲突是如何被解决的。

第二,高管薪酬与公司业绩情况的披露。公司应当以图表的形式披露公司高管薪酬与公司业绩之间的关系,该业绩应当考虑公司的股票和红利以及任何分配的价值变化。

第三,尤其引起争议的是公司需要披露公司首席执行官的薪酬与员工平均薪酬中间值的比例。对于大型的跨国公司和多样化经营的公司而言,这样的计算费用将会是相当惊人的。然而,"对于股东而言,这种信息的披露对于其来说用处不大,因为并不是很清楚什么样的比例是过高的或者过低的。这仅仅是反映了国会的想法,认为 CEO 的薪酬过高了,通过披露比例能够让董事会感到羞愧从而减少 CEO 的薪酬"。[1]

第三节　我国上市公司高管股票期权薪酬信息披露的法律规定

综合《激励办法》《信息披露管理办法》以及《公开发行证券的公司信息披露内容与格式准则第 2 号——年度报告的内容与格式》(2021 年修订,以下简称《准则第 2 号》)的相关规定,我国对于上市公司高管股票期权薪酬信息披露大致作了如下规定,相比于其他薪酬的信息披露,股票期权薪酬的信息披露是比较透明和全面的。[2]

---

[1]　Murphy, *Explaining Executive Compensation:Managerial Power versus the Perceived Cost of Stock Options*, 69 U. Chi. L. Rev. 859.

[2]　有学者指出,"高管薪酬信息披露包含三个内容:薪酬内容及构成、薪酬制定的依据、薪酬制定的程序"。林建秀:《完善上市公司高管薪酬信息披露管理机制研究》,载《经济纵横》2013 年第 3 期。本部分也基本上按照这样的思路来介绍。

一、关于制定股票期权薪酬程序的信息披露方面

《准则第 2 号》第 31 条要求披露"董事、监事和高级管理人员报酬的决策程序、报酬确定依据以及实际支付情况"。《准则第 2 号》第 33 条要求公司应当披露"董事会下设专门委员会在报告期内提出的重要意见和建议。存在异议事项的,应当披露具体情况"。《准则第 2 号》第 32 条要求公司应当披露"报告期内每位独立董事履行职责的情况,包括但不限于:独立董事的姓名,独立董事出席董事会的次数、方式,独立董事曾提出异议的有关事项及异议的内容,出席股东会的次数,独立董事对公司有关建议是否被采纳的说明"。《激励办法》第 35 条要求独立董事和监事会对股票期权激励计划发表独立意见。①股东会批准股票期权激励计划的,公司应当及时披露。②

《准则第 2 号》第 48 条第 2 款规定"公司报告期内若聘请了内部控制审计会计师事务所、财务顾问或保荐人,应当披露聘任内部控制审计会计师事务所、财务顾问或保荐人的情况,报告期内支付给内部控制审计会计师事务所、财务顾问或保荐人的报酬情况"。《激励办法》第 39 条要求公司公布法律顾问的意见。《激励办法》第 35 条、第 36 条规定如果公司聘请了独立财务顾问发表独立意见,其意见也需公布。③

总体而言,公司需要披露高管股票期权薪酬的制定程序和薪酬确定依据、薪酬委员会和独立董事的履职情况、市场中介机构的意见等。④

---

① 《激励办法》第 54 条第 1 款规定,"上市公司应当在董事会审议通过股权激励计划草案后,及时公告董事会决议、股权激励计划草案、独立董事意见及监事会意见"。
② 《激励办法》第 57 条规定,"股东会审议通过股权激励计划及相关议案后,上市公司应当及时披露股东会决议公告、经股东会审议通过的股权激励计划、以及内幕信息知情人买卖本公司股票情况的自查报告。股东会决议公告中应当包括中小投资者单独计票结果"。
③ 《激励办法》第 56 条规定,"上市公司在发出召开股东会审议股权激励计划的通知时,应当同时公告法律意见书;聘请独立财务顾问的,还应当同时公告独立财务顾问报告"。
④ 期权激励计划如有变更的,《激励办法》第 55 条规定,"股东会审议股权激励计划前,上市公司拟对股权激励方案进行变更的,变更议案经董事会审议通过后,上市公司应当及时披露董事会决议公告,同时披露变更原因、变更内容及独立董事、监事会、律师事务所意见"。

二、关于高管股票期权薪酬具体内容的信息披露方面

《激励办法》第9条详细规定了高管股票期权计划的具体内容,①《激励办法》第10条第2款又规定,"激励对象为董事、高级管理人员的,上市公司应当设立绩效考核指标作为激励对象行使权益的条件"。同时,《准则第2号》第31条要求披露"现任及报告期内离任董事、监事、高级管理人员的姓名、性别、年龄、任期起止日期(连任的从首次聘任日起算)、年初和年末持有本公司股份、股票期权、被授予的限制性股票数量、年度内股份增减变动量及增减变动的原因。如为独立董事,需单独注明。报告期如存在任期内董事、监事离任和高级管理人员解聘,应当说明原因"。

总体而言,在股票期权薪酬具体内容的信息披露方面,我国相关规定是比较详细的,涉及股票期权薪酬的各个方面。尤其是较多地吸取了国外的经验教训,如期权费用化、调整行权价格的严格规定以及控制权等转移时的行权问题等都要求上市公司予以披露,值得肯定。

三、关于高管股票期权薪酬的实施、变更和终止情况的披露

(一) 变更情况的披露

《激励办法》第59条规定,"因标的股票除权、除息或者其他原因调整权益

---

① 本条规定为,"上市公司依照本办法制定股权激励计划的,应当在股权激励计划中载明下列事项:(一)股权激励的目的;(二)激励对象的确定依据和范围;(三)拟授出的权益数量,拟授出权益涉及的标的股票种类、来源、数量及占上市公司股本总额的百分比;分次授出的,每次拟授出的权益数量、涉及的标的股票数量及占股权激励计划涉及的标的股票总额的百分比,占上市公司股本总额的百分比;设置预留权益的,拟预留权益的数量、涉及标的股票数量及占股权激励计划的标的股票总额的百分比;(四)激励对象为董事、高级管理人员的,其各自可获授的权益数量、占股权激励计划拟授出权益总量的百分比;其他激励对象(各自或者按适当分类)的姓名、职务、可获授的权益数量及占股权激励计划拟授出权益总量的百分比;(五)股权激励计划的有效期,限制性股票的授予日、限售期和解除限售安排,股票期权的授权日、可行权日、行权有效期和行权安排;(六)限制性股票的授予价格或者授予价格的确定方法,股票期权的行权价格或者行权价格的确定方法;(七)激励对象获授权益、行使权益的条件;(八)上市公司授出权益、激励对象行使权益的程序;(九)调整权益数量、标的股票数量、授予价格或者行权价格的方法和程序;(十)股权激励会计处理方法、限制性股票或股票期权公允价值的确定方法、涉及估值模型重要参数取值合理性、实施股权激励应当计提费用及对上市公司经营业绩的影响;(十一)股权激励计划的变更、终止;(十二)上市公司发生控制权变更、合并、分立以及激励对象发生职务变更、离职、死亡等事项时股权激励计划的执行;(十三)上市公司与激励对象之间相关纠纷或争端解决机制;(十四)上市公司与激励对象的其他权利义务"。

价格或者数量的,调整议案经董事会审议通过后,上市公司应当及时披露董事会决议公告,同时公告律师事务所意见"。

(二)实施情况的披露

《激励办法》第62条规定,"上市公司董事会按照本办法第四十六条、第四十七条规定对激励对象获授权益、行使权益的条件是否成就进行审议的,上市公司应当及时披露董事会决议公告,同时公告独立董事、监事会、律师事务所意见以及独立财务顾问意见(如有)",同时,《激励办法》第65条也规定了上市公司应当在定期报告中披露报告期内股权激励的实施情况。①

(三)终止情况的披露

《激励办法》第64条规定,"上市公司终止实施股权激励的,终止实施议案经股东会或董事会审议通过后,上市公司应当及时披露股东会决议公告或董事会决议公告,并对终止实施股权激励的原因、股权激励已筹划及实施进展、终止实施股权激励对上市公司的可能影响等作出说明,并披露律师事务所意见"。

应当说,就我国上市公司高管股票期权薪酬的披露而言,从制定、具体内容以及实施情况等,相关法规已经作了非常详细的规定,在实践中也取得了较好的效果。但不容否认的是,相比于美国等先进国家的法律规定和实务经验,仍然存在着若干问题,下面对此进行分析。

第四节　我国上市公司高管股票期权薪酬信息披露中存在的主要问题

综合《激励办法》《信息披露管理办法》以及《准则第2号》的相关规定并结

---

① 具体包括"(一)报告期内激励对象的范围;(二)报告期内授出、行使和失效的权益总额;(三)至报告期末累计已授出但尚未行使的权益总额;(四)报告期内权益价格、权益数量历次调整的情况以及经调整后的最新权益价格与权益数量;(五)董事、高级管理人员各自的姓名、职务以及在报告期内历次获授、行使权益的情况和失效的权益数量;(六)因激励对象行使权益所引起的股本变动情况;(七)股权激励的会计处理方法及股权激励费用对公司业绩的影响;(八)报告期内激励对象获授权益、行使权益的条件是否成就的说明;(九)报告期内终止实施股权激励的情况及原因"。同时,《准则第2号》第37条规定,"鼓励公司详细披露报告期内对高级管理人员的考评机制,以及激励机制的建立、实施情况"。

合我国实务,本书认为我国对于高管股票期权薪酬的信息披露还存在以下一些问题:

一、股票期权薪酬的披露内容不易理解

在实务中,公司信息披露格式化的问题比较严重,充满了难懂的专业术语和数学公式。披露的形式也多为叙述性的文字表示,缺乏能为投资者直观掌握的方式,如图表等,未能有效贯彻证监会所强调的加强"市场和社会监督的作用"的宗旨。具体来说:

(一)缺少薪酬与公司业绩之间关系的披露

《准则第2号》对于披露高管薪酬确定依据的规定非常笼统,而上市公司在实际执行时也是含糊其词。往往以一句"依据公司制定的薪酬分配制度和经济责任制考核办法确定"敷衍了事,具体的薪酬分配制度是什么、与公司业绩的关系到底如何则根本没有说明。《激励办法》要求上市公司设立考核指标作为行权的条件,[①]但是没有要求披露薪酬与业绩之间的关系。

(二)没有披露公司业绩比较图

有学者认为,"根据最优激励理论,要使高管人员与股东达到激励相容的目的,促使高管人员为股东利益努力工作,需要把高管人员的利益与公司业绩相联系。而通过披露公司与市场综合指数、行业指数以及同行业公司的业绩比较图,可以清晰地反映公司近几年的业绩表现,从而有助于利益相关方判断公司高管人员报酬的合理性。避免高管人员不合理地大幅度提高报酬"。[②]因为不存在这样的比较图,股东无法直观地了解股票期权薪酬是否起到了作用、是否提升了公司的业绩。

二、制定股票期权薪酬的程序缺乏透明度

我国上市公司对于高管薪酬的决策程序的披露,基本是以"本公司已制定

---

① 《激励办法》第10条第2款规定,"激励对象为董事、高级管理人员的,上市公司应当设立绩效考核指标作为激励对象行使权益的条件"。

② 童卫华等:《中国上市公司高管人员报酬信息披露研究》,载《重庆大学学报(社会科学版)》2006年第5期。

完善的薪酬决策机制"等语言予以说明,无法给投资者有意义的信息。①"大部分公司披露的决策程序和确定依据非常简单,以各自的岗位工资为基础,并结合经营业绩的考核最终确定。因此,投资者无法从公开披露的信息了解上市公司如何确定'董监高'的薪酬,从而无法判断'董监高'的薪酬是否合理。"②在实务中,缺乏诸如:薪酬委员会中内部董事的作用及利益冲突③的防止;公司是否聘请了专业机构为股票期权的制定提供专业意见;有关法律顾问、薪酬顾问是否存在利益冲突等重要信息。此外,独立董事发表的独立意见也过于格式化,缺乏具有公司特性的有效信息。④

三、股票期权薪酬内容不全面

实务中,尤其是关于本公司股票期权薪酬出台的背景、股票期权薪酬所要

---

① 葛家澍、田志刚:《上市公司高管薪酬强制性披露研究》,载《厦门大学学报(哲学社会科学版)》2012年第3期。

② 陆序生:《2009年中小板公司"董监高"薪酬及股权激励分析》,载《证券市场导报》2010年第7期。

③ 按照《董事会专门委员会实施细则》第19条规定,"薪酬与考核委员会会议讨论有关委员会成员的议题时,当事人应回避"。但遗憾的是,本条没有规定对此回避情况公司需要披露,所以外界也无法准确获知相关情况。

④ 以《广东某股份有限公司独立董事关于公司2016年股票期权激励计划相关事项的独立意见》为例。其独立意见主要内容为:作为广东某股份有限公司(以下简称"公司")的独立董事,本人严格按照《公司法》《证券法》《关于在上市公司建立独立董事的指导意见》《关于加强社会公众股股东权益保护的若干规定》《公司章程》等相关法律法规和规章制度的规定和要求,对公司第八届董事会第五次会议审议的关于公司2016年股票期权激励计划相关事项进行了认真审阅,并经讨论后发表如下独立意见:1.未发现公司存在《上市公司股权激励管理办法》等法律、法规规定的禁止实施股权激励计划的情形,公司具备实施股权激励计划的主体资格。2.公司本次股票期权激励计划所确定的激励对象均符合《中华人民共和国公司法》等法律、法规和《公司章程》有关任职资格的规定;同时,激励对象亦不存在《上市公司股权激励管理办法》规定的禁止获授股票期权的情形,激励对象的主体资格合法、有效。3.公司股票期权激励计划(草案)的内容符合《上市公司股权激励管理办法》等有关法律、法规的规定,对各激励对象股票期权的授予安排(包括授予额度、授权日期、行权价格、行权期、行权条件等事项)未违反有关法律、法规的规定,未侵犯公司及全体股东的利益。4.公司不存在向激励对象提供贷款、贷款担保或任何其他财务资助的计划或安排。5.公司实施股票期权激励计划可以健全公司的激励、约束机制,提高公司可持续发展能力;使经营者和股东形成利益共同体,提高管理效率和经营者的积极性、创造性与责任心,并最终提高公司业绩。综上所述,我们一致同意公司实行本次股票期权激励计划。

这些独立董事意见基本与法律顾问的意见相同,并没有从独立董事的角度对股票期权计划给出意见。例如对于第5项意见,并没有从独立董事的角度去分析,为何本次股票期权激励计划能够提高公司的可持续发展能力等。

达到的目的、①行权条件是否切实可行、②股票期权是否存在风险性、③股票期权薪酬的实际效果如何等,上市公司并没有全面地讨论与披露,因此中小股东参与投票的时候,如何判断该股票期权激励计划确实能够为公司和股东带来长久利益,值得商榷。④

第五节 对于我国上市公司高管股票期权薪酬披露的完善建议

由于我国上市公司高管股票期权薪酬处于不断推广和大力提倡的阶段,从鼓励上市公司采用股票期权薪酬的角度出发,相关信息披露应该注意不能给上市公司带来过多的成本,以至于导致上市公司不愿意采用该种薪酬模式。因此,本书的完善建议力求在成本和收益上达到适度的平衡。主要原则是公司容易操作,成本不大,对应的收益却比较明显。例如用图表的方式表示薪酬与公司业绩的关系以及公司业绩与市场或者行业业绩的比较等,本书认为这种做法对于公司而言成本很小,但对中小股东而言,收益却很大。又例如语言简洁、避免格式化,可能会增加公司的成本,因为公司必须针对自身情况,修改

---

① 实务中公司披露的股票期权薪酬的目的都比较原则,例如前述《广东某股份有限公司 2016 年股票期权激励计划(草案)》确定的目标是"为了进一步建立、健全公司长效激励机制,吸引和留住优秀人才,充分调动公司股份管理人员的积极性,提高公司可持续发展能力,在充分保障股东利益的前提下,按照收益与贡献对等原则,根据《公司法》《证券法》《管理办法》等有关法律、法规和规范性文件以及《公司章程》的规定,制定本激励计划"。但是没有具体说明这些目标是如何通过股票期权薪酬来达成的以及公司目前是否有必要授予股票期权薪酬等。这些披露内容基本上是以合规性为主,对于合理性的披露则相对欠缺。

② 实务中,上市公司高管股票期权薪酬行权条件或者行权门槛过低,一直受到学者和媒体的批评,例如我国财经评论学者叶檀就认为"行权门槛低,公司相当于馈赠高管层期权收益,期权激励变为期权红利",叶檀:《过度激励惹的祸》,载《董事会》2008 年第 4 期。

③ "目前,我国尚未有法规要求上市公司披露薪酬政策对公司可能产生的不利风险。由于我国金融市场还没有达到美国的发达水平,金融工具的创新也没有华尔街那么复杂,这使得监管部门对于公司薪酬与企业风险之间的关系存在认识上的不足",葛家澍、田志刚:《上市公司高管薪酬强制性披露研究》,载《厦门大学学报(哲学社会科学版)》2012 年第 3 期。

④ 《国务院办公厅关于进一步加强资本市场中小投资者合法权益保护工作的意见》指出,"中小投资者是我国现阶段资本市场的主要参与群体,但处于信息弱势地位,抗风险能力和自我保护能力较弱,合法权益容易受到侵害"。因此上市公司有义务减少中小投资者的信息不对称性,即披露更直观和内容具体的信息。

业已存在的"范本",而不能直接复制;但是这类信息却能极大减少股东分析和理解信息的成本,因此,收益是明显超过成本的。而就披露全面的决策程序以及股票期权薪酬宏观背景和目的等,会给公司带来不菲的成本,但却能够有效防止利益冲突的情况发生,并且能增加董事会、薪酬委员会成员和独立董事的声誉约束,促使其认真履行职责,本书认为也值得施行。反之,披露高管的薪酬与普通员工平均工资之间的比值,成本巨大,收益却并不明显,暂时不值得我们借鉴。①当然,令人遗憾的是,本书对此无法提供非常精确的实证研究的证明,这需要在不断实践的基础上进行总结。据此,本书认为,我们应当尽快从以下几个方面来完善我国有关高管股票期权薪酬披露制度。

一、披露内容应当具有易懂性

应当强调披露内容的易懂性,涉及对股东投资行为影响较大的信息,尽量使用日常化和通俗易懂的词汇予以说明,并且应多用图示和表格的形式来直观形象地披露有关信息。应当尽量避免使用过于专业的术语、令人望而却步的数学模式以及复杂的句式结构。2021 年修订的《准则第 2 号》第 10 条第 5 项特别强调,"公司编制年度报告时可以图文并茂,采用柱状图、饼状图等统计图表,以及必要的产品、服务和业务活动图片进行辅助说明,提高报告的可读性"。第 21 条第 7 项要求董事会报告"语言表述平实,清晰易懂,力戒空洞、模板化"等,都体现了监管部门在试图让股东更加理解信息披露内容方面所做出的努力。

二、应当披露会议讨论情况

在决策程序的披露上,应当披露关于薪酬委员会和董事会就股票期权薪酬开会讨论的情况。有学者就建议,"年报中,应完善披露薪酬与考核委员会组成和履行职责情况,具体说明对'董监高'薪酬的决策和考核程序,包括薪酬

---

① 虽然高管与普通员工的薪酬差距越来越大固然是一个值得关注的问题,但是本书认为,相比于国外,这样的差距并不过大;股票期权薪酬的关键作用在于激励高管服务于股东利益,在股东利益得到确保的情况下,高管与员工的薪酬差距是否过大涉及整个社会的收入分配政策问题,并不是公司治理本身所能解决的问题,媒体的不必要甚至是错误的宣传,可能会起到反作用,减少公司赋予高管股票期权的动力,相关讨论在本书第一章已有展开。

政策、确定薪酬时考虑的因素及薪酬与业绩的关系等,保证薪酬和考核委员会的独立性"。①虽然相关法规要求公司披露关于制定高管薪酬程序方面的信息,但是并没有对股票期权薪酬的制定程序进行专门的规定。而股票期权薪酬的草拟和审议涉及两个不同的主体,所以更有必要在公司第一次披露股票期权薪酬的相关信息时,同时要求披露两个主体的会议程序方面的信息。具体来说:

(一)薪酬委员会报告

该报告应当包括但不限于:独立董事与公司高管之间是否存在下列关系:"交叉董事"的情况、商业上的合作关系以及是否互有大额债务等;②薪酬委员会中的非独立董事(兼任高管)是否成为激励对象,如果是,其起到何种作用和利益冲突的情况是如何避免的;薪酬委员会是否聘请了薪酬顾问帮助其制定薪酬,如果是,其名字和获得的薪酬数额;以及是否向公司提供其他服务,如果是,利益冲突的情况如何避免;对于聘请的出具独立意见的财务顾问和法律顾问,其是否向公司提供其他服务,如果是,利益冲突的情况如何避免。③

(二)董事会报告

该报告需要披露(包括但不限于)对股票期权薪酬的审议情况,例如董事会对薪酬委员会草案是否修正,如果是,具体修正的内容和理由是什么。④

这些完善建议,不仅能够弥补独立董事独立性标准不全面的缺陷,而且还能够有效地防止利益冲突情况的发生以及独立董事可能为公司内部人员俘获或者市场中介的问题。

三、披露内容应当更全面

在股票期权薪酬的具体内容方面,公司应当全面披露(包括但不限于):

公司是在何种背景下,考虑授予股票期权(即授予股票期权薪酬的动机是什么);授予股票期权要达成何种目的(不能泛泛地说实现公司和股东的利益)

---

① 陆序生:《2009年中小板公司"董监高"薪酬及股权激励分析》,载《证券市场导报》2010年第7期。
② 参见本书第二章对独立董事独立性标准不完全的论述。
③ 对此问题将在本书第五章进行全面的讨论。
④ 本书第一章对此点有较为全面的说明。

以及股票期权薪酬如何能够实现该种目的;激励对象是如何确定的,考虑的因素包括哪些(尤其是激励对象所具有的对公司特别的贡献以及对公司业绩的影响①);授权数量是如何确定的,考虑的因素有哪些;行权条件等是如何确定的,考虑的因素有哪些(尤其是要说明该条件实现的难易程度);②等待期和有效期是如何确定的,考虑的因素有哪些(尤其是等待期较短的情况,更需要说明其合理性);③公司是否采用了指数化期权的形式,如果是,其所参考的是行业内指数还是市场指数;④对于授权和行权时,可能产生的违法行为,公司是否做了预防准备,如果是,具体防范措施是什么;关于股票期权的风险情况说明,包括但不限于:基于股票期权薪酬可能会诱使高管进行高风险的短期投资,公司是否已经有所考虑;如果是,公司是如何防止该情况发生的。⑤对此,有学者

---

① 有学者建议,薪酬委员会或董事会必须以披露的形式详细向股东解释采用不同报酬分配方法的依据或合理性及其报酬与公司业绩的相关关系。参见郁光华:《从代理理论看对高管报酬的规范》,载《现代法学》2005 年第 2 期。

② 《激励办法》第 11 条规定,"上市公司应当在公告股权激励计划草案的同时披露所设定指标的科学性和合理性"。

③ 本书将在第六章对股票期权薪酬等待期和有效期的问题进行深入的讨论。

④ 《激励办法》第 11 条第 1 款和第 2 款规定,"绩效考核指标应当包括公司业绩指标和激励对象个人绩效指标。相关指标应当客观公开、清晰透明,符合公司的实际情况,有利于促进公司竞争力的提升。上市公司可以公司历史业绩或同行业可比公司相关指标作为公司业绩指标对照依据,公司选取的业绩指标可以包括净资产收益率、每股收益、每股分红等能够反映股东回报和公司价值创造的综合性指标,以及净利润增长率、主营业务收入增长率等能够反映公司盈利能力和市场价值的成长性指标。以同行业可比公司相关指标作为对照依据的,选取的对照公司不少于 3 家"。事实上,国内已有多种指数可供参照,如沪深 300 指数、中小企业板指数、创业板指数以及多种行业指数等。本书第六章将对指数化期权的问题进行深入的讨论。

⑤ 本书第六章将就股票期权薪酬可能会诱使高管追求高风险的短期收益问题进行深入讨论。有学者分析了金融危机与公司治理的关系,认为股票期权等激励性薪酬促使高管追求高风险的投资,"在英美国家,公司治理奉行股东至上主义,公司经营目的旨在股东利益最大化;因为对于上市公司,投资者最为关注的是股价的涨跌;为了吸引更多的投资者,管理层的目标为尽其所能地保持股价的上涨,让股东能够获得一定的收益;股价的涨跌似乎成了管理层的工作重心;因公开市场投资具有一定营利短期性,管理层投资者所好追求公司短期的营利性。为了确保管理层能够与股东利益一致,减少代理成本(agency cost),公司除了为董事、高管提供很高的报酬之外,还配售给董事、高管期权(stock Option)或股份;于是,一方面为了让股东能够获得更多的利润,另一方面为了让自己的期权或股份更有价值,管理层努力地使股价上升;在金融危机中,金融机构的逐利行为走向了极致,过度追求短期利益而忽视了其经营活动中隐含的、不断累积的风险;因短期内公司股价上升,管理层获得了丰厚的报酬,更加激励了管理层从事高风险高利润的经营活动,于是,就形成了公司因管理层更加冒险而支付更高额报酬的畸形局面"。吴世学:《全球金融危机与公司治理》,载《交大法学》2014 年第 2 期。

就建议"为防范高管人员为追逐高额薪酬而采取高风险的经营政策,我国证券监管部门也应该出台强制披露规则要求经营风险较高的行业中的上市公司披露高管薪酬与公司风险之间的关系。证券监管部门可以先在金融类上市公司中试点,要求公司披露高管薪酬政策对公司可能产生的风险所作的评价,并要求公司董事会制定并披露公司的风险管理制度,防范高管出于自身利益的考虑采取高风险的经营政策导致经营失败。等积累了一定经验后,要求全部上市公司披露包括高管在内的全体员工的薪酬政策与公司风险之间的关系,提高我国上市公司的公司治理水平";①股票期权的效果如何,是否能够实现公司设定的目标等。具体而言,公司需用图表的方式,来表明公司自股票期权薪酬授予之日起前3年及之后的股票期权薪酬与公司业绩的关系以及公司的业绩与同行业或者整个市场业绩的比较情况,以比较直观地反映股票期权的效果。有学者建议,"披露董事、监事和高级管理人员薪酬整体情况与公司业绩近两年的关系,如存在较大差异,应当说明理由。通过披露公司与市场综合指数、行业指数或同行业公司业绩的比较,从而有助于投资者了解公司近两年来的业绩表现,促使公司在决定高管薪酬时更注意与公司业绩挂钩,避免出现公司业绩持续下滑而'董监高'薪酬仍然上升的不合理现象"。②正如有学者所言:"通过披露公司与市场综合指数、行业指数以及同行业公司的业绩比较图,可以清晰地反映公司近几年的业绩表现,从而有助于利益相关方判断公司高管人员报酬的合理性。避免高管人员不合理地大幅度提高报酬。"③结果上能够促使公司制定出更有效率的薪酬政策④披露此类信息,不仅能够告诉中小股东和社会公众,公司实施股票期权薪酬的目标和效果以及是否能够服务于公司股东的长期利益;而且还能够增加声誉机制对董事会成员,尤其是独立董事的

---

① 葛家澍、田志刚:《上市公司高管薪酬强制性披露研究》,载《厦门大学学报(哲学社会科学版)》2012年第3期。

② 陆序生:《2009年中小板公司"董监高"薪酬及股权激励分析》,载《证券市场导报》2010年第7期。

③ 童卫华等:《中国上市公司高管人员报酬信息披露研究》,载《重庆大学学报(社会科学版)》2006年第5期。

④ Kevin J. Murphy, *Politics , Economics , And Executive Compensation* , 63 U. Cin. L. Rev. 713, 736 (1995).

约束力。从而增加独立董事的责任感,促使其认真履行职责,维护公司整体利益,尤其要保护中小股东的合法权益。①

需要说明的是,这些信息应当在第一次授予期权时披露,公司在年报中关于股票期权薪酬的披露情况,可以引证此披露报告,以减少公司不必要的重复。例外的情况是,对于高管薪酬和公司业绩的关系图以及公司业绩与相关指数的比较图,至少可以在股票期权薪酬实施一年后予以披露,以直观地体现股票期权薪酬的效果。如果所披露的信息会泄露公司的商业秘密,那么公司可以申请免除披露义务,但须对此进行提示。此外,公司还需要按照《激励办法》的规定,披露股票期权的实施情况,自不待言。

相对而言,在上市公司高管股票期权薪酬的信息披露方面,我国相关法规作了比较全面的规定,但是依然存在着若干问题,使得信息披露不论在形式还是内容上,都不能给予股东和社会公众充分的信息,不利于他们对高管股票期权薪酬的监督。例如语言晦涩难懂、制定股票期权薪酬的程序缺乏透明性、缺乏全面的关于股票期权薪酬出台背景以及目标等的信息、缺少薪酬与公司业绩之间关系的披露以及没有公司业绩与市场或者行业业绩的比较等,这使得股东和公众难以对高管股票期权薪酬理解和监督。

在借鉴美国法律规定和实务经验的基础上,本章的完善建议是:首先在形式上强调信息披露的易懂性,包括多使用日常用语和多使用图表等;其次,在决策程序上,公司需要披露薪酬委员会和董事会开会讨论的情况以及重点利益冲突的有效防止情况;再次,在具体内容上,应当全面披露股票期权薪酬的相关情况,尤其是公司制定股票期权薪酬的宏观政策方面的考虑以及股票期权薪酬对股东长期利益的风险等;最后,应当以图表的形式,披露股票期权薪酬与公司业绩的关系以及公司业绩与市场或行业业绩的比较等。通过全面和

---

① 《独立董事管理办法》第3条规定,"独立董事对上市公司及全体股东负有忠实与勤勉义务,应当按照法律、行政法规、中国证券监督管理委员会(以下简称中国证监会)规定、证券交易所业务规则和公司章程的规定,认真履行职责,在董事会中发挥参与决策、监督制衡、专业咨询作用,维护上市公司整体利益,保护中小股东合法权益"。

易懂的股票期权薪酬信息披露,一方面能够减少股东获取信息的成本,增强其参与公司治理的积极性;另一方面,也能够使董事,尤其是薪酬委员会的独立董事在公众和媒体的注视下,真正和切实地履行自己的职责,从而使得高管薪酬真实地反映其对公司业绩的贡献,杜绝"无功受禄"的现象发生。

第四章　公司内部监督的事后策略：
具体化上市公司高管股票期权薪酬追回制度

第一节　引　言

本章所要讨论的高管股票期权薪酬追回①制度主要是为了解决高管可能会通过虚假记载等财务违法行为来人为地完成授权的条件、行权的条件或者抬高公司的股价，以获得不正当的薪酬。高管这样行为的主要原因在于公司授予高管股票期权、股票期权行权的条件与获利的可能和公司的经营业绩与股价相挂钩，为了获得高额薪酬，他们必须努力提高公司的经营业绩与股票价格。正常情况下，高管固然可以通过改善公司的经营管理、加强公司产品的质量以及扩大公司的市场份额等手段，来提升公司真实的经营业绩和股票价格从而获得恰如其分的高额薪酬。但是在市场不景气或者公司表现不佳的情况下，公司高管则可能会铤而走险，违反证券法规和会计法的要求，通过虚假记载、误导性陈述以及重大遗漏等财务违法行为操纵公司的财务会计报告，使得公司的经营业绩表面上满足规定的条件或者将公司股价维持在虚假的高位，从而能够行使自己的股票期权获得巨额薪酬。②实证研究也表明，股票期权薪

---

① 《上市公司股权激励管理办法起草说明》称之为"不当利益回吐"。也有学者将之翻译为"抓回条款"，吴世学：《全球金融危机与公司治理》，载《交大法学》2014年第2期。

② 对此，Lawrence E. Mitchell 教授有非常精彩的介绍，参见 Lawrence E. Mitchell, *Learning the Lessons of Enron*（*Before It's Too Late*），JURIST（June 13, 2002），*available at* http://www.jurist.org/forum/forumnew55.php，最后访问时间：2023年8月2日。Lucian A. Bebchuk & Jesse M. Fried, *Executive Compensation at Fannie Mae: A Case Study of Perverse Incentives, Nonperformance Pay, and Camouflage*, 30 J. Corp. L. 807, 808（2005）.

酬与不当的信息披露之间具有高度的相关性,①正如美国科菲教授指出"显然,当一家公司支付 CEO 股票期权,它就给了 CEO 从事短线金融操纵和会计投机行为的动机"。②

为了减少和遏制此类现象的发生,上市公司高管股票期权薪酬追回制度便随之产生。③一般而言,"所谓'高管薪酬追回制度',是指高管从公司获得薪酬之后,如果证实高管获得该薪酬所依据的条件并不成就,则公司(或者其他主体)可以要求高管返还该薪酬的制度"。④我国学者认为,"一般而言,薪酬追回是指当公司发生特定的触发事件(如财务重述、高管违反雇佣合同或限制性条款等)时,公司有权收回已支付给高管的薪酬"。⑤就股票期权薪酬追回制度而言,具体地说,是指高管从公司获得股票期权薪酬之后(不论是在授予之后,还是在行权之后),如果证实高管获得该薪酬所依据的条件并不成就(授权条件不成就、行权条件不成就或者股票价格被人为抬高等),则上市公司有权向对此负有责任的高管追回该薪酬。

事实上,上市公司是否采用高管薪酬追回制度已经成为衡量一个公司高管薪酬政策是否优良的重要标准。⑥在美国,该制度被分别规定在了三部联邦法律之中。⑦实务中,截止到 2010 年中期,近一半的标准普尔 500 公司将该制

---

① Natasha Burns & Simi Kedia, *The Impact of Performance-Based Compensation on Misreporting*,79 Journal of Financial Economics 35(2006).

② [美]约翰·C. 科菲:《看门人机制:市场中介与公司治理》,黄辉、王长河等译,北京大学出版社 2011 年版,第 79 页。

③ 薪酬追回制度中所指的薪酬一般是指激励性薪酬,最典型的如奖金和股票期权,本章研究的是股票期权薪酬的追回制度。

④ Donald Delves, *Clawback Requirement Removes Board Discretion*, Forbes, July 14,2011, *available at* http://www.forbes.com/sites/donalddelves/2011/07/14/clawback-requirement-removes-board-discretion/,最后访问时间:2023 年 8 月 2 日。美国学者也会在"庞式骗局"和证据法中讨论追回制度(clawback),关于前者 see Karen E. Nelson, *Note*:*Turning Winners into Losers*:*Ponzi Scheme Avoidance Law and the Inequity of Clawbacks*,95 MINN. L.R.1456(2011)。关于后者 see Ashish S. Joshi, *Clawback Agreements In Commercial Litigation*:*Can You Unring a Bell?* 87-DEC Mich. B.J. 34(2008)。

⑤ 罗宏等:《论我国高管薪酬追回制度的建立》,载《会计之友》2015 年第 15 期。

⑥ Canadian Coalition for Good Governance(CCGG), *2009 Executive Compensation Principles* 8-9, *available at* http://www.ccgg.ca/site/ccgg/assets/pdf/2009_Executive_Compensation_Principles.pdf,最后访问时间:2023 年 8 月 2 日。

⑦ 在本章的第一部分,将简要介绍这三部法律。

度写入公司与高管的薪酬合同之中。①然而，按照美国《多德—弗兰克法案》的规定，所有的上市公司必须采用该制度，否则不能在证券交易所上市，对此美国证监会于 2015 年公开了规则草案（Proposed Rule 10D-1），并于 2022 年 10 月 28 日公布了最终的规定。②

就我国而言，有学者指出："当前股权薪酬实践说明，高管薪酬并没有与其贡献相挂钩，没有充分激励高管提升公司业绩和股东价值，而且还产生了负效应。高管出于私利的考虑，利用公司的不对称信息，当他们有权行权和出售股票时，他们有动力虚报公司业绩，隐瞒公司不利讯息，篡改公司财务报表，选择披露一般信息来代替重大信息等手段，在短期内推高股价，并在股价下跌之前全身而退。"③因此，我国有些学者④也充分认识到了高管薪酬追回制度的重要性，并且认为我国上市公司高管薪酬制度中缺乏高管薪酬追回制度，应当尽快将之建立起来。

然而，在事实上，虽然我国《公司法》确实没有明确规定上市公司高管薪酬的追回制度，但是根据《公司法》（2023 年修订）第 186 条规定，"董事、监事、高级管理人员违反本法第一百八十一条至第一百八十四条规定所得的收入应当归公司所有"。如果公司高管获得的薪酬是因为其违反忠实义务，尤其是通过虚假记载等财务违法行为而获得的，⑤根据公司法的规定，显然公司有权追回。

① 根据弗里德教授和施龙的统计，在 2010 年中期，标准普尔 500 中，有 50% 的上市公司没有追回条款。在其余的公司中，81% 的公司赋予董事会追回或者不追回的权利。在规定董事会必须追回的公司中，86% 的公司规定，除非董事会发现公司高管从事了违法行为，否则公司不得追回。只有 2% 的公司规定，不论高管有无从事违法行为，必须向公司交还超额的薪酬。See Jesse Fried & Nitzan Shilon, *Excess-Pay Clawbacks*, 36 J. Corp. L. 721，735（2011）.

② 相关讨论参见，Joseph E. Bachelder III et al.，*The SEC Proposed Clawback Rule*，*available at* https://corpgov.law.harvard.edu/2015/10/28/the-sec-proposed-clawback-rule/，最后访问时间：2023 年 8 月 2 日；and Martha Carter et al.，（*Claw*）*Back to the Future*，*available at* https://corpgov.law.harvard.edu/2022/12/21/claw-back-to-the-future/，最后访问时间：2023 年 8 月 2 日。

③ 傅穹、于永宁：《高管薪酬的法律迷思》，载《法律科学（西北政法大学学报）》2009 年第 6 期。

④ 例如李允峰：《放弃百万年薪凸显薪酬追回制度缺失》，载《上海证券报》2012 年 4 月 18 日，该文所讨论的是国有上市央企高管的薪酬追回问题。对于国有企业高管薪酬追回制度，参见蒋建湘：《国企高管薪酬法律规制研究》，载《中国法学》2012 年第 1 期。蒋教授认为追回制度对于防止已设定薪酬的不合理性（如高管基于欺诈、虚假业绩而取得的薪酬）具有积极意义。但是蒋教授认为我国迄今没有建立企业（包括国企）高管薪酬追回法律制度，对于这个观点，本书持有不同看法。

⑤ 守法义务应是忠实义务的一个分支，参见 Leo E. Strine, Jr. et al.，*Loyalty's Core Demand：The Defining Role of Good Faith in Corporation Law*，98 GEO. L. J. 629（2010）。

证监会于 2018 年修订的《激励办法》第 20 条第 3 款明确规定,"所有激励对象应当承诺,上市公司因信息披露文件中有虚假记载、误导性陈述或者重大遗漏,导致不符合授予权益或行使权益安排的,激励对象应当自相关信息披露文件被确认存在虚假记载、误导性陈述或者重大遗漏后,将由股权激励计划所获得的全部利益返还公司",本条规定则是上市公司高管股票期权薪酬追回制度的明确法律依据。对于国有企业而言,《中共中央　国务院关于深化国有企业改革的指导意见》明确规定"健全与激励机制相对称的经济责任审计、信息披露、延期支付、追索扣回等约束机制"。其中的"追索扣回"显然包括薪酬追回制度。《民法典》第 122 条规定,"因他人没有法律根据,取得不当利益,受损失的人有权请求其返还不当利益",即私法中的"不当得利制度"。本书认为,本条规定也可以作为高管薪酬追回制度的实在法依据。综上所述,我国上市公司高管薪酬追回制度有其充分的实在法依据。在实务中,由于按照《激励办法》的要求激励对象必须做出承诺,因此该承诺也可以作为追回高管薪酬的自治规范依据。[①]

总而言之,仅就上市公司高管的股票期权薪酬追回制度而言,不论是实在法还是自治规范,都提供了相当的坚实依据,当前我们要重点研究的是,如何具体化股票期权薪酬追回制度,对之进行合理的解释、谨慎的完善以及有效的实施。就前两者而言,我国学术界还缺乏对上市公司高管薪酬(包括股票期权薪酬)追回制度的专题性研究;[②]就后者而言,我国司法实务中并没有相关的诉讼发生。在高管股票期权薪酬追回诉讼上,究竟会出现何种纠纷? 相关规定是否能够合理、有效地解决这样的纠纷? 我们对此并不清楚。本章通过介绍和分析美国关于上市公司高管薪酬追回制度的法律规定、司法实践以及学说争议,作为合理解释以及谨慎完善我国高管股票期权薪酬追回制度的借鉴依据。[③]需要说明的是,虽然本章只是介绍美国高管薪酬追回制度,并没有指明是

---

① 例如《广东某股份有限公司 2016 年股票期权激励计划(草案)》中的申明部分。

② 在中国知网数据库中,笔者以"薪酬追回"为关键词进行检索,仅有一篇论文讨论了薪酬追回制度,戴新竹:《关于建立与绩效、风险相匹配薪酬追回机制的思考》,载《中国银行业》2021 年第 10 期。

③ 关于比较公司治理的作用,see Donald C. Clarke, "*Nothing But Wind*"? *The Past and Future of Comparative Corporate Governance*, 59 Am. J. Comp. L. 75, 80(2011)。

股票期权薪酬追回制度,但实际上,所谓的美国高管薪酬追回制度,主要是指对股票期权薪酬和奖金的追回,所以相关制度的介绍和讨论,对于股票期权薪酬都适用。

第二节　美国高管薪酬追回制度简述

在本节中,首先介绍美国三部联邦法律对于上市公司高管薪酬追回制度的法律规定,分析总结三者的不同之处。并介绍美国证监会所提出的建议草案的相关规定。具体问题的讨论,则留到本章第三节。其次,说明高管薪酬追回制度的立法目标。最后,简要评价薪酬追回制度的实际效果。

一、高管薪酬追回制度的法律规定

(一)《2002 年公众公司会计改革和投资者保护法案》(以下简称《萨班斯法案》)第 304 节

针对 21 世纪初发生的一系列公司丑闻,如安然、世通等财务造假事件,美国国会出台了《萨班斯法案》,其中首次对高管激励性薪酬的追回制度作出了规定。[1]该法第 304 节的薪酬追回条款(Clawback Provision)规定,"当存在与证券法等相关法规不符的行为或错误并导致会计报表重编(Restatement,也有译为重述[2])时,公开发行证券公司的首席执行官和首席财务官应归还其在该公司首次发行证券或在美国证券交易委员会备案(备案的财务资料中含有要求重编的财务报表)后 12 个月内从公司收到的所有奖金、红利或其他奖金性、权益性酬金以及在该期间通过买卖公司证券而实现的收益"。[3]因为联邦法院认定只有美国证监会才能提起高管薪酬追回之诉,所以,在实务中本节规定极少被使用。在 2002—2008 年这六年间,美国证监会只提起了两次诉讼,并且

---

① Rachael E. Schwartz, *The Clawback Provision of Sarbanes-Oxley: An Underutilized Incentive to Keep the Corporate House Clean*, 64 Bus. Law. 1, 3(2008).

② 参见魏志华等:《中国上市公司年报重述分析:1999—2007》,载《证券市场导报》2009 年第 6 期,此说明为笔者所加。

③ 刘京海、陈新辉:《美国企业高管薪酬追回制度及对我国的启示》,载《财务与会计》2009 年 8 月。

都是在 CEO[1] 或者 CFO[2] 被认定进行了违法行为的前提之下。所以有学者讽刺其为"因为没有效率而著称于世"。[3]不过,随着金融危机的爆发,美国证监会的执法力度有所增加,新的趋势表明当公司需重编财务报表时,即使 CEO 或者 CFO 没有过错,美国证监会也要求其向公司返回所获得的薪酬。[4]

(二)《2008 紧急经济稳定法》(以下简称《经济稳定法》)第 111 节(后为《美国复苏和再投资法案》第 7001 节所沿用)

针对金融机构在金融危机爆发之后所遇到的困境,美国国会出台了《经济稳定法》。其第 111 节要求,所有接受"联邦问题资产救济计划"(Federal Trou-

---

[1] Former United Health Group CEO/Chairman Settles Stock Options Backdating Case for ＄468 Million，Litigation Release No.20387(Dec.6，2007). 本案中联合健康集团(United Health Group Inc.)的前首席执行官 William McGuire 同意与证监会和解,并向公司返还超过 4 亿美元的激励性薪酬。具体案情如下:根据证监会的指控,在联合健康集团按委员会要求提供的季报、年报、代理委托书等材料中,在股票期权的实际授予日期和行权价格方面存在重大的错误和误导信息。2007 年 3 月,联合健康集团将 1994—2005 年度的财务报表重编,并披露了高管股票期权收益的重大税前差错累计总额为 15.26 亿美元。证监会指控,McGuire 本人从中共收到 4400 万份联合健康集团股票期权,其中大部分都经过倒填日期(Stock Options Backdating)处理。McGuire 将其中 1100 万份回溯期权予以行权出售,获得超过 600 万美元的价内收益。此外,在 2005 年和 2006 年,由于公司业绩达到预先设定的每股盈余目标,McGuire 收到了接近 500 万美元的现金红利。导致联合健康集团财务信息失真并误导投资人的主要原因是高管的主观过失:一些高管故意为无附加条件股票期权选择有利的授予日期,在该日期联合健康集团普通股股价非常接近年度或季度最低价格。McGuire 承认违反了联邦证券法律法规在反欺诈、会计信息披露、内部控制及其他一些方面的规定,并同意向公司返回约 4.48 亿美元的现金红利、股票期权转让收益以及未行使的股票期权。本案的翻译摘自刘京海、陈新辉:《美国企业高管薪酬追回制度及对我国的启示》,载《财务与会计》2009 年 8 月。本书根据英文原案,对本翻译作了适当的调整。

[2] SEC v. Sycamore Networks，Inc.，No.08 CA 11166 DPW(D. Mass. July 9，2008). 本案与前案相似,SEC 指控 Sycamore Networks 公司的前首席财务官 Frances M. Jewels 为了获取个人利益而倒填了股票期权的授权日期。最后 Jewels 以同意向公司返回 19 万美元的薪酬为条件,和解此案。

[3] Kevin J. Murphy，*The Politics of Pay：A Legislative History of Executive Compensation* 23(Marshall Research Paper Series Working Paper FBE 01.11，August 24，2011)，*available at* http://papers.ssrn.com/sol3/papers.cfm?abstract_id＝1916358,最后访问时间:2023 年 8 月 2 日。

[4] Securities and Exchange Comm'n v. Jenkins，Case No.cv 09-1510(D. Ariz.)(Litigation Release No.21149A，July 23，2009).上市公司 CSK Auto 被证监会认定在信息披露上进行了欺诈,随后证监会即要求该公司的前首席执行官 Maynard L. Jenkins 向公司返还其所获得的超过 400 万美元的激励性薪酬,但并没有指控 Jenkins 进行了任何不当行为。Spencer C. Barasch & Sara J. Chesnut，*Controverol Uses of the "Clawback" Remdy in the Current Financial Crisis*，72 Tex. B. J. 922，923(2009). 但是,最近证监会的薪酬追回政策偏向保守,参见 Joseph A. Hall，*Accountability and the Pursuit of SEC Clawback Actions*，*available at* https://corpgov.law.harvard.edu/2016/03/02/accountability-and-the-pursuit-of-sec-clawback-actions/,最后访问时间:2023 年 8 月 2 日。

bled Asset Relief Program，TARP)救助的公司必须制定关于高管薪酬追回的制度。该制度的主要内容为"如果公司支付给公司高管[1]和另外 20 位薪酬最高的公司员工的奖金、保留补贴(Retention Award)或者激励性薪酬所依据的公司收入、利润、收益或者其他标准在事后发现是实质性错误的，公司必须追回该薪酬"。与《萨班斯法案》第 304 节规定的不同之处在于：首先，本法规定薪酬追回的权利主体为公司自身，并且触发事件中不要求存在"错误行为"。其次，本法中追回的薪酬不包括出售证券所得。[2]另外，根据财政部的要求，当触发事件发生时，公司必须追回该薪酬，除非公司证明追回该薪酬是不合理的（例如，追回的成本大于追回的收益）。最后，如果公司归还联邦政府向其提供的经济援助，则该公司就不需要遵守该追回制度的规定。[3]

(三)《2010 年多德—弗兰克华尔街改革与消费者保护法案》(以下简称《多德—弗兰克法案》)第 954 节

面对严重程度仅次于 20 世纪"经济大萧条"的 2008 年金融危机，美国国会出台了全面规范金融产品、金融市场参与者以及金融监管机构的《多德—弗兰克法案》，以期能有效解决金融体系中的系统性风险与"大而不倒"的道德风险，影响深远。[4]在本法中也包括了一系列针对公司高管薪酬的改革措施，[5]其中第 954 节关于高管薪酬追回制度的规定即是一项重要的内容。根据本节的规定，"当公司的财务报告因实质地违反了《证券法》的有关规定而需要重编

---

① 公司高管包括在公司中薪酬最高的前五位高管以及按照法律规定需要披露薪酬的其他员工。Barasch & Chesnut, *Controveral Uses of the "Clawback" Remdy in the Current Financial Crisis*, 72 Tex. B. J., 922.

② Barasch & Chesnut, *Controveral Uses of the "Clawback" Remdy in the Current Financial Crisis*, 72 Tex. B. J..

③ Joseph E. Bachelder III, *Clawbacks Under Dodd-Frank and Other Federal Statutes*, available at http://www.jebachelder.com/articles/110527.html,最后访问时间：2023 年 8 月 2 日。

④ John C. Coffee, Jr., *The Political Economy of Dodd-Frank：Why Financial Reform Tends to be Frustrated and Systemic Risk Perpetuated*(Working Paper No.414，January 9，2012), available at http://papers.ssrn.com/sol3/papers.cfm?abstract_id=1982128,最后访问时间：2023 年 8 月 2 日。

⑤ 有关《多德—弗兰克法案》中关于高管薪酬的改革措施，参见 Stephen M. Bainbridge, *The Corporate Governance Provisions of Dodd-Frank*(UCLA School of Law, Law-Econ Research Paper No.10—14, October, 27, 2010), available at http://papers.ssrn.com/sol3/papers.cfm?abstract_id=1698898,最后访问时间：2023 年 8 月 2 日。

时,公司必须向前任或者是现任高管追回报告被要求重编之前三年内其所获得的超额(excess)薪酬"。[1]与《萨班斯法案》第 304 节相比,首先,本法最重大的改变就是将追回薪酬的权利主体明确规定为公司。[2]其次,本法实质性地扩大了薪酬追回制度的适用范围:未将不当行为或错误行为作为触发事件的要件;将追溯时间延长至三年;将追回对象扩大至公司的前任和现任高管。但追回的薪酬数量仅限于超额的部分。[3]再次,按照本法的要求,证监会需指令证券交易所和纳斯达克证券交易市场将不制定该薪酬追回制度的上市公司退市。最后,需要指出的是,对于《萨班斯法案》第 304 节而言,本法第 954 节并没有优先效力,两者可以并存。与《经济稳定法》第 111 节规定的不同之处在于:本法适用于所有上市公司,而后者仅适用于接受政府经济援助的公司;在触发事件上,本法的规定更为狭窄,仅仅是财务报告因实质地违反了《证券法》的有关规定而需要重编;在高管范围上,本法未将收入前 20 位的员工包括在内,有所限缩;追回的薪酬范围也仅限于超额的部分;在追回时间上规定得更为明确。但两者都没有要求"过错行为"作为触发事件的一个构成要件。总体上看,因为两部法律的规范对象和立法意图不尽相同,但《多德—弗兰克法案》对于高管薪酬追回制度的规定更为保守一些。[4]

(四) 2022 年美国证监会的规定[5]

对于财务重编(Accounting Restatement),应当是上市公司或者监管机构等,改变之前财务报表中的错误数据,而这些数据无需对于财务报表具有重要影响,即所谓小 R 财务报告重述("little R" restatements)。

---

① 所谓超额的激励性薪酬是指高管实际获得的薪酬与如果财务报表正确则高管应当获得的薪酬之间的差额。

② Lawrence A. West & J. Christian Word, *A Tale of Two Clawbacks*: *The Compensation Consequences of Misstated Financials* 3, *available at* http://www.lw.com/Resources.aspx?page=FirmPublicationDetail&publication=3662,最后访问时间:2023 年 8 月 2 日。

③ David R. Brown & Julia Lifshits, *Publications*: *Keeping Up with Clawback Provisions An Analysis of Recent Developments*, *available at* http://www.uhlaw.com/keeping-up-with-clawback-provisions,最后访问时间:2023 年 8 月 2 日。

④ 参见吴世学:《全球金融危机与公司治理》,载《交大法学》2014 年第 2 期。

⑤ 相关讨论参见 Jesse M. Fried, *Rationalizing the Dodd-Frank Clawback*, *available at* http://ssrn.com/abstract=2764409,最后访问时间:2023 年 8 月 2 日。

所谓的激励性薪酬(Incentive-Based Compensation),是指薪酬的获得全部或者部分地与公司的财务指标相挂钩。

所谓超额薪酬(Excess)是指获得的薪酬与财务重编之后应该获得的薪酬之差。

高管范围囊括公司主席、财务负责人、会计负责人、部门负责人等,包括对财务重编并不负有责任的高管。

其他包括税收、生效时间等内容。

(五) 图表总结

本部分以图表的形式对以上提到的三部法律进行简单的总结:①

表 4-1

内容/法规名称	《萨班斯法案》第 304 节	《经济稳定法》第 111 节	《多德—弗兰克法案》第 954 节
触发事件	存在与证券法等相关法规不符的行为或错误并导致会计报表重编时	公司收入、利润、收益或者其他标准在事后发现是实质性错误时	公司的财务报告因实质地违反了《证券法》的有关规定而需要重编时
被追回的高管范围	CEO 和 CFO	公司高管和另外 20 位薪酬最高的公司员工	前任或者是现任高管
行使追回权的主体	美国证监会	公司	公司
被追回的薪酬范围	奖金、红利或其他奖金性、权益性酬金以及在该期间通过买卖公司证券而实现的收益	奖金、保留补贴或者激励性薪酬,不包括出售证券所得	"超额"的激励性薪酬
追回的时间	首次发行证券或在美国证监会备案后 12 个月内	没有规定	财务报告被要求重编之前三年内

---

① 本表格主要依据 Bachelder III 所制作的英文表格,本书增加了追回的权利主体。

二、高管薪酬追回制度的立法目标①

(一)减少高管进行财务违法行为的动机

如前所述,高管薪酬追回制度中所要追回的为激励性薪酬。激励性薪酬虽然能够有效地结合高管与股东的利益,但也有可能诱使高管为了获得高额薪酬,通过虚假陈述等财务违法行为来实现公司支付激励性薪酬的条件或者虚假提高公司的股价。因为薪酬追回制度的存在,一旦发现高管通过虚假陈述等手段获得不法的高额薪酬,那么公司或者证监会即有权将该薪酬追回。尤其是按照《萨班斯法案》第 304 节的规定,公司可以追回的薪酬包括全部激励性薪酬和转让所得,具有严苛的惩罚性,这样高管便没有通过财务违法行为来获得高额薪酬的动机了。②对此有学者认为,"对于公司个体而言,报表重述会使投资者失去信心,进而导致公司的资本成本增加,不利于公司未来发展,长此以往也会严重影响我国资本市场的健康有效运行。如果建立薪酬追回制度,规定在上市公司发生财务报表重述时,公司或相关监管机构有权追回管理层基于之前因错误业绩而得到的奖金、权益性薪酬或其他薪酬,企业管理层预料到财务报表重述可能导致的薪酬追回及其引起的诉讼会导致其损失收入、丢掉工作及声誉受损,他们事前进行盈余管理的动机就会减小,财务报表重述的概率也会相应降低,因此高管薪酬追回制度的引入有利于缓解我国资本市场财务报表重述问题,从而增强投资者对财务报告系统的信心,为维持我国资本市场秩序,促进其健康有序运行提供制度保证"。③

(二)防止高管不当得利,保护公司和股东的利益

高管薪酬追回制度的理论基础在于私法中的不当得利理论(Unjust En-

---

① 有学者认为,"高管薪酬追回制度的立法目标主要在于:一是降低高管操纵公司财务业绩带来的风险;二是对高管违反公司政策或雇用契约等不良行为进行惩罚;三是防止高管获取不当得利"。罗宏等:《论我国高管薪酬追回制度的建立》,载《会计之友》2015 年第 15 期。

② James E. Earle & Allison Wilkerson, *Dodd-Frank Clawbacks*: *Hot Issue for 2012* 1-2, *available at* http://www.emeraldinsight.com/journals.htm? articleid = 17026679&show = abstract,最后访问时间: 2023 年 8 月 2 日。

③ 罗宏等:《论我国高管薪酬追回制度的建立》,载《会计之友》2015 年第 15 期。

richment)。①所谓不当得利,是指某人不当获利致使他人受损,则其向他人负返回义务。②如果公司被要求重编财务报告,即使高管没有不当行为,从《萨班斯法案》的最新发展以及《经济稳定法》和《多德—弗兰克法案》的规定来看,公司也可以向高管追回薪酬。因为公司支付给高管薪酬的原因在事后被确认为错误或欺诈的,表明了公司支付薪酬的条件未能成就,那么给付的目的就不能达到,高管获得该薪酬并不正当。因此,根据不当得利的理论,不论高管是否善意,其都有义务将该薪酬返还给公司,这样才符合公平正义的要求。在这样的情况下,即使作为受益人的公司高管是善意的,薪酬追回制度的存在能够防止不当得利的发生,保护公司和股东的利益。"例如公司高管因为错误的财务报告,获得了 100 万美元的薪酬;但实际上按照真实的财务报告,其只能获得50 万美元,多给予高管的 50 万美元本来可以作为股东分配给股东或者由公司投资于其他项目。"③这一立法目标在《多德—弗兰克法案》中体现得最为明显。

(三) 鼓励高管为了公司和股东的长期利益服务

"追回条款一个重要的特点是基于长期业绩的考虑,如果高管的行为在来年被证明失当或存在主观错误,董事会可以追回支付的奖金红利等各项激励性报酬。从短期来看,股东一般难以发现高管进行的决策是否基于股东利益最大化,以及高管是否为达到某种目的(如股权激励)而操纵利润。但是从长期来看,不利于企业持续健康发展的短视决策最终将付出代价,也

① Miriam A. Cherry & Jarrod Wong, *Clawbacks: Prospective Contract Measures in an Era of Excessive Executive Compensation and Ponzi Schemes*, 94 Minn. L. Rev. 368, 412(2009); Emily Sherwin, *Restitution and Equity: An Analysis of the Principle of Unjust Enrichment*, 79 Tex. L. Rev. 2083(2001). 大陆法系民法理论认为"不当得利者是指,无法律上之原因,而受利益,致他人受损害者,应负返还义务之一种事件",参见郑玉波:《民法债篇总论》,中国政法大学出版社 2002 年版,第 89 页。我国《民法典》第 122 条规定,"因他人没有法律根据,取得不当利益,受损失的人有权请求其返还不当利益"。不当得利的构成要件包括:获得利益、他人损失、获得利益与他人损失之间存在因果关系以及没有合法根据四个要件。关于不当得利的基本理论参见邱聪智:《新订民法债篇通则》(上),中国人民大学出版社 2003 年版,第 67—94 页。

② Restatement(Third) of Restitution and Unjust Enrichment, Section 1. See Douglas Laycock, *Restoring Restitution to the Canon*, 110 Mich. L. Rev. 929(2012).

③ Jesse M. Fried and Nitzan Shilon, *Excess Pay and the Dodd-Frank Clawback* 2(Director Notes, October 2011), *available at* http://ssrn.com/abstract=1953317,最后访问时间:2023 年 8 月 2 日。

终将体现到长期的业绩上。所以,引入追回条款能在一定程度上解决委托代理问题,使得相关方的利益得到保证。"①另外,如果允许高管保留不是基于公司的真实经营业绩而获得的激励性薪酬,那么业绩优良和业绩较差高管之间的区分就没有了,这样便"减弱了激励性薪酬的有效性和高管提升公司价值的动力"。②

三、高管薪酬追回制度的实际效果

高管薪酬追回制度的实际效果究竟如何?是否能达到国会的立法目标?仅就《萨班斯法案》第 304 节本身而言,因为其存在多重局限性,尤其是行使该权利的主体只能是证监会,其效果相当有限。③但是,对于自愿地将该制度写入公司与高管薪酬合同的公司而言,高管薪酬追回制度则显示出了相当正面的效果。有实证研究表明,对于采用薪酬追回制度的公司而言,"自从采用了追回制度之后,公司财务报告重编的发生率降低了。此外,投资者和审计师会认为这类条款将增加公司财务的质量以及降低审计风险。具体而言,公司的盈利反应系数④(Earnings Response Coefficients,ERC)在公司采用追回条款之后增加了。而且对于采用追回制度的公司而言,审计师报告公司内控机制薄弱的可能性就越小,收取更低廉的审计费用以及更快地出具审计报告"。⑤另外一份实证研究表明,"如果一个公司之前有因为违法行为而重编报表的行为,或者有减损公司价值的合并行为(Value-Destroying Acquisitions),那么就越有可能采用追回条款"。这说明公司认为追回制度对抑制财务报表重编和减损

---

① 刘京海、陈新辉:《美国企业高管薪酬追回制度及对我国的启示》,载《财务与会计》2009 年 8 月。以及 Stuart R. Lombardi,Note,*Interpreting Dodd-Frank Section 954:A Case for Corporate Discretion in Clawback Policies*,2011 Colum. Bus. L. Rev. 881,885(2011)。

② Fried and Shilon,*Excess-Pay Clawbacks*,36 J. Corp. L.,at 732.

③ Ibid.,at 730—731.

④ 盈利反应系数(ERC)是用来衡量某一证券的超额市场回报相对于该证券发行公司报告盈利中非预期因素的反应程度。

⑤ Lilian H. Chan et al.,*The Effects of Firm-initiated Clawback Provisions on Earnings Quality and Auditor behavior* 32—34(January 13,2012),*available at* http://papers.ssrn.com/sol3/papers.cfm?abstract_id=1965921,最后访问时间:2023 年 8 月 2 日。

价值的合并行为具有抑制作用。①《经济稳定法》和《多德—弗兰克法案》强制规定上市公司必须制定薪酬追回制度,显然是看到了该制度在实务中产生的正面作用。②我国学者也认为,"美国的实践表明,高管薪酬追回机制能提高薪酬业绩敏感度,减少盈余管理和报表重述,有助于限制高管不合理薪酬,促使高管从更长远的角度经营企业,这为我国进一步完善企业高管薪酬制度改革与规制提供了理论与实践依据,因而值得我们学习和借鉴"。③

第三节　上市公司高管薪酬追回制度中的四个重要问题

本节对高管薪酬追回制度中的四个重要问题:薪酬追回的触发事件、被追回高管的范围、被追回薪酬的种类以及行使该权利的主体,分别介绍美国学者们的不同观点,并对此作出评析。

一、高管薪酬追回制度中的触发事件

所谓触发事件是指在何种情况下,公司可以追回已经支付给高管的激励性薪酬。按照《萨班斯法案》第 304 节和《多德—弗兰克法案》第 954 节的规定,高管薪酬追回的触发事件通常是公司的财务报告被认定为实质性地违反了有关法律的规定而需要重编。虽然《萨班斯法案》第 304 节规定的仅

---

① Anna Bergman Brown et al., *Economic Determinants of the Voluntary Adoption of Clawback Provisions in Executive Compensation Contracts* 12—15(June 17, 2011), *available at* http://papers.ssrn.com/sol3/papers.cfm?abstract_id=1866495,最后访问时间:2023 年 8 月 2 日。我国学者有引用国外实证研究,认为"薪酬追回制度的采用提高了高管薪酬业绩敏感度。一方面高管薪酬追回制度强化了按绩效支付薪酬的原则,即当财务报告重述调低了公司的虚增收益时,高管薪酬追回制度可以收回管理层先前根据虚高的利润所获得的超额报酬,从而提高薪酬与经营业绩的关联度;另一方面指出采用薪酬追回条款后,董事会认为会计盈余能较好地反映公司业绩,因而更倾向于根据公司业绩表现向高管支付薪酬,提高 CEO 现金薪酬与业绩的关联度"。罗宏等:《论我国高管薪酬追回制度的建立》,载《会计之友》2015 年第 15 期。

② 美国学者 David I. Walker 教授也持相同看法。他认为薪酬追回制度是一种有效的对付盈余控制的手段。See David I. Walker, *The Challenge of Improving the Long-Term Focus of Executive Pay*, 51 B. C. L. Rev. 435, 439(2010).

③ 罗宏等:《论我国高管薪酬追回制度的建立》,载《会计之友》2015 年第 15 期。

是"与证券法等相关法律不符",但实际上就是指实质性地与证券法等相关法律不符。①所谓实质性地违反,按照美国以前的司法解释是指违反的结果对本公司股票价格的影响超过5%;而现在的司法实践则认为,只要是对理性投资者的投资行为产生影响即为实质性违反。《经济稳定法》第111节对触发事件作了不同的规定:只要是薪酬支付的条件是实质性错误时,公司即可追回。相比这两部法律所规定的触发事件,本法的规定更为宽泛。但是因为本法涉及的公司范围有限,并且一旦公司将援助资金返还给政府,其即不需遵守本法的规定。考虑到以上两个原因,因而本章将研究的重点集中在《萨班斯法案》和《多德—弗兰克法案》两部法律上,仅在本章第二节介绍其主要内容。另外,有些公司规定如果员工泄露公司的秘密或者从事与公司竞争的活动,那么公司可以追回已支付给该员工的激励性薪酬。该触发事件并非本书所要研究的对象,因为在这种情况下薪酬追回的基础在于违约责任。具体而言,员工已获得的薪酬是有正当性的,只不过因为违反了和公司的约定,其必须将已获得的薪酬作为对公司的违约损害赔偿。而本章所研究的触发事件,其薪酬本身的获得即具有不正当性,其理论基础在于不当得利制度。②也有学者认为,只要公司违反了《联邦证券法》和 GAAP 的规定即为实质性违反,③不论是否对股价或者投资者行为产生影响。学者们对触发事件争议比较大的一个问题是:对于实质性违反有关法律,需不需要公司高管有主观上的过错,例如恶意、过失等?《萨班斯法案》第304节规定的是"存在与证券法等相关法律不符的行为或错误并导致财务报告重编",有学者认为公司高管对于本法规定的"与法律不符的行为或错误",必须有主观上的过错,其薪酬才能被追回。④但有的学者则认为,即使高管主观上没有过错,财务报告的重编是由于其下属的失误或故

---

① 有学者将基于违约损害赔偿的薪酬追回称为"激励性追回",而将基于不当得利的薪酬追回称为"恢复性追回",参见蒋建湘:《国企高管薪酬法律规制研究》,载《中国法学》2012 年第 1 期。

② James J. Park, *Assessing the Materiality of Financial Misstatements*, 34 J. Corp. L. 513(2009).

③ David R. Brown & Julia Lifshits, *Publications:Keeping Up with Clawback Provisions-An Analysis of Recent Developments*, *available at* http://www.uhlaw.com/keeping-up-with-clawback-provisions,最后访问时间:2023 年 8 月 2 日。

④ John Patrick Kelsh, *Section 304 of the Sarbanes-Oxley Act of 2002:The Case for a Personal Culpability Requirement*, 59 Bus. Law. 1005(2004).

意而造成的,高管也应向公司返回薪酬,①司法实践也肯定了这样的观点。②《多德—弗兰克法案》第 954 节明确地未将高管的主观过错作为触发事件的一个构成要件,只要在结果上公司的财务报告实质性地违反了相关法律的规定而导致重编即可。理由在于,薪酬追回制度的法理基础在于不当得利;在不当得利中,受益人返回义务的产生与其主观状态没有关系,该制度所要调节的是一种在结果上利益不正义分配的现象。这正是不当得利的返还义务与侵权责任和合同责任不同的地方。③

对于触发事件的法律规定,学者们也有一些批评意见:

一种批评意见认为,以财务报告重编作为薪酬追回的触发事件,可能会降低上市公司在发现财务报告错误时,重编报告的积极性。因为如果公司重编报告,高管需要返回其激励性薪酬。④还有可能会使公司的财务部门使用更为保守的方法来披露公司的财务报告,以降低公司财务报告重编的可能性。尤其有关公司前景的预测性信息的披露,因为其存在不确定性,财务报告重编的可能性很高。由于此类情况的发生而导致高管必须返回其所得的薪酬,可能会降低高管披露公司前景的预测性信息的积极性,这显然不利于投资者和资本市场对于公司信息的需求。⑤所以有学者认为"本质上触发事件的选择是公司和高管之间一种风险分配,应该由公司(和高管通过协商)自行选择,法律不应该作出一刀切的规定"。⑥

---

① Schwartz, *The Clawback Provision of Sarbanes-Oxley: An Underutilized Incentive to Keep the Corporate House Clean*, 64 Bus. Law., at 27—34.

② SEC v. Jensen(Aug.31, 2016). 本案中,公司财务报表重编是因为公司的员工提供了虚假的信息,高管本身没有过错。但是证监会认为这不妨碍其将该薪酬追回,参见 John F. Savarese & Wayne M. Carlin, *SEC Clawbacks of CEO and CFO Compensation*, available at https://corpgov.law.harvard.edu/2016/09/15/sec-clawbacks-of-ceo-and-cfo-compensation/。

③ 黄立:《民法债篇总论》,中国政法大学出版社 2002 年版,第 188 页。

④ Donald Delves, *Clawback Requirement Removes Board Discretion*, Forbes, July 14, 2011, *available at* http://www.forbes.com/sites/donalddelves/2011/07/14/clawback-requirement-removes-board-discretion/,最后访问时间:2023 年 8 月 2 日。

⑤ Charles M. Yablon & Jennifer Hill, *Timing Corporate Disclosures to Maximize Performance-Based Remuneration: A Case of Misaligned Incentives?* 35 Wake Forest L. Rev.83(2000).

⑥ Larry Ribstein, *Clawbacks*, *available at* http://truthonthemarket.com/2010/06/23/clawbacks/,最后访问时间:2023 年 8 月 2 日。

另一种批评意见认为,法律所规定的触发事件存在着明显的缺陷。尤为明显的是,对于某些作为授予奖金或期权的条件,其并不需要在财务报告中披露,那么如果该条件存在错误或者欺诈,公司是否应该追回依据该条件所支付的薪酬? 法律对此没有作出明确规定。例如有些公司将客户满意度(Customer Satisfaction)作为发放奖金的条件,如果高管在这方面进行虚假记载,提高了客户的满意度而获得超额奖金,公司是否可以追回此超额奖金?[①]

还有一种批评意见与前述批评意见有些联系:学者们担心,以财务报告重编作为触发条件,可能会使得某些上市公司减少以财务指标作为支付激励性薪酬的条件,转而以更为不客观和不透明的指标作为支付激励性薪酬的条件,这显然不利于实现增加公司高管薪酬与公司业绩相关度的立法目标。[②]

本书认为,前两种,尤其是第二种批评意见较具有说服力;而第三种批评意见所担心的情况在实际中可能并不会出现。因为公司的激励性薪酬多数需要由公司的股东会批准,而股东,尤其是机构投资者最为看重的就是高管薪酬与公司业绩之间的关联度,[③]所以对于模糊两者之间关联的薪酬支付条件,显然难以获得股东会的通过。

二、高管薪酬追回制度中被追回高管的范围

对于被追回高管的范围,《萨班斯法案》第304节规定得最为狭窄,仅限于公司的CEO和CFO;《多德—弗兰克法案》第954节规定为前任和现任的高管。[④]

---

① 《经济稳定法》倒是对此作了规定,但很可惜的是,其适用范围非常有限。当然,公司可以将此类情况作为触发事件之一,规定于公司和高管的薪酬合同中。但关键问题是,既然本节规定的缺陷是如此明显,法律为何不直接对此作出修正?

② Stephen M. Bainbridge, *The Corporate Governance Provisions of Dodd-Frank*(UCLA School of Law, Law-Econ Research Paper No.10—14, October, 27, 2010), *available at* http://papers.ssrn.com/sol3/papers.cfm?abstract_id=1698898,最后访问时间:2023年8月2日。

③ ISS(Institutional Shareholder Services), *2012 U.S. Proxy Voting Summary Guidelines* 38(January 31, 2012), *available at* http://www.issgovernance.com/files/2012USSummaryGuidelines1312012.pdf,最后访问时间:2023年8月2日。

④ 如前所述,按照证监会的建议规则和多数学者的看法,本法所指的前任和现任高管的范围是证监会依据《1934年证券交易法》制定的 Rule3b-7 中所规定的:主席(Presidents)、副主席(Vice Presidents)以及执行类似决策职能的公司职员(包括子公司的高管)。

本书认为,对于如何确定被追回高管的范围,主要基于两个考虑:

一是高管对公司财务报告的影响力。高管越是能够对财务报告的真实性、准确性和完整性(以下简称合法性)产生影响,其就越有可能通过财务不法行为来获得超额薪酬。法律就更应规定追回此类高管的薪酬,以遏制财务不法行为的发生。就对财务报告重编没有过错的高管而言(尤其是 CEO 和 CFO),其对下属员工所提交的财务报告的合法性负有审查义务。如果是下属员工的原因,造成财务报告不符合有关法律的规定而需要重编,高管也是负有一定的领导责任的。此时公司追回高管的薪酬有其合理性。当然,在某些情况下,即使高管尽到合理的注意义务也无法检查出下属员工不合法的财务报告,这样可能会使无辜的高管不得不向公司返还数目可观的薪酬。①但正如本书前述,高管薪酬追回制度所考虑的重点不是受益人主观上的过错性,而是在经济结果上是否公平正义。

二是公司在追回高管薪酬时所付出的成本与公司所得之间的关系。如果公司或者证监会在追回时所付出的成本较少,但追回的薪酬却较多,那么法律就越有可能将此类高管作为被追回的对象。所以两部法律都将普通员工排除在被追回的对象范围之外,有其成本收益考量上的正当性。因为就公司的普通员工而言,不仅人数众多(意味着公司诉讼成本会很高),而且经济状况也很一般(意味着公司所能追回薪酬的数额会比较少),这样,如果公司向这些普通员工追回薪酬,往往会得不偿失。与之相反,对于公司高管而言,其数量比较少(公司诉讼成本低)、经济状况比较好,具有较高经济偿付能力(意味着公司追回薪酬的数额会比较高)。《美国复苏和再投资法案》中追回的对象范围包括了公司薪酬最高的前 20 位员工,或许也是出于这样的考虑。因为这部法律所涵盖的公司绝大多数为金融机构,相对而言,金融机构普通员工的收入高于一般性公司(尤其是对投资银行的员工而言),而在金融机构中前 20 位薪酬最高的员工的收入则更为可观。所以将其纳入被追回的对象范围之内,至少在

---

① Stephen M. Bainbridge, *The Corporate Governance Provisions of Dodd-Frank* (UCLA School of Law, Law-Econ Research Paper No.10—14, October, 27, 2010), *available at* http://papers.ssrn.com/sol3/papers.cfm?abstract_id=1698898,最后访问时间:2023 年 8 月 2 日。

成本收益的考量上是合理的。如确有必要，公司可以在法律规定的基础上结合本公司的具体情况，决定是否将普通员工（尤其是有过错的员工）纳入被追回的对象范围之内。

三、高管薪酬追回制度中被追回薪酬的种类和数量

就被追回的薪酬种类而言，法律规定的多为激励性薪酬，如奖金和股票期权等。但是如前所述，证监会的建议规则将股票期权薪酬除去，令人不解。虽然有学者认为，由于公司治理机制的不断完善，尤其是经理人市场的竞争性越来越激烈，激励性薪酬的激励效果已经不明显了。[1]但是到目前为止，毫无疑问激励性薪酬仍然占据了上市公司高管薪酬的绝大部分。实务中，争议最多的是被追回薪酬的数量问题。

《萨班斯法案》第304节规定的是"全部激励性薪酬以及转让证券所得"，对高管来说，这显然是比较严苛的，具有一定的惩罚性。[2]因为对公司而言，其损失的仅仅是因为财务报告重编而多支付给高管的超额薪酬并非全部的激励性薪酬。例如公司和某高管约定，如果公司的年收入增长达到10%，则公司授予高管10万份股票期权；并且在此基础上，每多增长1%，公司多奖励给高管1万份股票期权。现因公司高管在公司年收入上虚假记载，将实际11%的增长率虚增到14%，致使公司年收入虚增3%。对于公司而言，其损失仅为多授予高管的3万份股票期权。如果公司将高管所有的14万份股票期权全部追回，反而公司获得了不当利益，显然过犹不及。因为在不当得利中，利益返还原则是"损害大于利益，以利益为准；利益大于损害，以损害为准"。[3]另外，《萨班斯法案》第304节规定对于高管转让公司证券所获得的收益，公司也应一并追回，本书认为也不妥当。因为高管转让公司证券的交易对象是其他投资人而非公司，公司在此交易过程中并没有受到任何经济上的损失。公司追回高

---

[1] Andrew C. W. Lund & Gregg D. Polsky, *The Diminishing Returns of Incentive Pay in Executive Compensation Contract*, 87 Notre Dame L. R., 677(2011).

[2] Fried & Shilon, *Excess-Pay Clawbacks*, 36 J. Corp. L., at 730.

[3] 邱聪智：《新订民法债篇通则》（上），中国人民大学出版社2003年版，第81页。

管此部分收益,并不合适。反对意见认为,本条类似于《证券交易法》16 节(b)
项对于短线交易(Short-Swing)的规定:只要公司高管在六个月内买卖公司股
票,公司有权追回其收益,并不需要高管有过错。其主要目的是防止内部人不
当使用公司的内部信息。①相比之下,《多德—弗兰克法案》第 954 节规定公司
可以追回的仅是"超额薪酬",就显得更为合理了。超额薪酬是指高管实际获
得的薪酬与如果财务报告正确则高管应当获得的薪酬之间的差额。但是在差
额计算上也有一定的难度。如果支付激励性薪酬的条件是量化的指标,其差
额比较容易计算;但如果支付激励性薪酬的指标是无法量化的,如何计算差额
则有待明确。②

四、高管薪酬追回制度中行使薪酬追回权的主体

就行使高管薪酬追回权的主体而言,《萨班斯法案》第 304 节虽然没有明
确规定是证监会,但联邦法院的判例都一致认定只有证监会才有权依据本法
的规定,向公司高管追回薪酬。③鉴于证监会只是在极少数的情况下才使用本

---

① 我国《证券法》(2019 年修订)第 44 条也作了类似的规定。本条规定,"上市公司、股票在国务
院批准的其他全国性证券交易场所交易的公司持有百分之五以上股份的股东、董事、监事、高级管理人
员,将其持有的该公司的股票或者其他具有股权性质的证券在买入后六个月内卖出,或者在卖出后六
个月内又买入,由此所得收益归该公司所有,公司董事会应当收回其所得收益。但是,证券公司因购入
包销售后剩余股票而持有百分之五以上股份,以及有国务院证券监督管理机构规定的其他情形的除
外。前款所称董事、监事、高级管理人员、自然人股东持有的股票或者其他具有股权性质的证券,包括
其配偶、父母、子女持有的及利用他人账户持有的股票或者其他具有股权性质的证券。公司董事会不
按照第一款规定执行的,股东有权要求董事会在三十日内执行。公司董事会未在上述期限内执行的,
股东有权为了公司的利益以自己的名义直接向人民法院提起诉讼。公司董事会不按照第一款的规定
执行的,负有责任的董事依法承担连带责任"。另外,追回的该项收益可以弥补公司在重编报告时所支
出的费用,参见 Schwartz, *The Clawback Provision of Sarbanes-Oxley. An Underutilized Incentive to Keep the
Corporate House Clean*, 64 Bus. Law., at 27—34。
② Jeffrey S. Klein & Nicholas J. Pappas, *New Clawback Requirements For Listed Public Companies*(Oc-
tober 4, 2010, New York Law Journal), *available at* http://www.weil.com/news/pubdetail.aspx?pub =
9938,最后访问时间:2023 年 8 月 2 日。
③ *In re Digimarc Corp.Derivative Litigation*, 549 F.3d 1223, 1230—33, (9th Cir. 2008); *Pirelli
Armstrong Tire Corp. Retiree Medical Benefits Trust ex rel. Federal Nat. Mortg. Ass'n v. Raines*, 534 F.3d 779
(D. C. Cir. 2008). 参见 Barasch & Chesnut, *Controveral Uses of the "Clawback" Remdy in the Current Fi-
nancial Crisis*, 72 Tex. B. J.,at 923。

法的规定来追回高管薪酬，致使国会的良法美意不能有效实施，[1]随后制定的《经济稳定法》和《多德—弗兰克法案》都将薪酬追回权明确赋予给了公司（实际上就是公司的董事会）。学者们对此的争议焦点是：对于是否追回高管薪酬，公司董事会是否有自由裁量权。

支持董事会有自由裁量权的理由是：首先，董事会有自由裁量权符合法律的解释。《多德—弗兰克法案》第954节仅要求公司制定相关的薪酬追回政策，但没有要求公司在任何情况下，都必须无条件地追回高管薪酬。[2]其次，董事会有自由裁量权可以避免本法所产生的一个负面效果：公司将减少高管的激励性薪酬，转而给予高管更多固定薪酬。[3]再次，因为现在公司股东能够更为有效地监督董事会，所以不用担心董事会会滥用自由裁量权。[4]最后，当公司追回薪酬的成本显然高于追回薪酬的收益时，如果董事会有自由裁量权，就可以选择不追回，这样更符合公司和股东的利益。

反对公司董事会有自由裁量权的理由是：首先，从法律规定上看，要求公司追回高管薪酬是强制性的，除非证监会在制定具体规则的时候作出例外规定。[5]其次，因为在上市公司中，"高管对于董事会有着强大的影响力，董事缺乏就薪酬问题讨价还价的足够动力，或者干脆就没有有效地监督薪酬"。[6]所以，如果公司董事会有自由裁量权，其就不愿意追回高管薪酬。[7]再次，从成本收益

---

① Fried & Shilon, *Excess-Pay Clawbacks*, 36 J. Corp. L., at 730—731.

② Lombardi, *Note*, *Interpreting Dodd-Frank Section 954: A Case For Corporate Discretion In Clawback Policies*, 2011 Colum Bus. L. Rev., at 908—910. 但是，也有学者认为，《多德—弗兰克法案》第954节的规定没有赋予公司董事会自由裁量权，并认为这是该节规定的一个根本性错误，参见 Donald Delves, *Clawback Requirement Removes Board Discretion*, Forbes, July 14, 2011, *available at* http://www.forbes.com/sites/donalddelves/2011/07/14/clawback-requirement-removes-board-discretion/，最后访问时间：2023年8月2日。

③ Lombardi, *Note*, *Interpreting Dodd-Frank Section 954: A Case For Corporate Discretion In Clawback Policies*, 2011 Colum Bus. L. Rev., at 910.

④ Ibid., at 914.

⑤ David R. Brown & Julia Lifshits, *Publications: Keeping Up with Clawback Provisions-An Analysis of Recent Developments*, *available at* http://www.uhlaw.com/keeping-up-with-clawback-provisions，最后访问时间：2023年8月2日。

⑥ ［美］卢西恩·伯切克、［美］杰西·弗里德：《无功受禄：审视美国高管薪酬制度》，赵立新等译，法律出版社2009年版，第4页。

⑦ Fried & Shilon, *Excess-Pay Clawbacks*, 36 J. Corp. L., at 744.

上说,董事会追回高管薪酬所能带给他们的利益较少,而产生的成本却非常大。这些成本包括,"董事会成员不再被提名为董事候选人、被商业界认为是不忠诚的人以及恶化董事会成员与公司高管的关系等"。所以就董事会成员个人而言,也不愿意追回高管薪酬。[①]最后,强制规定公司董事会必须追回高管薪酬,"一方面能够减少追回的成本,因为高管事先就知道公司会追回薪酬,那么其抵制该追回行动的动力就减少了,从而减少了公司追回的成本。另一方面,也有利于遏制高管通过财务违法行为获得超额薪酬。例如,通过财务造假行为,公司高管可以获得 500 万美元的超额薪酬;而公司追回该薪酬所需付出的成本是 1000 万美元。如果高管知道,通过成本收益的分析,公司不会追回该薪酬,则高管就可以几乎没有风险地轻松获取这 500 万美元的超额薪酬;但是如果高管知道,即使公司亏 500 万美元,也会向高管追回薪酬,那么其反而不会通过财务违法行为来获得该超额薪酬。强制规定公司董事会追回高管薪酬有显著的事前遏制作用"。[②]

　　虽然正反双方的理由都有其合理性和说服力,本书的看法是,应该肯定公司董事会有自由裁量权。理由在于公司的董事会依据其合理的商业判断,在具体分析触发事件和追回的成本和收益的关系之后,有权作出追回或者不予追回的决定,这才是有利于公司和股东的选择。同时,为了确保董事会不滥用该权利,董事会应当将作出该决定所依据的理由对外公布(作为持续信息披露的事由之一),以接受股东和社会公众的监督,这又是一种"遵守或者解释"的规则。在尊重董事会权威和增加董事会责任之间,这应该是一个比较好的平衡方法。虽然强制公司董事会追回高管薪酬,对于主观上有过错的高管有一定的遏制作用;但是对于主观上并没有过错的高管却并没有遏制作用(因为无法通过追回制度来改变其行为),反而在追回成本大于追回利益的情况下,增加了公司的成本。对于主观上有过错的高管而言,如果董事会基于成本收益的考量决定放弃追回,并将该理由公之于众,也不一定能够得到股东的支持。

---

① Fried & Shilon, *Excess-Pay Clawbacks*, 36 J. Corp. L., at 733—735.

② Ibid., at 739—740.

因为股东也会考虑到公司不惜代价追回薪酬的事前遏制作用。所以从根本上说,公司董事会有权根据自身合理的商业判断,来决定是否追回高管薪酬,才是符合公司和股东利益最大化的选择。①

第四节　我国上市公司高管股票期权薪酬追回制度的问题与完善

我国证监会制定的《激励办法》第 20 条第 3 款规定,"所有激励对象应当承诺,上市公司因信息披露文件中有虚假记载、误导性陈述或者重大遗漏,导致不符合授予权益或行使权益安排的,激励对象应当自相关信息披露文件被确认存在虚假记载、误导性陈述或者重大遗漏后,将由股权激励计划所获得的全部利益返还公司"。本节以此条规定为依据,并在第三节讨论内容的基础上,依次对我国高管薪酬追回制度中的触发事件、被追回高管的范围、被追回薪酬的种类和数量以及行使该权利的主体四个重要问题展开论述。在指出问题的同时,结合我国实际提出有针对性的完善建议。

一、我国高管薪酬追回制度中的触发事件

对于薪酬追回制度中的触发事件,我国规定为"信息披露文件中有虚假记载、误导性陈述或者重大遗漏,导致不符合授予权益或行使权益安排的"。实务中的股票期权激励计划基本上都以财务指标,例如公司年收入和净利润等,②作为授权或者行权的参考依据。因此此处的信息披露文件一般情况下指财务类信息。但是,有学者认为"公司财务报表重述、虚假陈述、渎职、非法侵占及转移公司财产、利用公司商业机会、不诚信行为及其他不法行为,都可能成为管理层损害公司价值、获得超额或不当报酬的途径,因而都应考虑作为触

---

① Benjamin W. Heineman, Jr., *Making Sense Out of "Clawbacks"*, *available at* http://blogs.law. harvard.edu/corpgov/2010/08/13/making-sense-out-of-clawbacks/,最后访问时间:2023 年 8 月 2 日。

② 实务中,上市公司也多以公司销售收入、基本每股收益、加权平均净资产收益率、复合增长率以及净利润等作为业绩指标。例如《2010 七匹狼股票期权激励计划》(草案修订稿)第 6 条;《苏宁电器股份有限公司 2010 年股票期权激励计划》(草案)第 7 条。

发事件"。①对此,本书认为如果广泛的触发条件,可能导致高管拒绝接受股票期权薪酬,反而对公司不利。此外,本条规定的相关文件被确认存在虚假陈述的情况是指被谁确认?对此,本书认为确认的主体可以包括证监会、财政部或者法院等公权力机关,也可以包括上市公司自己的更正以及权威媒体等对虚假陈述的揭露,与虚假陈述中虚假陈述被揭示有类似之处。②最后,由于本条规定,虚假陈述的事实须与授权或者行权的条件实现之间存在因果关系,因此谁来证明因果关系的存在也是一大问题。按照谁起诉谁举证的基本原则,应当由上市公司证明因果关系的存在。

二、我国高管薪酬追回制度中被追回高管的范围

本条规定所有激励对象③都应当向公司返还薪酬,因此不仅包括高管,也包括员工,在文意上比较明确。但是值得讨论的是:

对于员工而言,其对于公司的授予条件或者行权条件没有影响力,财务指标等出现虚假陈述等情况,对此负有责任的也应当是公司的董事和高管等,④

---

① 罗宏等:《论我国高管薪酬追回制度的建立》,载《会计之友》2015年第15期。

② 《最高人民法院关于审理证券市场虚假陈述侵权民事赔偿案件的若干规定》第7条规定,"虚假陈述实施日,是指信息披露义务人作出虚假陈述或者发生虚假陈述之日。信息披露义务人在证券交易场所的网站或者符合监管部门规定条件的媒体上公告发布具有虚假陈述内容的信息披露文件,以披露日为实施日;通过召开业绩说明会、接受新闻媒体采访等方式实施虚假陈述的,以该虚假陈述的内容在具有全国性影响的媒体上首次公布之日为实施日。信息披露文件或者相关报导内容在交易日收市后发布的,以其后的第一个交易日为实施日。因未及时披露相关更正、确认信息构成误导性陈述,或者未及时披露重大事件或者重要事项等构成重大遗漏的,以应当披露相关信息期限届满后的第一个交易日为实施日"。

③ 《激励办法》第8条第1款,"激励对象可以包括上市公司的董事、高级管理人员、核心技术人员或者核心业务人员,以及公司认为应当激励的对公司经营业绩和未来发展有直接影响的其他员工,但不应当包括独立董事和监事。在境内工作的外籍员工任职上市公司董事、高级管理人员、核心技术人员或者核心业务人员的,可以成为激励对象"。同时,《激励办法》对激励对象也作了限制性规定,《激励办法》第8条第2款规定,"单独或合计持有上市公司5%以上股份的股东或实际控制人及其配偶、父母、子女,不得成为激励对象。下列人员也不得成为激励对象:(一)最近12个月内被证券交易所认定为不适当人选;(二)最近12个月内被中国证监会及其派出机构认定为不适当人选;(三)最近12个月内因重大违法违规行为被中国证监会及其派出机构行政处罚或者采取市场禁入措施;(四)具有《公司法》规定的不得担任公司董事、高级管理人员情形的;(五)法律法规规定不得参与上市公司股权激励的;(六)中国证监会认定的其他情形"。

④ 《信息披露办法》第51条第1款规定,"上市公司董事、监事、高级管理人员应当对公司信息披露的真实性、准确性、完整性、及时性、公平性负责,但有充分证据表明其已经履行勤勉尽责义务的除外",同时第3款规定,"上市公司董事长、经理、财务负责人应对公司财务报告的真实性、准确性、完整性、及时性、公平性承担主要责任"。

与员工无涉。将无辜员工的薪酬追回,固然能够防止其不当得利,但是有损于其为公司积极工作的热情和接受股票期权薪酬的动力。此外,由于员工的人数较多、薪酬有限,而追回薪酬需要不菲成本。因此,将员工的薪酬追回是否合适值得商榷。

本书认为不应当追回员工的薪酬,而应当追回董事、高管的薪酬。因此接下来的问题是,高管应当承担过错责任还是无过错责任? 从字面规定来看,高管似乎承担无过错责任,但是本书认为这对于高管来说过于严苛。本书认为,原则上,信息披露文件中有虚假记载、误导性陈述或者重大遗漏,导致不符合授予权益或行使权益安排的,高管应当将薪酬返还;但是如果高管能举证表明自己已经勤勉尽责,则可以不用返还。[①]如前所述,高管薪酬追回制度的两个主要目标是遏制高管财务的违法行为和防止不当得利的发生。如果要求不需承担责任的高管也返回薪酬,固然能够防止不当得利的发生,然而对于遏制高管财务违法行为却没有助益,反而可能会迫使公司不采用股票期权这样的激励性薪酬而使用更多的固定薪酬或者以非财务会计报表上的指标作为给付薪酬的条件,这并不利于公司和股东的长期利益。[②]当两个立法目标不能同时兼顾时,我们必须在现实国情的大背景下,选择首先要实现的立法目标,即所谓的"两利权其重,两害权其轻"。本书认为当前我国高管薪酬追回制度的立法应当以遏制高管的财务违法行为为首要目标。我国股票期权薪酬制度的法律规范刚开始实施不久,鉴于股票期权这种激励薪酬的正面作用,[③]我们应鼓励上

---

① 因此对于虚假陈述,董事、高管承担的是过错推定责任,只要其能证明无过错,则无需承担责任。《证券法》(2019 年修订)第 85 条规定,"信息披露义务人未按照规定披露信息,或者公告的证券发行文件、定期报告、临时报告及其他信息披露资料存在虚假记载、误导性陈述或者重大遗漏,致使投资者在证券交易中遭受损失的,信息披露义务人应当承担赔偿责任;发行人的控股股东、实际控制人、董事、监事、高级管理人员和其他直接责任人员以及保荐人、承销的证券公司及其直接责任人员,应当与发行人承担连带赔偿责任,但是能够证明自己没有过错的除外"。

② 有学者认为,"公司应尽量包括对公司重大经营事项的决策及董事会有影响力的在任和前任高管,并且即使高管主观上没有过错,财务重述可能是其下属故意或失误造成,由于监督不力,高管也应向公司返还薪酬。但同时也要注意排除那些对公司财务报告并不负有责任的管理人员,以避免造成不公"。罗宏等:《论我国高管薪酬追回制度的建立》,载《会计之友》2015 年第 15 期。

③ Richard A. Booth, *Why Stock Options Are the Best Form of Executive Compensation* (*And How to Make Them Even Better*), 6 NYU J. L. & BUS. 281(2010).以及本书导论部分对于股票期权薪酬功能的论述。

市公司积极采用,并尽量清除阻碍其实施的因素。要求不需承担责任的高管也返回薪酬,在目前情况下,并不利于股票期权薪酬的推广。本条规定无疑有助于在鼓励上市公司采用股票期权薪酬的同时,又能遏制高管的财务违法行为。当然,某些高管因此会获得不当利益,但这有待于上市公司普遍实施股票期权薪酬之后,再行完善。这个理由与不追回员工的薪酬相同。

三、我国被追回薪酬的种类和数量

本条规定激励对象应向公司返还"全部利益"。就薪酬种类而言,本条规定得很清楚,仅指股票期权和限制性股票两种激励性薪酬。存在争议的地方则是薪酬的数量问题,即何为"全部利益"? 从文意上看,本书认为全部利益可能存在两种解释:一是宽泛的解释,指已授予但没有行权的期权、行使期权的收益①以及转让股票所得(如同《萨班斯法案》第304节规定);二是狭义的解释,仅指已授予但没有行权的期权和行使期权的收益,不包括转让股票所得。按照本书在本章第三节的观点,公司可以追回的最为合理的薪酬数量仅是因为财务违法行为而多支付给高管的薪酬,追回全部利益显然过犹不及,可能会减少高管接受股票期权薪酬的积极性。因此,本书建议证监会应当明确规定高管所需返还的仅仅是超额的薪酬。如果在目前情况下,修改本条的可能性不大,则应采用狭义的解释,即高管所需返还的全部利益仅包括已授予但没有行权的期权和行使期权的收益,以避免矫枉过正,公司反而获得不当利益。

四、我国薪酬追回制度中行使薪酬追回权的主体

本条规定激励对象需将所获得的全部利益返回给公司,因此很明显权利主体是公司。在确定公司为行使追回权的主体后,根据本章第三节的观点,公司董事会有自由裁量权来决定是否追回高管薪酬。②如果董事会成员也是被追

---

① 计算上应指行权价格与股票市价之间的差额。

② 反对意见认为美国薪酬追回实施效果不佳的关键原因在于其将薪酬追回制度实施的决定权留给了企业,所以建议应该强制规定企业行使该权利。参见蒋建湘:《国企高管薪酬法律规制研究》,载《中国法学》2012年第1期。但作者显然忽视了强制规定企业追回薪酬所带来的成本。

回对象,为了防止利益冲突的发生,在董事会决议的时候,其需要回避。不论公司董事会是否决定追回高管薪酬,其都应当将该决定所依据的理由外对披露,以接受股东和社会的监督。或者将是否追回的决定权交由公司的薪酬委员会,也是一个比较好的选择。本书一直主张应当加强薪酬委员会的权力,所以除了赋予薪酬委员会薪酬决定权之外,由薪酬委员会决定是否行使薪酬追回权也是一项加强薪酬委员会权力的重要内容。

此外,有学者还对覆盖年限提出了建议,"以触发事件对薪酬有影响的年限为准,如果能够准确判断该触发事件对薪酬的影响期间,应以该影响期间为准;如果不能准确判断,立法机关或规章制定部门可以根据以往经验对不同的触发事件和薪酬类型提供参考覆盖年限。如基于财务报表重述这一触发事件,股权激励追回的覆盖年限应为自财务会计文件公告之日起 12 个月;绩效奖金和基本工资追回的覆盖年限应为以该会计文件信息作为业绩考核标准的激励期间;基于虚假陈述这一触发事件,交易性触发事件的覆盖年限可与财务报表重述一致,而证券发行虚假陈述薪酬追回的覆盖年限应根据拟发行的证券种类及发行所需条件的不同进行规定"。[①]

上市公司的高管薪酬追回制度,是公司治理中的一项重要内容。该制度能够有效地遏制公司高管通过财务违法行为来获得高额薪酬的动机、防止高管不当得利的情况发生,并鼓励高管为公司和股东的长期利益服务。本章介绍和比较了美国三部联邦法律对于高管薪酬追回制度的相关规定,充分肯定了薪酬追回制度的正面效果。对于薪酬追回制度中的四个具体问题:薪酬追回的触发事件、被追回高管的范围、被追回薪酬的种类和数量以及行使追回权的主体,在分析和总结美国学者观点的基础上,提出了本书的观点。对于我国的高管股票期权薪酬追回制度,本章以我国证监会制定的《激励办法》第 20 条第 3 款为重点,指出了本条规定的模糊和遗漏之处;对于本条中符合我国实际情况的规定,本书也给予充分肯定。在借鉴美国经验的基础上,本章对于本款

---

① 罗宏等:《论我国高管薪酬追回制度的建立》,载《会计之友》2015 年第 15 期。

的具体化提出了完善建议：对于触发事件，一般是指财务性文件出现虚假陈述的情形。上市公司应当证明财务性文件虚假陈述与股票期权的授予或者获得存在因果关系。负有责任的高管应当成为被追回对象，没必要追回员工的股票期权薪酬。所谓的全部利益应当明确为超额薪酬。公司董事会有权决定是否追回薪酬。

第五章　证券市场看门人的监督：
薪酬顾问利益冲突的防止与民事责任的完善

第一节　引　言

上市公司通过聘请独立的薪酬顾问，[1]向薪酬委员会、董事会和股东会提供客观公正的专业意见，可以有效地解决本书第二章所指出的因为薪酬委员会中独立董事缺乏专业知识，致使其作用有限的问题。同时，在薪酬顾问的监督下，薪酬委员会和董事会将较少地受到公司高管的影响，理由在于偏向于高管利益但却损害股东利益的股票期权薪酬会受到薪酬顾问的反对。诚如科菲教授所言"在其他国家，运用法律诉讼制约公司经理的策略更难实行，原因在于，这些国家没有建立或拒绝效仿美国的一些法律诉讼机制，比如集团诉讼和胜诉酬金制等。这些国家必须更加依赖看门人策略"。[2]有学者甚至认为"与其强制要求上市公司设置薪资报酬委员会，不如强制要求各公司将薪资报酬方案送请具有薪酬分析专业之顾问为合理性之分析，并强制揭露，或许将收效更宏，而付出成本更低"。[3]

按照美国 Ruth Bender 教授的观点，薪酬顾问主要起到三种作用，"第一，

---

[1]　按照《激励办法》的规定，薪酬顾问被称为独立财务顾问。本章除特别说明外，皆以薪酬顾问称之。

[2]　[美]约翰·C.科菲：《看门人机制：市场中介与公司治理》，黄辉、王长河等译，北京大学出版社2011年版，第14页。

[3]　陈俊仁：《公司治理与董监事暨经理人薪资报酬决定权——薪资报酬委员会制度规范之商榷》，载《月旦法学杂志》2012年总第207期，第48页。

提供专业意见,协助薪酬委员会制定高管薪酬;第二,作为沟通公司和投资者的中介;以及第三,为薪酬委员会的薪酬决策提供正当性支持"。①就我国当前的实务而言,按照《激励办法》第 35 条第 2 款②和第 36 条③规定,薪酬顾问的主要作用在于对股票期权激励计划的合理性、可行性以及有益性等发表专业意见,更多地是起到一种监督的作用,多数薪酬顾问本身并不参与股票期权激励计划的制定。④这与法律顾问对股票期权激励计划的合法性提供法律意见、⑤会计师为公司的财务报表提供审计意见、资信评级机构为公司发行的证券提供评级意见⑥以及证券分析师为证券是否值得投资发表意见等非常类似,都属于资本市场的证券服务机构、中介机构或者看门人。

证券市场看门人的主要作用在于为公司披露的信息提供认证,从而增强这种信息的可信度。薪酬顾问能够增强信息披露可信度的前提是他们所发表

① Ruth Bender, *Executive Compensation Consultants* 3—9(March 12, 2011), *available at* http://papers.ssrn.com/sol3/papers.cfm?abstract_id=1788322,最后访问时间:2023 年 8 月 3 日。

② 本款规定为,"独立董事或监事会认为有必要的,可以建议上市公司聘请独立财务顾问,对股权激励计划的可行性、是否有利于上市公司的持续发展、是否损害上市公司利益以及对股东利益的影响发表专业意见。上市公司未按照建议聘请独立财务顾问的,应当就此事项作特别说明"。

③ 本条规定为,"上市公司未按本办法第二十三条、第二十九条定价原则,而采用其他方法确定限制性股票授予价格或股票期权行权价格的,应当聘请独立财务顾问,对股权激励计划的可行性、是否有利于上市公司的持续发展、相关定价依据和定价方法的合理性、是否损害上市公司利益以及对股东利益的影响发表专业意见"。

④ 实务中,我国上市公司有聘请薪酬顾问帮助薪酬委员会制定股票期权激励计划的情况出现,例如"2006 年的万科股权激励计划就聘请了薪酬顾问协助制定。一位相关人士透露,最后的方案中,约有 70%的内容由公司内部制定,30%为翰威特调整添加",参见孔洁珉:《上市公司高管薪酬变局》,载《首席财务官》2011 年第 5 期。但是,由于上市公司并不需要向外界披露其是否聘请了薪酬顾问协助制定股票期权薪酬,本书无法获得相关信息。因此,在我国的背景下,本书所研究的薪酬顾问仅指对股票期权激励计划的合理性发表专业意见的薪酬顾问,特此说明。

⑤ 《激励办法》第 39 条规定,"上市公司应当聘请律师事务所对股权激励计划出具法律意见书,至少对以下事项发表专业意见:(一)上市公司是否符合本办法规定的实行股权激励的条件;(二)股权激励计划的内容是否符合本办法的规定;(三)股权激励计划的拟订、审议、公示等程序是否符合本办法的规定;(四)股权激励对象的确定是否符合本办法及相关法律法规的规定;(五)上市公司是否已按照中国证监会的相关要求履行信息披露义务;(六)上市公司是否为激励对象提供财务资助;(七)股权激励计划是否存在明显损害上市公司及全体股东利益和违反有关法律、行政法规的情形;(八)拟作为激励对象的董事或与其存在关联关系的董事是否根据本办法的规定进行了回避;(九)其他应当说明的事项"。

⑥ 参见聂飞舟:《美国信用评级机构法律监管演变与发展动向——多德法案前后》,载《比较法研究》2011 年第 4 期。

的专业意见必须客观公正，没有受到外界不正当的影响。假如该意见是基于"向公司提供其他服务合同"的考虑等与其履行义务存在利益冲突（conflicts of interest）的情形，那么，此时所谓的"独立"薪酬顾问在事实上就会倾向于维护高管的利益，[①]从而为可能损害股东利益的股票期权激励计划提供"背书"。最后的结果是，薪酬顾问的出现不仅没能有效地解决股票期权薪酬中存在的代理问题，反而将这些问题予以"正当化"。

本章主要探讨我国关于薪酬顾问的相关法规、实务中薪酬顾问所起到的主要作用、薪酬顾问制度存在的问题以及相应的完善建议。本书认为，虽然《激励办法》对于薪酬顾问的作用、履行义务的标准[②]以及行政责任[③]等作出了基本的规定，但是也存在着一些缺陷：

首先，《激励办法》规定薪酬顾问是由独立董事或者监事会建议上市公司聘请。但应当是由公司董事会聘请还是由管理层聘请，《激励办法》语焉不详。此外，本书认为关键问题在于就薪酬委员会与薪酬顾问之间的关系，《激励办法》并未作出明确规定。诸如薪酬委员会是否能够以自己的名义直接聘任或者更换薪酬顾问；薪酬顾问是否需要向薪酬委员会汇报并接受委员会成员的监督等问题。这直接影响着薪酬顾问将何人视为自己所服务的对象。

其次，虽然《激励办法》要求薪酬顾问必须独立，但是却没有具体规定独立的标准，没有要求公司披露公司与薪酬顾问之间的关系，例如薪酬顾问有无向公司提供其他服务等可能影响其独立判断的情形存在。因而，股东和公众对于"独立"薪酬顾问所发表的意见是否能够做到客观公正，本书打上一个大大的问号。

---

① Edward M. Iacobucci，*The Effects of Disclosure on Executive Compensation*，48 U. Toronto L. J. 489，496(1998). 因为高管直接决定着薪酬顾问能否向公司提供其他服务以及薪酬顾问是否能够继续和公司保持合作。

② 《激励办法》第 5 条规定，"为上市公司股权激励计划出具意见的证券中介机构和人员，应当诚实守信、勤勉尽责，保证所出具的文件真实、准确、完整"。

③ 《激励办法》第 71 条规定，"为上市公司股权激励计划出具专业意见的证券服务机构和人员未履行勤勉尽责义务，所发表的专业意见存在虚假记载、误导性陈述或者重大遗漏的，中国证监会及其派出机构对相关机构及签字人员采取责令改正、监管谈话、出具警示函等措施；情节严重的，依照《证券法》予以处罚；涉嫌犯罪的，依法移交司法机关追究刑事责任"。

最后,《激励办法》对于薪酬顾问责任的规定侧重于行政责任,如责令改正和罚款等。如何从民事责任的角度,尤其是归责原则和责任范围的角度,在事后追究未尽到义务的薪酬顾问的责任,只能由法院来制定相应的司法解释。但是实务中由于相应的案件并没有出现,所以就薪酬顾问民事责任归责原则和责任范围还有待进一步明确,对此本书将结合《最高人民法院关于审理涉及会计师事务所在审计业务活动中民事侵权赔偿案件的若干规定》进行分析和讨论。

因此,本章试图对上述三个缺陷提出完善建议。由于我国上市公司高管的股票期权薪酬制度实施的时间并不长,并且股票期权薪酬在信息披露方面存在着不尽完善的地方,①薪酬顾问在法规和实务中所存在的问题还没有引起学者们的关注。②所以本书会参考相关法规对于其他资本市场看门人,如会计师和律师等的规范经验,作为完善薪酬顾问制度的重要依据。此外,本书特别重视参考英、美两国,尤其是美国有关薪酬顾问的法规和实践,作为完善我国相同制度的另一重要依据。本书认为,基于人类的自利天性,在面临同样利益冲突的时候,薪酬顾问的行为模式也应该存在很大的相似性,因而,英美国家学者对于薪酬顾问所存在的问题的实证研究、相关对于利益冲突问题的解决方法以及责任标准和责任范围的规定等,对于我国而言,就具有很高的参考价值。

第二节 作为看门人的薪酬顾问之作用与存在的问题

在本节,首先厘清资本市场看门人的概念,在此基础上,对于作为看门人之一的薪酬顾问的概念进行界定,再对其作用进行分析。其次,指出薪酬顾问

---

① 参见本书第三章对于我国上市公司高管股票期权薪酬在信息披露方面存在问题的分析。

② 通过中国知网,笔者以"薪酬顾问""薪金顾问""薪金咨询师"以及"独立财务顾问"为关键词进行搜索,发现只有零星的几篇对于薪酬顾问的新闻报道,有深度的学术论文尚未出现。没有关于薪金顾问或者薪金咨询师的论文或者报道。对于独立财务顾问的讨论多局限于并购交易中,对于独立财务顾问在股票期权激励计划中的作用,几乎没有讨论。可见,对于薪酬顾问或者是独立财务顾问的关注和研究,我国仍处于非常初级的阶段,最后访问时间:2017 年 2 月 20 日。

在提供服务时，所存在的利益冲突的情形。最后，就存在利益冲突的情形对于高管薪酬的实际影响，通过引用英美学者的实证研究结果来进行检验。

一、作为看门人的薪酬顾问之作用

（一）作为看门人的薪酬顾问

美国学者主要从两种不同的角度来定义看门人。一种是从看门人的作用角度将其定义为："看门人指那些可以通过拒绝与公司合作而发现公司不当行为的第三方（介于公司和投资者之外）。"[1]正是通过这种不合作或者不同意，他们关上大门，使得不合格的交易者无法进入资本市场，[2]这也可以看作是资本市场的投资者将对于公司高管的监督权委托给了看门人。[3]因此，从这个意思上说，第三方扮演着守卫资本市场"大门"的看门人角色。另外一种从看门人的行为模式出发，将其定义为："看门人是一种声誉中介（reputational intermediary），主要是向投资者担保发行公司所披露信息的质量。"[4]因为看门人是资本市场的重复玩家（repeat players），其成功与否主要取决于其长期经营之后所拥有的声誉资本（reputational capital），[5]如诚实、正直以及准确等。由于看门人拥有数量众多的客户，所以其不会为了某个或某几个客户的利益，而给出欺诈性的意见，因为这样会损害到其声誉资本，使大量的客户流失，得不偿失。[6]通过将自己的声誉"出借"给客户，"看门人"部分地解决了资本市场信息不对

---

[1] Reinier H. Kraakman, *Gatekeepers：The Anatomy of A Third-Party Enforcement Strategy*，2 J. L. Econ. & Org. 53，54(1986).

[2][4] ［美］约翰·C. 科菲：《看门人机制：市场中介与公司治理》，黄辉、王长河等译，北京大学出版社 2011 年版，第 3 页。

[3] ［美］莱纳·克拉克曼、［美］亨利·汉斯曼等：《公司法剖析：比较与功能的视角》，罗培新译，法律出版社 2012 年版，第 50 页。

[5] 这种声誉资本需要长时间的积累，所以无形中会对试图进入该行业的"新人"造成障碍，因而这些看门人产业往往会形成寡头垄断的局面。在这样一个高度集中的市场中，"看门人能够相互恶意串通，或至少进行一些心照不宣的共同行为，使得保护声誉资本的目标让位于其他商业目标"，［美］约翰·C. 科菲：《看门人机制：市场中介与公司治理》，黄辉、王长河等译，北京大学出版社 2011 年版，第 4 页。

[6] Stephen M. Bainbridge, *Corporate Lawyers as Gatekeepers* 1(UCLA School of Law, Law-Econ Research Paper No.12-03，January 6，2012)，*available at* http://papers.ssrn.com/sol3/papers.cfm?abstract_id =1980975，最后访问时间：2023 年 8 月 3 日。

称的问题。本书认为从看门人行为模式的角度对其进行定义,显得更为全面。因为本定义不仅指出了看门人的作用(担保公司所披露的信息),更指出了看门人能起到这种作用的原因(资本市场的重复玩家)。借用上述对看门人的第二种定义,本书认为在我国,薪酬顾问是一种市场中介,主要作用是对公司高管的股票期权薪酬是否具有可行性、是否有利于公司和股东的长期利益等合理性问题发表客观公正的专业意见,其最终目的在于保护公司股东的利益。结合本书所要探讨的问题,对此需强调三点:

首先,薪酬顾问最终服务的对象是公司股东,而不是公司高管。实务中,薪酬顾问之所以会倾向于高管的利益,是因为他们忘记了他们所真正服务的对象。

其次,薪酬顾问能真正实现其作用的前提是保持自身的独立性。当然,独立性只是其作出客观公正判断的必要条件而不是充分条件。只有薪酬顾问实现真正的独立,其专业性才有了坚实发挥的土壤,确保薪酬顾问的独立性无疑是完善薪酬顾问制度的重中之重。

最后,薪酬顾问作为一种市场中介,其需要有良好的声誉资本,才能取得股东和投资者的信任。因此,薪酬顾问有动力去维护其声誉资本,但是仅仅靠声誉资本的增加或者减少并不能够有效约束薪酬顾问的行为。[1]主要理由在于:

第一,股东对于薪酬顾问所发表的专业意见,往往难以进行准确的评估,所以即使出现作假、欺诈的意见,他们也难以发现。

第二,薪酬顾问的合伙人或者雇员与公司整体之间也存在利益取向不一致的情况,合伙人或者员工可能会从事有损于公司的行为。[2]这在看门人行业是比较普遍的一个问题,例如就有学者评论道:"会计师事务所拥有庞大的客户群是无关紧要的。单个的合伙人仅拥有少量的客户。因此,关于财务信息披露的决定权掌握在客户手里。"[3]

---

① Frank Partnoy, *Strict Liability for Gatekeepers: A Reply to Professor Coffee*, 84 B. U. L. Rev. 365, 367(2004).

② Frank Partnoy, *Barbarians at the Gatekeepers?: A Proposal for a Modified Strict Liability Regime*, 79 Wash. U. L. Q. 491, 500(2001).

③ Richard L. Kaplan, *Mother of All Conflicts: Auditors and Their Clients*, 29 J. Corp. Law 363, 366(2004).

（二）薪酬顾问的作用

在解决高管薪酬的代理问题方面，薪酬顾问主要起到三种作用：一是提供专业意见，协助公司薪酬委员会制定高管薪酬；二是作为沟通公司和投资者的中介；三是为薪酬委员会的薪酬决策提供正当性支持。[①]在英美国家，因为薪酬顾问全程协助公司薪酬委员会制定高管薪酬，因此，它的作用主要体现在提供专业意见。与此相对，我国薪酬顾问的主要作用在于为薪酬委员会的薪酬决策提供正当性支持。但是，这样的侧重并非绝对。一方面，薪酬顾问在为薪酬决策提供正当性支持的同时，也会和薪酬委员会进行一定的沟通和交流。如果某个薪酬合同的条款存在不符合法律规定或者不尽合理之处，薪酬顾问也会提出更改或者完善的建议，从而部分地扮演着协助薪酬委员会制定薪酬的角色。另一方面，因为有了薪酬顾问的全程参与和提供专业意见，薪酬委员会的薪酬决策才具有相当强的正当性。并且由于薪酬顾问的"声誉资本"，如果其协助制定的薪酬合同饱受股东和社会公众批评的话，那么对其声誉会造成相当不利的影响，因此为了顾及自身的声誉，薪酬顾问也会起到监督高管薪酬的作用。此外，作为资本市场的中介，薪酬顾问能够在向股东说明公司薪酬政策的同时也能向公司表达股东，尤其是机构投资者的关切，从而起到一种桥梁的作用。因此，虽然英、美两国薪酬顾问与我国薪酬顾问的作用在其侧重点上各不相同，但是双方都具有共同的三种作用，所以双方也具有了相互比较、借鉴的可能性。具体而言，薪酬顾问的作用为：

1. 提供专业意见，协助公司薪酬委员会制定高管薪酬（这是英美国家的薪酬顾问所起到的主要作用）

（1）薪酬委员会制定高管薪酬时，需要参考同行业的高管薪酬水平和结构，即基准点（benchmark），而其自身缺乏相应的高管薪酬数据库；或者即使存在有关的数据库，其数据库所涵盖的公司数量以及薪酬合同的信息都较为有限。然而，"薪酬顾问可以接触到各个公司不能直接共享的薪酬数据。各个公

[①] Ruth Bender, *Executive Compensation Consultants* 3—9(March 12, 2011), *available at* http://papers.ssrn.com/sol3/papers.cfm?abstract_id=1788322,最后访问时间：2023年8月3日。

司在参与顾问的薪酬调查时已达成共识,他们各自的数据都是保密的,彼此不能共享,只有薪酬顾问可以使用这些数据改善其客户的薪酬方案"。①因此,聘请专业的薪酬顾问,能为公司提供全面和充分的高管薪酬数据。②

(2) 制定公司高管的薪酬合同,是非常专业、技术性很强的工作。其涉及"公司财务会计、公司法和证券法、监管部门的规定、交易所自治规范以及税务安排等"。③另外,从薪酬结构上看,涉及固定薪酬、短期激励薪酬以及长期激励薪酬协调和合理安排的问题。聘请专业的薪酬顾问,有助于减少公司治理中的代理成本,帮助薪酬委员会制定出最符合股东利益的薪酬。因为即使再能干的董事也不会比专业的薪酬顾问表现得更出色。这也正好弥补了在强调薪酬委员会独立董事独立性的同时,其缺乏相应专业知识的缺憾。

2. 作为沟通公司和股东的桥梁

公司高管的薪酬合同只有被股东所接受,才能避免股东的批评与指责。一方面,薪酬顾问可以运用自己的专业知识向广大的股东解释决定高管薪酬水平和结构的理由,从而可以平息潜在或已发的公愤(outrage)。在实行股东薪酬建议权(say-on-pay)④的国家,如英国和美国等,薪酬顾问的这种作用就显得格外重要。另一方面,薪酬顾问可以向公司表达股东,尤其是机构投资者的想法和期待。从而起到沟通公司和股东的桥梁作用。

3. 为薪酬委员会的薪酬决策提供正当性支持⑤

有学者认为,正当化薪酬委员会的薪酬决策是公司聘请薪酬顾问最重要的一个考虑。⑥因为对于高管的薪酬问题,并没有一个绝对正确的答案。如果

---

① [美]卢西恩·伯切克、[美]杰西·弗里德:《无功受禄:审视美国高管薪酬制度》,赵立新等译,法律出版社 2009 年版,第 63 页。

② Ruth Bender, *Paying For Advice*: *The Role of the Remuneration Consultant in U. K. Listed Companies*, 64 Vand. L. Rev. 361, 364—366(2011).

③ Martin J. Conyon, *Executive Compensation Consultants and CEO Pay*, 64 Vand. L. Rev. 399, 408(2011).

④ 所谓"股东薪酬建议权",即"上市公司的股东有权在公司的股东年会上对公司在上一年度支付给高管的薪酬进行无拘束力的建议性投票(advisory vote)"。对此问题的简要讨论,参见樊健:《美国上市公司股东的薪酬建议权初探》,载《环球法律评论》2012 年第 6 期。

⑤ 这是我国薪酬顾问起到的主要作用。

⑥ Martin J. Conyon et al., *New Perspectives on the Governance of Executive Compensation*: *An Examination of the Role and Effect of Compensation Consultants*, 15 J. Manag. Gov. 29, 34(2011).

一份薪酬合同,不论是在薪酬顾问的参与下制定,还是得到了薪酬顾问的认可,都表明了该合同具有坚实的正当性基础。[①]公司薪酬委员会不仅可以坦然地面对投资者和媒体的质疑,并且即使遇到诉讼,薪酬顾问的独立意见也能成为薪酬委员会强有力的抗辩理由。"事实上,法院一般更倾向于对依赖外部专家意见作出的董事会决定予以免责。"[②]因此,聘请薪酬顾问,对于维护薪酬委员会成员中独立董事的声誉,有着非常重要的作用。

当然,薪酬顾问要切实地起到这三方面的作用,他们必须保持真正的独立性。一旦他们不能保持客观超然的立场、秉持专业的操守,那么股东、监管者以及社会公众对其寄予的厚望,也将成为幻影。

二、薪酬顾问存在的主要问题

在理论上,聘请薪酬顾问的是公司,薪酬顾问所需服务的对象是公司和全体股东。然而,公司是拟制的法人,其不能亲自行为,代表公司的往往是公司高管,而他们却恰恰是薪酬顾问所需监督的对象。如果高管们运用手中的权力去对薪酬顾问施加影响,那么极有可能他们将获得超额薪酬,这构成了经济上的寻租。[③]薪酬顾问的利益冲突主要表现在两个方面:

(一)向客户公司提供其他服务

除了向公司提供与高管薪酬相关的服务以外,薪酬顾问还有可能向公司提供,如"员工养老金计划、人力资源管理咨询以及保险咨询等其他服务"。[④]

---

① Bender, *Paying For Advice: The Role of the Remuneration Consultant in U. K. Listed Companies*, 64 Vand. L. Rev., at 370.

② [美]卢西恩·伯切克、[美]杰西·弗里德:《无功受禄:审视美国高管薪酬制度》,赵立新等译,法律出版社 2009 年版,第 64 页。例如《特拉华州普通公司法》第 141 条第 5 项规定,"董事会成员或者董事会设立的委员会委员,善意依赖公司记录,善意依赖公司高级职员或者雇员或者董事会委员会向公司提供的信息、意见、报告或者陈述,或者善意依赖公司或者公司的代表人以合理的谨慎选任的任何其他人向公司提供的信息、意见、报告或者陈述,且合理地认为该其他人对于所涉事项具有专业能力或者专家能力的,则该董事会成员或者董事会设立的委员会成员履行职务时受完全保护"。我国《公司法》未作类似的规定,但在法律续造上,应该做同样的法律漏洞填补。

③ Martin J. Conyon et al., *New Perspectives on the Governance of Executive Compensation: An Examination of the Role and Effect of Compensation Consultants*, 15 J. Manag. Gov. 29, 34(2011), at 39.

④ United States House of Representatives Committee on Oversight and Government Reform Majority Staff(December 2007), *Executive Pay: Conflicts of Interest Among Compensation Consultants*, available at http://www.erieri.com/PDF/Executive-Consultant-Conflicts.pdf,最后访问时间:2023 年 8 月 7 日。

薪酬顾问通常由公司的人力资源部门来聘用,人力资源部门又听命于公司高管,因此相比于没有向客户公司提供其他服务的薪酬顾问,提供其他服务的薪酬顾问更容易倾向于维护高管的利益。[1]平均而言,薪酬顾问从提供其他服务中获得的薪酬是其提供薪酬服务的 11 倍。有数据显示在 2006 年,"得到薪酬顾问提供多种服务的公司,其高管的平均薪酬为 870 万美元;相比之下,没有得到薪酬顾问多种服务的公司,其高管的平均薪酬为 750 万美元"。[2]

(二)和公司保持合作关系

相比于其他看门人的市场竞争程度,薪酬顾问的市场竞争是比较激烈的。[3]在这样的竞争环境中,客户公司处于强势地位,拥有主导权。因此,如果薪酬顾问建议的薪酬合同不符合高管的利益或者在审查薪酬合同时非常严格,那么这个薪酬顾问被该公司继续聘用或者被其他公司聘用的机会也就很小了。[4]这样,市场竞争有可能趋向一种"逐底竞争"的状态(race-to-the-bottom),谁向高管提供最优厚的薪酬合同或者谁审查薪酬合同时标准最为宽松,那么谁就最有可能获得聘用合同。实务中,在资信评级行业这种"逐底竞争"的现

---

① Martin J. Conyon et al., *New Perspectives on the Governance of Executive Compensation：An Examination of the Role and Effect of Compensation Consultants*, 15 J. Manag. Gov. 29, 34(2011), at 40.

② United States House of Representatives Committee on Oversight and Government Reform Majority Staff(December 2007), *Executive Pay：Conflicts of Interest Among Compensation Consultants*, available at http://www.erieri.com/PDF/Executive-Consultant-Conflicts.pdf,最后访问时间:2023 年 8 月 7 日。

③ 美国在 2010 年之前有六大薪酬顾问公司,分别为:Frederick Cook and Co.、Towers Perrin(韬睿咨询)、Hewitt Associates(翰威特咨询)、Mercer Human Resource Consultants(美世人力资源)、Pearl Meyer 以及 Watson Wyatt Worldwide(华信惠悦咨询),参见 United States House of Representatives Committee on Oversight and Government Reform Majority Staff(December 2007), *Executive Pay：Conflicts of Interest Among Compensation Consultants*, available at http://www.erieri.com/PDF/Executive-Consultant-Conflicts.pdf,最后访问时间:2023 年 8 月 7 日。不过在 2009 年 6 月,Towers Perrin 和 Watson Wyatt Worldwide 进行了友好合并,在 2010 年 1 月成立了 Towers Watson,所以现在只剩"五大巨头"。这"五大巨头"占据了美国薪酬顾问市场超过 70%的市场份额,see Martin J. Conyon et al., *New Perspectives on the Governance of Executive Compensation：An Examination of the Role and Effect of Compensation Consultants*, 15 J. Manag. Gov. 29, 34(2011).我国由于薪酬顾问产业刚起步,能够提供此项服务的,除了专业的薪酬顾问公司之外,还包括财务顾问和证券公司等,则竞争更为激烈,也更容易发生"逐底竞争"的现象。

④ Lucian Arye Bebchuk and Jesse M. Fried, *Executive Compensation as an Agency Problem*, 17 J. ECON. PERSP. 71, 78—79(2003).

象表现得十分明显,随着惠誉进入资信评级市场,"三家评级机构为了从数目非常有限的证券承销商那里获得评级业务而展开竞争,其结果是,大家竞相降低评级标准以招揽客户"。①"信用评级机构的动力不再主要是作出正确的评级,它们的动力是作出承销商想要的购买的评级。"②当然,如果薪酬顾问过分地倾向于高管利益,极大地伤害了股东的利益,可能会引起股东愤慨,薪酬委员会迫于压力,会减少高管的薪酬或者完善高管的薪酬结构,甚至公司会解除其与高管之间的合同关系。这样也会损害薪酬顾问的声誉,对于将来的业务发展产生不利影响。③因此,考虑到自身利益,薪酬顾问总是会在股东利益和高管利益之间寻求一个平衡,但是要其完全做到以公司和股东的利益最大化,似乎也是不可能的。正如科菲教授所言:"由于看门人受雇于公司管理者,其使命是让股东或投资者对于公司情况有信心,因此,其永不妥协的招牌虽令投资者欣慰,但也可能会疏远公司管理者——这就产生了一个不确定的折衷考虑。简言之,这里并没有自然的平衡状态。市场专业机构在临时多变的基础上推销自己,总是密切关注着主要竞争对手的一举一动,并且希望能够同时取悦公司管理者和投资者。"④

三、实证研究的分析与讨论

就前面所提出的两个利益冲突问题,在实务中是否真正影响到薪酬顾问的独立性,使其偏向于高管的利益,相关的实证研究结果也并不一致,具体情况如下:

(一)薪酬顾问提供多种服务对高管薪酬产生的影响

Armstrong 等通过分析美国 2116 家上市公司在 2006 年提交的报告,认为

---

① [美]约翰·C. 科菲:《看门人机制:市场中介与公司治理》,黄辉、王长河等译,北京大学出版社2011年版,序言第3页。

② [美]乔治·阿克洛夫、[美]罗伯特·席勒:《钓愚:操纵与欺骗的经济学》,张军译,中信出版集团2016年版,第44—45页。

③ Martin J. Conyon et al., *New Perspectives on the Governance of Executive Compensation:An Examination of the Role and Effect of Compensation Consultants*, 15 J. Manag. Gov. 29, 34(2011).

④ [美]约翰·C. 科菲:《看门人机制:市场中介与公司治理》,黄辉、王长河等译,北京大学出版社2011年版,第381页。

"公司聘请提供多种服务的薪酬顾问,并不会增加高管的薪酬"。①Cadman 等通过分析 2006 年标准普尔 500 中 755 家公司的报告,认为"薪酬顾问的利益冲突并不导致较高的高管薪酬以及较低的薪酬与业绩之间的敏感性"。②Conyon 在 2008 年的一份实证研究认为,"没有证据显示公司聘请提供多种服务的薪酬顾问会增加高管的薪酬"。③Cen 和 Tong 分析了标准普尔 500 指数公司在 2009 年的报告,认为"公司聘请提供多种服务的薪酬顾问,会增加高管的薪酬。具体而言,总薪酬会增加 15.6%。此外,聘请有利益冲突薪酬顾问的公司,其业绩与薪酬之间的关联度比较低"。④薪酬专家 Murphy 和 Sandino 进行了一项更为全面和严谨的实证研究,他们的报告分析比较了英、美、加三国的数据,认为"有利益冲突的薪酬顾问(主要是提供其他服务和保持与公司的合作关系),会导致更高的薪酬"。⑤虽然有不同的实证研究结论,但是从数据的全面性和实效性来看,本书赞同 Murphy 和 Sandino 两位教授的结论,认为如果薪酬顾问向客户公司提供多种服务,会使其倾向于高管的利益,从而使高管获得较高的薪酬。

（二）薪酬顾问为了保持与公司的合同关系对于高管薪酬的影响

此利益冲突会对薪酬顾问产生何种影响,主要的研究方法是观察客户公司在更换薪酬顾问之后,其高管薪酬是否会增加或者业绩敏感性是否会降低。因为现任的薪酬顾问如果不给高管增加薪酬,那么高管就会将其解聘,以聘任

① Christopher S. Armstrong et al., *Economic Characteristics, Corporate Governance, and the Influence of Compensation Consultants on Executive Pay Levels*, (Rock Center for Corporate Governance Working Paper No.15, June 12, 2008), *available at* http://papers.ssrn.com/sol3/papers.cfm?abstract_id=1145548,最后访问时间:2023 年 8 月 3 日。

② Brian Cadman et al., *The Incentives of Compensation Consultants and CEO Pay*, 49 Journal of Accounting and Economics 263(2010).

③ Martin J. Conyon, *Compensation Consultants and Executive Pay: Evidence from the United States and the United Kingdom*, (May 2008), *available at* http://papers.ssrn.com/sol3/papers.cfm?abstract_id=1106729,最后访问时间:2023 年 8 月 3 日。

④ Wei Cen and Naqiong Tong, *Compensation Consultant Independence and CEO Pay* (January 5, 2011), *available at* http://papers.ssrn.com/sol3/papers.cfm?abstract_id=1735506,最后访问时间:2023 年 8 月 3 日。

⑤ Kevin J. Murphy and Tatiana Sandino, *Executive Pay and "Independent" Compensation Consultants*, 49 Journal of Accounting and Economics 247(2010).

新的能为其提供更多薪酬的顾问。所以为了维持与公司的合同关系，现任薪酬顾问必须给予高管更多的薪酬。Goh 和 Gupta 通过分析 2002—2008 年间英国 FTSE 指数中 350 家公司的报告，认为"公司高管通过更换薪酬顾问能够获得更高的薪酬（不论是绝对值还是通过平均值调整）。并且通过提高奖金的比例以及减少股权性薪酬的比例，更换薪酬顾问降低了高管薪酬合同的风险性。研究报告最后认为，公司成功地在薪酬顾问间进行了意见采购（opinion-shopping），从而使公司高管得到对其更为有利的薪酬合同"。[1]Tong 和 Cen 通过分析 2007—2009 年间标准普尔 500 指数中公司的报告，认为"如果公司解聘六大薪酬顾问公司转而聘用小型的薪酬顾问公司，那么其高管就会获得更多的固定薪酬、奖金以及总薪酬；反之，则会减少。因为大型薪酬顾问公司更有能力设计出减少高管额外收益的薪酬合同，也更加重视其声誉资本"。[2]对此，Murphy 和 Sandino 的实证研究结果也表示赞同。[3]但是也存在少数反对意见，例如 Conyon 认为，"更换薪酬顾问不会增加高管的薪酬"。[4]

第三节　英、美两国法律对于薪酬顾问的规范

由上文的分析可知，利益冲突的普遍存在极有可能会导致薪酬顾问倾向于公司高管的利益而非股东的利益。然而要解决这些利益冲突问题，仅依靠薪酬顾问的自觉、市场竞争的压力以及声誉的约束等，事实证明显然是不够的。因此，法律对于规制公司与薪酬顾问之间利益冲突起着重要作用。在本节，首先简要介绍薪酬顾问如何通过自身的制度安排来避免利益冲突的产生；

①　Lisa Goh and Aditi Gupta，*Executive Compensation*，*Compensation Consultants*，*and Shopping for Opinion*：*Evidence from the United Kingdom*，25 Journal of Accounting, Auditing & Finance 607（2010）.

②　Naqiong Tong and Wei Cen，*Big or Small*：*Compensation Consultant Selection*，*Switch and CEO Pay*（August，2011），*available at* http://papers.ssrn.com/sol3/papers.cfm?abstract_id=1735511，最后访问时间：2023 年 8 月 3 日。

③　Murphy and Sandino，*Executive Pay and "Independent" Compensation Consultants*，49 Journal of Accounting and Economics 247（2010），at 248.

④　Martin J. Conyon et al.，*New Perspectives on the Governance of Executive Compensation*：*An Examination of the Role and Effect of Compensation Consultants*，15 J. Manag. Gov. 29，34（2011），at 423.

其次,重点介绍美国最新的金融改革法对于薪酬顾问利益冲突规范的规定;最后,简要地讨论看门人民事责任制度的完善。主要从责任的规则原则和责任范围两个角度入手,以作为完善薪酬顾问民事责任的理论基础。

一、薪酬顾问的自我约束

如果薪酬顾问不能提供客观公正的专业意见,很有可能会损害其好不容易积累起来的声誉资本,所以他们也会通过自我约束,来向客户公司的股东和公众表明自身的独立性。其主要通过两种方式:

一是仅向公司提供薪酬咨询服务,不提供其他服务。例如美国的 Frederic W. Cook 和 Pearl Meyer。[1]

二是公司内部防火墙的设置。例如翰威特咨询公司就声称其薪酬咨询业务和其他业务是分开的。[2]韬睿咨询声称,"其内部制定了相关政策和程序来确保其提供的咨询服务是客观公正的,主要包括:1.公司制定了行为规范来确保提供公正客观的服务;2.在提供服务之前,任命一名高级顾问来检查和解决利益冲突方面的问题;3.由一名外部高级顾问(其不在提供薪酬顾问服务的团队中工作)来检查重要的薪酬建议;4.当公司向客户公司提供其他服务的时候,禁止向客户公司提供薪酬顾问服务的人员作为与该客户公司相联络的公关经理。[3]或者成立专门提供薪酬服务的子公司"。[4]

---

[1] United States House of Representatives Committee on Oversight and Government Reform Majority Staff(December 2007), *Executive Pay*:*Conflicts of Interest Among Compensation Consultants*, *available at* http://www.erieri.com/PDF/Executive-Consultant-Conflicts.pdf,最后访问时间:2023 年 8 月 7 日。

[2] Letter from Ilene S. Grant, Hewitt Associates, LLC, to Chairman Henry A. Waxman(May 25, 2007),转引自 United States House of Representatives Committee on Oversight and Government Reform Majority Staff(December 2007), *Executive Pay*:*Conflicts of Interest Among Compensation Consultants*, *available at* http://www.erieri.com/PDF/Executive-Consultant-Conflicts.pdf,最后访问时间:2023 年 8 月 7 日。

[3] Letter from Mark V. Mactas, Towers Perrin, to Chairman Henry A. Waxman(June 26, 2007). 转引自 United States House of Representatives Committee on Oversight and Government Reform Majority Staff(December 2007), *Executive Pay*:*Conflicts of Interest Among Compensation Consultants*, *available at* http://www.erieri.com/PDF/Executive-Consultant-Conflicts.pdf,最后访问时间:2023 年 8 月 7 日。

[4] 如 2012 年 2 月,Hewitt 就分拆(spinning off)了其高管薪酬咨询业务,参见 Ruth Bender, *Paying For Advice*:*The Role of the Remuneration Consultant in U. K. Listed Companies*, 64 Vand. L. Rev. 361,364—366(2011), at 372。

但是，有证据表明提供薪酬顾问服务和提供其他服务之间的界线，并不像上述公司声称的那样明显。①所以在薪酬顾问自我约束无法有效解决利益冲突问题的时候，就需要法律对此问题进行规制。

二、《多德—弗兰克法案》对于薪酬顾问利益冲突的事前规制

（一）由薪酬委员会全权负责薪酬顾问的招聘、支薪、监督以及解聘的工作

由薪酬委员会来全权负责薪酬顾问的招聘、支薪、监督以及解聘的工作，会形成这样一种公司氛围，即"薪酬顾问会认为是公司的薪酬委员会而不是 CEO 负责整个薪酬的制定"，②从而使其较少受到公司高管的影响。这不仅符合公司薪酬政策的最佳实践准则，③也正是《多德—弗兰克法案》关于高管薪酬改革的重点所在。《多德—弗兰克法案》要求纽交所和纳斯达克制定新的上市规则，规定公司的薪酬委员会成员必须全部为独立董事。如果公司不遵守此规定，则不能在上述两个市场交易。④《多德—弗兰克法案》特别要求在制定新规则时，对薪酬委员会成员的独立性应该考虑以下两个因素，包括"1.发行人董事会成员的薪酬来源，包括发行者付给董事会成员的任何咨询、建议或其他补偿费；2.发行人的董事会成员是否隶属于发行人、发行人的分支机构，或者发行人分支机构的附属机构"。实际上，按照纽交所和纳斯达克之前的规定，薪酬委员会的董事（或者决定高管薪酬的董事）都必须是独立董事，因此本条规定仅仅是对既往实践的重申。⑤更为重要的

① United States House of Representatives Committee on Oversight and Government Reform Majority Staff(December 2007)，*Executive Pay：Conflicts of Interest Among Compensation Consultants*，available at http://www.erieri.com/PDF/Executive-Consultant-Conflicts.pdf，最后访问时间：2023 年 8 月 7 日。

② Martin J. Conyon et al.，*New Perspectives on the Governance of Executive Compensation：An Examination of the Role and Effect of Compensation Consultants*，15 J. Manag. Gov. 29，34(2011)，at 40.

③ The Conference Board，*The Conference Board Task Force on Executive Compensation* 24(2009)，available at http://www.conference-board.org/pdf_free/execcompensation2009.pdf，最后访问时间：2023 年 8 月 3 日。

④ See SEC：*SEC Adopts Rule Requiring Listing Standards for Compensation Committees and Compensation Advisers*，available at http://www.sec.gov/news/press/2012/2012-115.htm，最后访问时间：2023 年 8 月 3 日。

⑤ See NYSE Listed Company Manual，303A.05 Compensation Committee(a). 纳斯达克市场的规定几乎相同。

是,《多德—弗兰克法案》第 952(c)条规定"1.发行人的薪酬委员会,在其作为董事会委员的范围内,可以自由裁量,保留或者采纳薪酬顾问的建议;2.发行人的薪酬委员会应对薪酬顾问的任命、报酬及监督工作直接负责"。以前,薪酬委员会究竟和薪酬顾问是何种关系并不明确,薪酬顾问往往认为自己是由公司高管聘请,虽然向薪酬委员会提供建议,但却是对高管而非薪酬委员会负责。《多德—弗兰克法案》首次明确指出了薪酬顾问负责的对象应当是薪酬委员会。当然,公司高管在薪酬谈判时,也可以聘请自己的薪酬顾问协助谈判,这种做法在英国颇为常见。[1]虽然有实证研究表明,由薪酬委员会全权负责的薪酬顾问,高管薪酬反而更高。[2]这好像与普遍的观点相矛盾,因为如果薪酬顾问只向薪酬委员会负责的话,其将会较少地受到高管的影响,从而设计出更为合理的薪酬。但是本书认为向薪酬委员会负责的薪酬顾问,其所建议(或者支持)的薪酬会更加注重高管薪酬与公司业绩之间的关联。如果公司业绩优良,那么公司高管将会获得更高的薪酬。反之,如果是向高管负责的薪酬顾问,那么其可能会建议(或者容忍)风险性更小的薪酬和更多的固定薪酬。因此,本书支持由薪酬委员会全权负责薪酬顾问的招聘、支薪、监督以及解聘的工作。

(二)薪酬顾问利益冲突的信息披露

薪酬顾问的利益冲突问题,尤其是在向客户提供多种服务的情况下,[3]会导致其失去客观公正的判断,几乎已成为共识。但如何有效地解决该种利益冲突问题,主要有三种方法:

---

① Ruth Bender, *Paying For Advice*: *The Role of the Remuneration Consultant in U. K. Listed Companies*, 64 Vand. L. Rev. 361, 364—366(2011), at 373.

② Kevin J. Murphy and Tatiana Sandino, *Executive Pay and "Independent" Compensation Consultants*, 49 Journal of Accounting and Economics 247(2010), at 260.

③ 针对因薪酬顾问试图继续与公司的关系而产生的利益冲突问题,法律和实务上并没有特别好的解决方法。唯一可资借鉴的是,法律可以规定公司必须定期轮换薪酬顾问,不论是薪酬顾问自身还是薪酬顾问的雇员。例如《萨班斯法案》就要求负责审计业务的合伙人应进行定期轮换:会计师事务所的主审合伙人,或者复核审计项目的合伙人,为同一审计客户连续提供审计服务不得超过 5 年。按照我国证监会和财政部的规定,从 2004 年起,上市公司公开发布的年度财务报告的两名签字注册会计师每五年进行一次更换。但是,从最新的《多德—弗兰克法案》的规定来看,其主要解决的是因薪酬顾问向公司提供多种服务而产生的利益冲突问题。本章也主要讨论如何解决该利益冲突问题。

一是法律完全禁止薪酬顾问向客户公司提供薪酬咨询之外的其他服务。虽然不是针对薪酬顾问,但是《萨班斯法案》就禁止会计师事务所向其审计的公司提供除审计之外的其他服务。该法第201(a)条规定,会计师在审计的同时,向公司提供下列服务为非法:(1)记账服务或与审计客户的会计记录或者财务报表有关的其他服务;(2)财务信息系统的设计和实施;(3)评估或估值服务、公允性意见或者实物出资报告;(4)精算服务;(5)内部审计外包服务;(6)管理职能或人力资源管理;(7)经纪人或券商、投资顾问或投资银行服务;(8)与审计无关的法律服务或专家服务;和(9)公众公司会计监督管理委员会根据规章确定禁止的其他服务。

二是法律规定由薪酬委员会批准同意薪酬顾问提供的其他服务。例如《萨班斯法案》第201(b)条规定,"注册会计师事务所只有事先征得发行人审计委员会同意,方可为该设计客户提供上述服务之外的其他非审计业务,包括税收服务"。

三是法律既不禁止薪酬顾问提供其他服务,也不要求薪酬委员会批准薪酬顾问提供其他服务,但是公司必须将薪酬顾问利益冲突的情况向外披露。这正是《多德—弗兰克法案》所采用的办法。在2006年关于薪酬顾问信息披露的基础上,[①]《多德—弗兰克法案》规定公司需要披露"A.发行人的薪酬委员会是否保留或者采纳了薪酬顾问的建议;以及 B.薪酬顾问的工作是否引起了利益冲突;如果是,冲突的性质及冲突是如何被解决的"。[②]《多德—弗兰克法案》第952(b)条规定,当薪酬委员会在聘用薪酬顾问时,需要考虑其独立性,包

[①] 2006年的披露规则要求公司披露:如果公司聘请了薪酬顾问,其名称以及薪酬顾问在决定或者推荐高管和董事薪酬数量和结构方面的作用。在2009年,美国证监会进一步规定,如果公司支付给薪酬顾问提供其他服务的费用超过12万美元,那么公司必须分别披露薪酬顾问提供薪酬服务的费用和提供其他服务的费用。如果公司董事会聘请了其自己的薪酬顾问,并且该薪酬顾问没有提供其他服务的话,则公司可以不用披露。

[②] 《多德—弗兰克法案》第952(c)条。自2003年起,英国上市公司必须披露向薪酬委员会提供实质性建议或者服务的任何人的名字、其所起的作用、是否由薪酬委员会任命了该人以及该人是否提供了其他服务。自2005年起,加拿大上市公司必须披露其是否聘请了薪酬顾问以及向其支付的薪酬数额。参见 Martin J. Conyon et al., *New Perspectives on the Governance of Executive Compensation*:*An Examination of the Role and Effect of Compensation Consultants*, 15 J. Manag. Gov. 404(2011)。

括："A.薪酬顾问、法律顾问及其他顾问的雇佣者向发行人提供的其他服务；B.发行人付给薪酬顾问、法律顾问及其他顾问的雇佣者的费用及占薪酬顾问、法律顾问及其他顾问的雇佣者总收入的百分比；C.薪酬顾问、法律顾问及其他顾问的雇佣者用来防止利益冲突的政策及程序；D.薪酬顾问、法律顾问以及其他顾问与薪酬委员会的成员的商业或个人关系；以及 E.薪酬顾问、法律顾问及其他顾问拥有的发行人的任何股票。"①因此，即使薪酬顾问向公司提供多种服务，薪酬委员会依然能够聘请该公司，只要其将有关信息披露出来。显然，薪酬委员会必然是基于充足的理由才敢聘请有利益冲突的薪酬顾问。否则，很有可能股东会起诉其违反受信义务。

三、事后对于违反义务的薪酬顾问民事责任机制的规定

在薪酬顾问向客户公司提供薪酬服务之前，对利益冲突问题进行法律规制，固然能够促使薪酬顾问发表客观公正的专业意见，然而，独立性并非薪酬顾问完满地履行自己职责的充分条件，诸如：粗心大意、敷衍了事、对可能的违法行为视而不见，甚至故意协助薪酬委员会制定偏向于高管的薪酬等，都可能使得薪酬顾问不能完全服务于股东的利益。因此事后的民事责任追究机制，也具有相当的重要性。正如科菲教授所言："如果看门人可能受到投资者法律诉讼救济机制的制约，那么，即使在他们没有重大声誉资本的情况下，他们也会同样面临潜在损失大于其同流合污的可期待收益的问题。由于看门人在本质上只是其客户的代理人，因此，他们收取的中介费可能远小于那些客户自己从交易中获得的收益。这样，与他们的客户相比，看门人从欺诈行为中获得的利益很少，也从而更容易被潜在的损失威慑住。"②然而，学者们并没有就看门

---

① 证监会制定的最后规则中，增加了一个独立性的考虑因素，即薪酬顾问与公司高管是否具有商业上和私人的关系，see SEC：*SEC Adopts Rule Requiring Listing Standards for Compensation Committees and Compensation Advisers*，available at http://www.sec.gov/news/press/2012/2012-115.htm，最后访问时间：2023 年 8 月 7 日。

② ［美］约翰·C. 科菲：《看门人机制：市场中介与公司治理》，黄辉、王长河等译，北京大学出版社 2011 年版，第 7 页。

人何时、是否应当对于发行人的误导性陈述和欺诈等承担责任达成一致意见。[1]按照美国证券法的规定，看门人承担的是过错推定责任，其能够以已经尽到了合理谨慎的义务为由免责。当采用该标准时，法院和监管者不可避免地在决定什么是最优的合理谨慎义务方面发生错误。更重要的是，在决定看门人是否在监督方面发生错误，尤其是当看门人的行为变得复杂和当法律模糊不清的时候，这些错误会被放大。

所以，有的学者提出了完善薪酬顾问民事责任的建议，将看门人的责任定为严格责任，即看门人不能以尽到合理谨慎义务而免责。因此避免了诉讼中在认定看门人是否尽到了合理谨慎义务方面，耗费大量的社会资源。与此同时，看门人的责任也不能无限放大，这样可能会使得看门人过于谨慎、收取高额的服务费甚至拒绝承担看门人角色，因此应该规定一个责任的上限，这种上限可以以其收到的服务费作为基准，[2]例如责任上限可以是其收到的服务费的3倍。但该上限最大的问题是没有将薪酬顾问违反义务行为的社会成本内部化，其实际承担的赔偿责任和其对投资者造成的损失并不相称。[3]另外一种方法是可以将发行人的赔偿额作为基准，[4]例如看门人的责任上限可以是发行人赔偿额的10%等。本书赞同后面一种方法，但面临的问题是定多少比例较为合适，这并无绝对正确的答案。

第四节　我国薪酬顾问的法律规定、实践、问题与完善

一、我国薪酬顾问制度的法律规定和实践

按照《激励办法》第35条第2款的规定，上市公司的独立董事或者监事会

---

[1]　Frank Partnoy, *Barbarians at the Gatekeepers?: A Proposal for a Modified Strict Liability Regime*, 79 Wash. U. L. Q. 491(2001).

[2]　John C. Coffee, Jr., *Gatekeeper Failure and Reform: The Challenge of Fashioning Relevant Reforms*, 84 B. U. L. Rev. 301(2004).

[3]　Frank Partnoy, *Strict Liability for Gatekeepers: A Reply to Professor Coffee*, 84 B. U. L. Rev. 365, 367(2004), at 371.

[4]　Frank Partnoy, *Barbarians at the Gatekeepers?: A Proposal for a Modified Strict Liability Regime*, 79 Wash. U. L. Q. 540(2001).

认为有必要时,可以要求公司聘请薪酬顾问(独立财务顾问),"对股权激励计划的可行性、是否有利于上市公司的持续发展、是否损害上市公司利益以及对股东利益的影响发表专业意见"。显然,对于是否聘请独立董事和监事会拥有自由裁量权。①实务中,上市公司聘请证券公司②、投资咨询公司③等薪酬顾问发表专业意见的事例也颇为常见。在我国,薪酬顾问的主要作用在于为薪酬委员会的决策提供正当性支持,增强股票期权激励计划的说服力,同时也证明了薪酬委员会尽到了其受信义务。此外,通过薪酬顾问对于股票期权激励计划主要内容的专业意见,其也能将公司的意图和想法传递给股东,起到沟通的作用。就协助薪酬委员会制定股票期权计划而言,薪酬顾问的作用并不明显。

以《上海荣正投资咨询有限公司关于华谊兄弟传媒股份有限公司股票期权激励计划(草案修订稿)之独立财务顾问报告》为例,④这些意见通常的格式为:(1)释义,对报告中出现的专业术语等进行定义和解释;(2)声明,主要关于:报告所依据的文件、材料的来源、⑤责任之免除⑥以及自己的义务

---

① 与此相反,按照《激励办法》第38条的规定,"上市公司未按照本办法第二十三条、第二十九条定价原则,而采用其他方法确定限制性股票授予价格或股票期权行权价格的,应当聘请独立财务顾问,对股权激励计划的可行性、是否有利于上市公司的持续发展、相关定价依据和定价方法的合理性、是否损害上市公司利益以及对股东利益的影响发表专业意见"。显然,这是强制性规定。此外,《激励办法》第39条规定,公司应当聘请律师事务所对股权激励计划出具法律意见书,显然这也是强制性规定。
② 例如《海际大和证券有限责任公司关于莱茵达置业股份有限公司股票期权激励计划(草案)之独立财务顾问报告》,资料来源:http://data.eastmoney.com/notice/20120615/mwjnP.html,最后访问时间:2012年12月14日。
③ 例如《上海荣正投资咨询有限公司关于华谊兄弟传媒股份有限公司股票期权激励计划(草案修订稿)之独立财务顾问报告》,资料来源:http://data.eastmoney.com/notice/20120917/mT26n.html,最后访问时间:2012年11月14日。该公司为多家上市公司的股权激励计划发表专业意见,其官方网站对此作如下介绍"自公司(1998年)成立以来,上海荣正先后为100多家上市公司提供了量身定做的股权激励服务,为大量的非上市和拟上市公司制定了相应解决方案",资料来源:http://www.realize.com.cn/about01.asp,最后访问时间:2012年11月14日。
④ 实务中,薪酬顾问所出具的意见不论从格式还是内容,都大同小异。
⑤ 本独立财务顾问报告所依据的文件、材料由华谊兄弟提供,本计划所涉及的各方已向本独立财务顾问保证:所提供的出具本独立财务顾问报告所依据的所有文件和材料合法、真实、准确、完整、及时,不存在任何遗漏、虚假或误导性陈述,并对其合法性、真实性、准确性、完整性、及时性负责。本独立财务顾问不承担由此引起的任何风险责任。
⑥ 本独立财务顾问仅就本次股票期权激励计划对华谊兄弟股东是否公平、合理,对股东的权益和上市公司持续经营的影响发表意见,不构成对华谊兄弟的任何投资建议,对投资者依据本报告所作出的任何投资决策而可能产生的风险,本独立财务顾问均不承担责任。

与责任[1]等;(3)基本假设;[2](4)股权激励计划的主要内容;(5)独立意见;(6)备查文件和联系方式等。

二、我国薪酬顾问制度存在的问题

(一)关于薪酬委员会权力的缺漏

按照《激励办法》的规定,当独立董事和监事会认为有必要时,可以要求公司聘请薪酬顾问。[3]如此简单的规定,难以有效地发挥其作用。主要问题有二:第一,按此规定当公司聘请薪酬顾问时,通常是公司的高管(董事长、财务主管或者人力资源主管等)代表公司对外行为,造成的后果是薪酬顾问会认为其负责的对象是公司的高管,其极有可能会偏向于高管利益。正如我国学者指出的"咨询公司的职业薪酬专家通常是 CEO 聘用的,是经营者为他们提供了获得咨询费用的机会;这些专家与经营者相互依存,薪酬方案则将会有利于高管"。[4]第二,由谁来监督薪酬顾问(包括支薪和解聘等),《激励办法》没有作出规定。如果公司高管认为薪酬顾问有可能发表对其不利的意见将其解雇,那么为了保持与公司的关系,薪酬顾问就不敢违背高管意志,这就是所谓的"寒蝉"效应(chilling effect)。

---

① 本独立财务顾问本着勤勉、审慎、对上市公司全体股东尽责的态度,依据客观公正的原则,对本次股票期权激励计划涉及的事项进行了深入调查并认真审阅了相关资料,调查的范围包括公司章程、薪酬管理办法、历次董事会、股东会决议、最近三年及最近一期公司财务报告、公司的生产经营计划等,并和上市公司相关人员进行了有效的沟通,在此基础上出具了本独立财务顾问报告,并对报告的真实性、准确性和完整性承担责任。

② 本财务顾问所发表的独立财务顾问报告,系建立在下列假设基础上:A.国家现行的有关法律、法规及政策无重大变化;B.本独立财务顾问所依据的资料具备真实性、准确性、完整性及及时性;C.上市公司对本次股票期权激励计划所出具的相关文件真实、可靠;D.本次股票期权激励计划不存在其他障碍,涉及的所有协议能够得到有效批准,并最终能够如期完成;E.本次股票期权激励计划涉及的各方能够诚实守信地按照激励计划及相关协议条款全面履行所有义务;F.无其他不可预计和不可抗拒因素造成的重大不利影响。

③ 其他法规等也都规定薪酬委员会可以聘请专业人士。如《上市公司治理准则》第 57 条规定,"各专门委员会可以聘请中介机构提供专业意见,有关费用由公司承担";《董事会专门委员会实施细则》第 18 条规定,"如有必要,薪酬与考核委员会可以聘请中介机构为其决策提供专业意见,费用由公司支付"。但存在的问题与《激励办法》相同。

④ 童列春、张娜:《论上市公司高管薪酬的法律规制》,载《行政与法》2011 年第 7 期。

（二）没有就薪酬顾问利益冲突的问题作出规定

《激励办法》一个重大的缺憾就是没有就薪酬顾问利益冲突的问题作出规定。[①]《激励办法》既没有要求公司披露薪酬顾问的相关信息，[②]例如薪酬顾问是否参与了股票期权激励计划的制定，[③]薪酬顾问是否向公司提供了其他服务等，也没有制定薪酬顾问独立性的标准。使得其是否能发表客观公正的专业意见，存在很大的疑问。[④]

（三）偏重于行政责任

《激励办法》对于薪酬顾问违反义务的责任，侧重于行政责任。《激励办

---

① 但其他法规都对中介机构的独立性作了原则性的要求，例如《律师事务所从事证券法律业务管理办法》第 10 条规定，"同一律师事务所不得同时为同一证券发行的发行人和保荐人、承销的证券公司出具法律意见，不得同时为同一收购行为的收购人和被收购的上市公司出具法律意见，不得在其他同一证券业务活动中为具有利害关系的不同当事人出具法律意见。律师担任公司及其关联方董事、监事、高级管理人员，或者存在其他影响律师独立性的情形，该律师所在律师事务所不得接受所任职公司的委托，为该公司提供证券法律服务"。《上市公司并购重组财务顾问业务管理办法》第 17 条规定，"证券公司、证券投资咨询机构或者其他财务顾问机构受聘担任上市公司独立财务顾问的，应当保持独立性，不得与上市公司存在利害关系；存在下列情形之一的，不得担任独立财务顾问……"。《证券投资顾问业务暂行规定》第 3 条规定，"证券公司、证券投资咨询机构从事证券投资顾问业务，应当遵守法律、行政法规和本规定，加强合规管理，健全内部控制，防范利益冲突，切实维护客户合法权益"。

② 在证监会出台《上市公司并购重组财务顾问业务管理办法》之前，有学者认为，"由于投资银行与上市公司有长久的业务关系，或希望维持与上市公司的业务关系，因此投资银行都有迎合上市公司大股东和董事的强烈动机。此外，投资银行一方面参与了整个控制权交易或关联交易的方案策划，另一方面又有它——交易的策划者自己对交易是否公平、合理作出判断，出具财务报告。严重的地位冲突使得独立财务顾问报告的客观性遭到质疑"。参见黎友强：《独立财务顾问报告制度问题探析》，载《证券市场导报》2000 年第 10 期。这两个问题已经被该办法第 17 条所解决。现今，薪酬顾问所遇到的利益冲突的问题，与当年投资银行遇到的问题如出一辙。

③ 因为我国薪酬顾问的角色是监督公司股票期权激励计划的合理性，如果其参与公司股票期权激励计划的制定，会出现"运动员"和"裁判员"身份合一的情形，那么其监督作用将大打折扣。

④ 本书认为关于薪酬顾问，还存在一个问题应引起关注，就是其所发表的意见都太过形式化，并没有针对特定的公司发表有针对性的意见，千篇一律。例如，针对公司实施股权激励计划对上市公司持续经营能力、股东权益影响的意见，薪酬顾问大多会说，"在股票期权授予后，股权激励的内在利益机制决定了整个激励计划的实施将对上市公司持续经营能力和股东权益带来持续的正面影响：当公司业绩提升造成公司股价上涨时，激励对象获得的利益和全体股东的利益成同比例正关联变化。因此股权激励计划的实施，能够将经营管理者的利益与公司的持续经营能力和全体股东利益紧密结合起来，对上市公司持续经营能力的提高和股东权益的增加产生深远且积极的影响。经分析，本财务顾问认为：从长远看，××股权激励计划的实施将对上市公司持续经营能力和股东权益带来正面影响"。此项分析并没有给股东带来多少有意义的信息。但是法律对此也难以作出强制性的规定，所以本书对这一问题不展开讨论。

法》第71条规定,"为上市公司股权激励计划出具意见的相关专业机构未履行勤勉尽责义务,所发表的专业意见存在虚假记载、误导性陈述或者重大遗漏的,中国证监会及其派出机构对相关机构及签字人员采取责令改正、监管谈话、出具警示函等措施;情节严重的,依照《证券法》予以处罚;涉嫌犯罪的,依法移交司法机关追究刑事责任"。但是没有就民事责任的问题作出规定。虽然《激励办法》第5条规定,"为上市公司股权激励计划出具意见的专业机构,应当诚实守信、勤勉尽责,保证所出具的文件真实、准确、完整"。但勤勉尽责的标准是什么并不清楚。因此,对于薪酬顾问民事责任的问题须依据《证券法》的相关规定,而《证券法》对此也仅作了相当粗略的规定。按照《证券法》的规定,薪酬顾问等中介服务机构对其所发表的专业意见承担过错推定责任,这与美国法的规定相同。就责任形式而言,相关司法解释作了更为细致的划分:如果薪酬顾问仅仅是一般过失,没有发现发行人或者上市公司进行了虚假陈述等违法行为,则其不必承担责任;如果薪酬顾问等中介服务机构知道或者应当知道(或者存在重大过失)发行人或者上市公司虚假陈述,而不予纠正或者不出具保留意见的,构成共同侵权,对投资人的损失承担连带责任。[1]由于在司法实践中,股东或者投资者因为股票期权激励计划有虚假陈述等情况,因而起诉薪酬顾问的案件并没有发生,具体法院在认定归责原则和责任范围的问题上,究竟会遇到怎样的问题、采取什么样的方式才能使得司法资源被有效地利用,不得而知。与此形成鲜明对比的是,股东或投资者起诉会计师事务所的案例实务中常有发生,[2]法院在审判时积累了不少司法经验,最高人民法院在2007年出台了《最高人民法院关于审理涉及会计师事务所在审计业务活动中民事侵权赔偿案件的若干规定》,本书认为就薪酬顾问的归责原则和责任形式而言,可以参照此规定。另外2022年最高人民法院出台了《最高人民法院关

---

① 《最高人民法院关于审理证券市场虚假陈述侵权民事赔偿案件的若干规定》第13条规定,"证券法第八十五条、第一百六十三条所称的过错,包括以下两种情形:(一)行为人故意制作、出具存在虚假陈述的信息披露文件,或者明知信息披露文件存在虚假陈述而不予指明、予以发布;(二)行为人严重违反注意义务,对信息披露文件中虚假陈述的形成或者发布存在过失"。

② 彭真明:《论会计师事务所不实财务报告的民事责任——兼评上海大智慧公司与曹建荣等证券虚假陈述责任纠纷案》,载《法学评论》2020年第1期。

于审理证券市场虚假陈述侵权民事赔偿案件的若干规定》,本书认为该司法解释相关规定可直接适用薪酬顾问被起诉虚假陈述的案件。

三、对于我国薪酬顾问制度的完善建议

（一）明确规定薪酬委员会全权负责薪酬顾问的聘任、支薪、监督和解聘工作

本书在第二章就已指出,薪酬委员会权力的有限是其无法真正履行自己职责的重要原因。因此,赋予薪酬委员会以自己的名义直接聘任、支薪、监督和解聘薪酬顾问的全权,无疑会增强其权力。赋予薪酬委员会这样的权力,不仅会使得薪酬顾问真正地向薪酬委员会负责,不偏向于高管利益;而且也能够增强薪酬委员会的责任感,减弱公司高管对其的影响力。这是因为薪酬委员会可以将薪酬顾问对股票期权激励计划发表独立意见作为理由,来抵制高管要求过多薪酬。

（二）确定薪酬顾问不具有独立性的具体标准,并且禁止存在利益冲突的薪酬顾问向公司提供薪酬顾问服务

利益冲突问题是制约薪酬顾问发挥其应有作用的关键障碍,所以本书建议《激励办法》可以参考《上市公司并购重组财务顾问业务管理办法》第17条的相关规定,禁止向公司提供其他服务的薪酬顾问发表独立意见。当然《激励办法》也可以不禁止有利益冲突的薪酬顾问向公司提供独立意见,但是公司必须将其与薪酬顾问之间的关系进行披露,有无存在可能影响薪酬顾问独立性的情形存在。从而股东和投资者可以对其进行自己的判断,是否信任薪酬顾问所作出的意见。或者是由薪酬委员会批准薪酬顾问是否能够向公司提供其他服务。[①]本书认为,目前看来还是禁止有利益冲突的薪酬顾问向公司提供独立意见为好,主要原因在于目前我国有资格提供薪酬顾问服务的公司比较多,在民事责任和声誉机制并不健全的情况下,容易产生逐底竞争的现象;另外,

---

① The Conference Board, *The Conference Board Task Force on Executive Compensation* 24 (2009), *available at* http://www.conference-board.org/pdf_free/execcompensation2009.pdf, 最后访问时间:2023年8月3日。

因为存在着第二章提到的问题，由多数独立董事组成的薪酬委员会，也不能很好地履行自己的职责。

借鉴美国《多德—弗兰克法案》的内容，本书认为主要可能导致利益冲突的情形包括：除了发表独立意见之外，薪酬顾问：(1)协助薪酬委员会制定股票期权激励计划；(2)向上市公司提供其他服务，如并购咨询业务、职工薪酬咨询与管理服务等；(3)薪酬顾问的董事、监事、高管以及薪酬顾问主办人员及其近亲属为股权激励计划的激励对象；(4)薪酬顾问的董事、监事、高管以及薪酬顾问主办人员与公司高管之间有亲属、商业等关系等；(5)薪酬顾问持有或者通过协议、其他安排与他人共同持有上市公司股份达到或者超过5%，或者选派代表担任上市公司董事；(6)上市公司持有或者通过协议、其他安排与他人共同持有薪酬顾问的股份达到或者超过5%，或者选派代表担任薪酬顾问的董事；以及(7)其他可能与上市公司存在利害关系，可能影响薪酬顾问及其薪酬顾问主办人独立性的其他情形。

(三) 完善薪酬顾问的民事责任追究机制

就我国现实而言，对薪酬顾问进行事前的利益冲突的规制，能够有助于薪酬顾问客观公正地履行自己的义务，但这也是理论上而言。实务中，即使是没有利益冲突的薪酬顾问，有可能也会粗心大意，甚至故意对股票期权薪酬激励计划中的违法或不合理之处视而不见。因此，事后有效的民事责任追究机制，也能够在一定程度上威慑薪酬顾问，使其有所顾忌。本书仅从归责原则和责任形式的角度对薪酬顾问民事责任的问题提出完善的建议。

如前所述，我国采用的是过错推定原则。[1]如果股东或者投资者起诉薪酬顾问，薪酬顾问可以以自己没有过错，即其已经尽到合理谨慎义务为由或者已经在出具的顾问报告中指出了相关问题来免除自己的责任。[2]但是薪酬顾问进

---

[1]　例如《最高人民法院关于审理涉及会计师事务所在审计业务活动中民事侵权赔偿案件的若干规定》第4条第1款规定，"会计师事务所因在审计业务活动中对外出具不实报告给利害关系人造成损失的，应当承担侵权赔偿责任，但其能够证明自己没有过错的除外"。

[2]　《最高人民法院关于审理涉及会计师事务所在审计业务活动中民事侵权赔偿案件的若干规定》第7条规定，"会计师事务所能够证明存在以下情形之一的，不承担民事赔偿责任：(一)已经遵守执业准则、规则确定的工作程序并保持必要的职业谨慎，但仍未能发现被审计的会计资料错误；(转下页)

行了何种程序、采用了哪些方法才算合理谨慎地完成了自己的义务,标准尚不明确。这需要根据司法实践中出现的问题进行总结归纳,对此可以参考《最高人民法院关于审理涉及会计师事务所在审计业务活动中民事侵权赔偿案件的若干规定》对于会计师的履行义务标准。①当然,由于我国薪酬顾问行业并没有统一的行业准则或行为规则,因此如何确立统一的标准是个难题。毫无疑问,这将会成为诉讼中原被告双方重点争辩的问题。如果原告起诉薪酬顾问协助薪酬委员会进行欺诈,需要对损失承担连带责任,原告还需证明薪酬顾问主观上有故意或者重大过失。②

(接上页)(二)审计业务所必须依赖的金融机构等单位提供虚假或者不实的证明文件,会计师事务所在保持必要的职业谨慎下仍未能发现其虚假或者不实;(三)已对被审计单位的舞弊迹象提出警告并在审计业务报告中予以指明;(四)已经遵照验资程序进行审核并出具报告,但被验资单位在注册登记后抽逃资金;(五)为登记时未出资或者未足额出资的出资人出具不实报告,但出资人在登记后已补足出资"。针对会计师事务所的抗辩,《最高人民法院关于审理证券市场虚假陈述侵权民事赔偿案件的若干规定》第 19 条规定,"会计师事务所能够证明下列情形之一的,人民法院应当认定其没有过错:(一)按照执业准则、规则确定的工作程序和核查手段并保持必要的职业谨慎,仍未发现被审计的会计资料存在错误的;(二)审计业务必须依赖的金融机构、发行人的供应商、客户等相关单位提供不实证明文件,会计师事务所保持了必要的职业谨慎仍未发现的;(三)已对发行人的舞弊迹象提出警告并在审计业务报告中发表了审慎审计意见的;(四)能够证明没有过错的其他情形"。

① 《最高人民法院关于审理涉及会计师事务所在审计业务活动中民事侵权赔偿案件的若干规定》第 4 条第 2 款规定,"会计师事务所在证明自己没有过错时,可以向人民法院提交与该案件相关的执业准则、规则以及审计工作底稿等"。《最高人民法院关于审理涉及会计师事务所在审计业务活动中民事侵权赔偿案件的若干规定》第 6 条第 2 款规定,"注册会计师在审计过程中未保持必要的职业谨慎,存在下列情形之一,并导致报告不实的,人民法院应当认定会计师事务所存在过失:(一)违反注册会计师法第二十条第(二)、(三)项的规定;(二)负责审计的注册会计师以低于行业一般成员应具备的专业水准执业;(三)制定的审计计划存在明显疏漏;(四)未依据执业准则、规则执行必要的审计程序;(五)在发现可能存在错误和舞弊的迹象时,未能追加必要的审计程序予以证实或者排除;(六)未能合理地运用执业准则和规则所要求的重要性原则;(七)未根据审计的要求采用必要的调查方法获取充分的审计证据;(八)明知对总体结论有重大影响的特定审计对象缺少判断能力,未能寻求专家意见而直接形成审计结论;(九)错误判断和评价审计证据;(十)其他违反执业准则、规则确定的工作程序的行为"。《最高人民法院关于审理证券市场虚假陈述侵权民事赔偿案件的若干规定》第 18 条规定,"会计师事务所、律师事务所、资信评级机构、资产评估机构、财务顾问等证券服务机构制作、出具的文件存在虚假陈述的,人民法院应当按照法律、行政法规、监管部门制定的规章和规范性文件,参考行业执业规范规定的工作范围和程序要求等内容,结合其核查、验证工作底稿等相关证据,认定其是否存在过错。证券服务机构的责任限于其工作范围和专业领域。证券服务机构依赖保荐机构或者其他证券服务机构的基础工作或者专业意见致使其出具的专业意见存在虚假陈述,能够证明其对所依赖的基础工作或者专业意见经过审慎核查和必要的调查、复核,排除了职业怀疑并形成合理信赖的,人民法院应当认定其没有过错"。

② 《最高人民法院关于审理涉及会计师事务所在审计业务活动中民事侵权赔偿案件的若干规定》第 5 条规定,"注册会计师在审计业务活动中存在下列情形之一,出具不实报告并给利害(转下页)

本章主要研究了薪酬顾问在解决上市公司高管股票期权薪酬中的代理问题上所能起到的重要作用,主要有三:第一,提供专业意见,协助公司董事会制定高管薪酬;第二,作为沟通公司和投资者的中介;第三,为董事会的薪酬决策提供正当性支持。后两种作用在我国表现得较为明显。同时本章又指出了薪酬顾问在提供服务的同时,所面临的利益冲突主要包括向公司提供多种服务以及与公司继续保持合作的愿望,会使得薪酬顾问倾向于维护高管的利益。实证研究也证实了这一点。

英、美等国家面对薪酬顾问利益冲突的问题,薪酬顾问会自我约束,包括只提供薪酬顾问服务、内部设置利益冲突隔离墙以及分拆薪酬顾问业务等。就法律规定而言,在薪酬顾问提供服务之前,法律强调的是薪酬委员会的全权以及利益冲突信息的披露;在薪酬顾问提供服务之后,学者们对现有的看门人(包括薪酬顾问)的民事责任制度并不满意,提出要使其承担无过错责任,但应采用责任上限,可以以薪酬顾问获得的服务费为基准,也可以以发行人总的赔偿额为基准。

就我国而言,薪酬顾问制度起步不久,但面临的问题与英、美国家相同,主要是如何解决薪酬顾问利益冲突的问题。本书建议,应当禁止有利益冲突的薪酬顾问向公司提供发表独立意见的服务。此外还要赋予薪酬委员会全权,使其全面负责薪酬顾问的聘任、支薪、监督和解聘工作。就民事责任而言,实务中并没有针对薪酬顾问的诉讼发生,具体采用何种归责原则和责任范围能够有效地解决诉讼纠纷,现在也不得而知,除了适用《最高人民法院关于审理证券市场虚假陈述侵权民事赔偿案件的若干规定》之外,本书建议应当参考《最高人民法院关于审理涉及会计师事务所在审计业务活动中民事侵权赔偿案件的若干规定》。

(接上页)关系人造成损失的,应当认定会计师事务所与被审计单位承担连带赔偿责任:(一)与被审计单位恶意串通;(二)明知被审计单位对重要事项的财务会计处理与国家有关规定相抵触,而不予指明;(三)明知被审计单位的财务会计处理会直接损害利害关系人的利益,而予以隐瞒或者作不实报告;(四)明知被审计单位的财务会计处理会导致利害关系人产生重大误解,而不予指明;(五)明知被审计单位的会计报表的重要事项有不实的内容,而不予指明;(六)被审计单位示意其作不实报告,而不予拒绝。对被审计单位有前款第(二)至(五)项所列行为,注册会计师按照执业准则、规则应当知道的,人民法院应认定其明知"。

第六章　公权力机关监督的事前策略：
证监会制定"遵守或解释"的规则

第一节　引　言

本章主要讨论作为公权力机关之一的证监会如何在事前（部分地）解决上市公司高管股票期权薪酬中的三个代理问题，包括意外之财、高管追求短期利益以及高管通过控制信息发布的时间，以获得有利的行权价格或者股票价格。事实上，公司高管也有可能通过控制股票期权的授予时间，来获得比较有利的行权价格。例如公司在披露一个坏消息导致股价下跌之后，决定授予高管股票期权薪酬。但是要获得这种有利条件，高管必须同时控制公司的董事会以及要确保公司的股东会批准股票期权激励计划，难度比较高。在《激励办法》正式出台之前，《上市公司股权激励管理办法（试行）》①以及《备忘录2号》②对股票期权的授予时间作了较为严格的规定。所以实务中，尤其是2008年《备

---

① 《上市公司股权激励管理办法（试行）》第26条规定"上市公司在下列期间内不得向激励对象授予股票期权：（一）定期报告公布前30日；（二）重大交易或重大事项决定过程中至该事项公告后2个交易日；（三）其他可能影响股价的重大事件发生之日起至公告后2个交易日"。

② 《备忘录2号》规定，"1.上市公司发生《上市公司信息披露管理办法》第三十条规定的重大事件，应当履行信息披露义务，在履行信息披露义务期间及履行信息披露义务完毕后30日内，不得推出股权激励计划草案。2.上市公司提出增发新股、资产注入、发行可转债等重大事项动议至上述事项实施完毕后30日内，上市公司不得提出股权激励计划草案。增发新股、发行可转债实施完毕指所募集资金已经到位；资产注入实施完毕指相关产权过户手续办理完毕。3.公司披露股权激励计划草案至股权激励计划经股东会审议通过后30日内，上市公司不得进行增发新股、资产注入、发行可转债等重大事项"。

忘录 2 号》出台之后，公司高管通过控制股票期权的授予时间，来获得比较有利的行权价格的情况并不多见。但是 2016 年制定的《激励办法》第 17 条规定，"上市公司启动及实施增发新股、并购重组、资产注入、发行可转债、发行公司债券等重大事项期间，可以实行股权激励计划"。在这种情况下，可能会给高管留下操纵股票期权行权价格的机会，有待将来观察。本书主要讨论高管通过控制信息发布的时间，以获得有利的行权价格或者股票价格这种情况。

前述三个代理问题属于股票期权薪酬合同中具体条款如何设计的问题。如果合同条款设计合理，那么这些问题能够得到有效解决。然而在实务中，这些问题却相当突出。主要的原因可能在于公司高管利用权力来影响董事会和薪酬委员会制定有利于自身的合同条款。在公司内部缺乏有效的监督机制未能有效地解决以上三个代理问题时，本书认为，证监会应当起到应有的作用，适当地介入公司内部治理中来解决这些问题。然而，与此同时，证监会不应当采用"一刀切"（one-size-fits-all）的方式来介入，因为"一个适用于所有情况下的期权设计基本上是不可能存在的。期权能创造怎样的激励效果依赖于具体受权者的各种特定因素，包括高管的投资组合和风险偏好。同时，公司的特定因素（如增长机会和债务负担）将决定哪种激励是可取的。除公司之间的差异外，在同一个公司的不同时期这些因素也可能不尽相同"，[1]因此，证监会应当给予公司一定的自主权。较为可行的方法是证监会应该制定"遵守或者解释"（comply or explain）的规则。[2]具体而言，在广泛借鉴先进国家或地区成功经验的基础上，证监会应该制定类似于最佳准则之类的规则，建议上市公司遵守

---

① ［美］卢西恩·伯切克、［美］杰西·弗里德：《无功受禄：审视美国高管薪酬制度》，赵立新等译，法律出版社 2009 年版，第 147 页。

② 这种规范方法，最早在 1992 年英国的"凯得伯瑞报告"（Cadbury Report）上提出，现在已经成为英国上市规则（UKLA Listing Rules）的一部分，Iain MacNeil & Xiao Li, "Comply or Explain"：Market Discipline and Non-Compliance with the Combined Code, Vol.14 Corporate Governance, 486—488（2006）. See Annaleen Steeno, Note：Corporate Governance：Economic Analysis of a "Comply or Explain" Approach, 11 Stan. J. L. Bus. & Fin. 387（2006）；Sridhar Arcot, Valentina Bruno & Antoine Faure Grimaud, Corporate Governance in the UK：Is the Comply-or-Explain Approach Working? 30 International Review of Law and Economics 193（2010）。中文文献参见彭真明、陆剑：《德国公司治理立法的最新进展及其借鉴》，载《法商研究》2007 年第 3 期；伍坚：《公司治理准则实施中的"遵守或解释"方法探析》，载《北京工业大学学报（社会科学版）》2010 年第 2 期。

这样的规则,以期有效地解决股票期权薪酬中的前述代理问题。然而,同时规定上市公司也可以不遵守这样的规则,但是必须给出充分的理由,并对外披露。披露不遵守的理由必须具体,不能笼统地讲不遵守该规则能为公司和股东带来利益等。因为对于投资者来说,难以从这样的披露内容中判断不遵守的理由是否充分,从而决定是否支持该不遵守的解释。"在'遵守或解释'方法之下,公司当事人可以根据自己需要选择是否适用一些条款,由于他们更清楚自己的特殊需要和特殊偏好,制定出来的治理规则往往要比强制性治理规则更有效率。"[1]同时,公司也更能对市场的变化作出反应。因为如果资本市场对于公司的解释不满意,那么股东会出售自己的股票,[2]市场分析人士会降低对于公司的评价,这样会使得公司的股价下跌,从而公司不得不谨慎地对待自己不遵守的行为。因此,通过"遵守或解释"规则,既能实现证监会试图解决股票期权薪酬中的代理问题的监管目标;又能给予上市公司一定的自由裁量权。对于证监会而言,这是介入公司内部治理比较合适的方式。[3]

第二节 采用指数化期权减少"意外之财"

公司高管从股票期权薪酬中获得的收益通常为行权时的公司股价减去行权价格再乘以其能够行权的期权数量,在行权价格和行权数量固定的情况下,股价越高,则高管获益越大;如果股价下跌至等于或小于行权价格时,高管则一无所获。此时,行权时股票价格的高低成了高管能否获利的唯一指标。实

① 伍坚:《公司治理准则实施中的"遵守或解释"方法探析》,载《北京工业大学学报(社会科学版)》2010年第2期。

② Steeno, *Corporate Governance: Economic Analysis of a "Comply or Explain" Approach*, 11 Stan. J. L. Bus. & Fin., at 397.

③ 证监会制定股东会开会规则、信息披露规则以及独立董事标准等,虽然也介入了公司的内部治理中,但是这些多为程序性规定、关于披露信息的可比较性以及资格要件统一适用等事项,应当由证监会制定统一的规则,不应当给予公司自由裁量权。与之相反,公司的其他内部事务,涉及公司自身特点的,则不适宜由证监会制定统一的标准。这种一刀切的做法,会产生要么监管不足、要么监管过分的问题,不利于上市公司面对市场和行业的变化进行自我调整。此时,如果监管者要贯彻一定的监管意图,采用"遵守或解释"的监管方式,应当说是比较理想的选择。See Allen Ferrel, *The Case for Mandatory Disclosure in Securities Regulation Around the World*, 2 Brook. J. Corp. Fin. & Com. L. 81(2007).

务中,公司股票价格往往由多种因素决定,包括整个资本市场的宏观情况(利率和税收政策等)、①公司所属行业中观层面的情况(行业技术发展水平和政府对特定产业的补贴,例如新能源产业等)以及公司自身的微观情况(高管团队的能力和员工的素质和技能等)。②对于公司高管而言,其所能掌控的也仅仅是公司自身的情况。20 世纪 90 年代股票市场的繁荣给公司股价带来巨大提升,但一项关于当时 10 年间美国股票价格的研究显示,仅有 30%的股票价格波动反映了公司业绩,其余的 70%由普遍的市场条件所驱动。③因此,授予高管固定行权价格(fixed exercise prices)的股票期权就意味着过多的薪酬。因为此类股票期权给予权利人所有标的股票的增值权益,却不是将该增值权益仅限于权利人对公司的贡献。④有学者同样指出,"一个公司的股票价格可能因与其高管的自身努力和决策无关的原因而上涨。例如,利率下调可能在高管不动一个手指的情况下使股票价格大幅上涨。如果业绩用股票价格的变动来衡量,则在市场或行业上升时,相对同类组群表现不佳的高管仍有可能获得回报"。⑤因此,这种固定行权价格的股票期权薪酬就类似于彩票(lottery tickets),其价值的增加与公司高管的表现毫无关系。⑥结果就是"当高管纯粹因市场和行

① "证券投资的风险是指证券的预期收益(expected return)变动的可能性及变动幅度。与证券投资相关的所有风险称为总风险,总风险(total risk)可分为系统风险(systematic risk)和非系统风险(unsystematic risk)。"霍文文编著:《证券投资学》,高等教育出版社 2013 年版,第 171 页。

② "股票作为一种有价证券,除具有流动性的特征之外,还具有风险性、波动性的特征。股票的特征决定了投资股票既是一种收益率颇高的投资方式,又是一种高风险的投资方式。作为投资者,不仅要面临外部客观因素所带来的风险,还要面对自身主观决定因素所造成的风险。影响投资者投资决定的主要相关因素有:国家宏观经济状况的变化,国家经济、金融政策的变化,银行利率的影响,通货膨胀,投机操作行为,上市公司本身的声誉、经营状况、股利政策、预期发展前景以及投资者的心理因素和判断等。"参见朱某强与贵州国创能源控股(集团)股份有限公司证券虚假陈述赔偿纠纷案,贵州省高级人民法院(2012)黔高民商终字第 3 号民事判决书。

③ Simon Patterson and Peter Smith, *How to Make Top People's Pay Reflect Performance*, Sunday Times, August 9, 1998. 有学者甚至认为只有 20%的股价波动反映了公司的业绩,参见 Calvin H. Johnson, *Stock and Stock Option Compensation: A Bad Idea*, Vol.51, No.3 Canadian Tax Journal 1259, 1276(2003)。

④ Mark A. Clawson and Thomas C. Klein, *Indexed Stock Options: A Proposal for Compensation Commensurate with Performance*, 3 Stan. J. L. Bus. & Fin. 31, 32(1997).

⑤ [美]卢西恩·伯切克、[美]杰西·弗里德:《无功受禄:审视美国高管薪酬制度》,赵立新等译,法律出版社 2009 年版,第 128 页。

⑥ Mark A. Clawson and Thomas C. Klein, *Indexed Stock Options: A Proposal for Compensation Commensurate with Performance*, 3 Stan. J. L. Bus. & Fin. 46(1997).

业整体价格波动而获得奖励,则股东的钱没有很好地利用".①

　　与此相反,"当股价下跌至行权价格以下时……当前的做法也没有让高管两手空空。公司要么给高管的期权重新定价,②要么通过发行行权价较低的新期权来进行'后门重新定价'".③实务中,导致公司股价下跌的原因也有很多,"归纳起来主要有三个方面:一是公司增资扩股或派发股利等引起的股价下跌;二是由于市场和经济环境等因素导致的股价上下波动;三是由于公司经营业绩下滑而导致的股价变化。不论是上述哪一种原因引起的股价下跌,对于公司来说都面临着对期权计划做出调整".④由于出现上述第一、二种情况而调低行权价格或者重新发行新的期权,还有充分理由可言的话;⑤发生第三种情况而调低行权价格或者重新发行新的期权,就没有很坚强的理由可以支撑了。因为这样显然有违采用股票期权薪酬是为了向高管提供激励这一初衷。即使公司业绩不佳高管也能获得巨额薪酬,那么事前激励其提升公司业绩的机制也就失效了。对此,有人会争辩说,在这种情况下,"公司发现自己无形中陷入了被期权套牢的困境:一方面,公司手里有一大把亏头期权,而亏头期权不再激励人才;另一方面,面对着几乎趴在地上的股价,许多公司需要快速的发展来摆脱困境。这意味着公司还得甚至更加依赖期权来引进更多的人,并留住现有的人才".⑥如果股票期权薪酬无法提供足够的激励,那么高管势必会离开

　　① [美]卢西恩·伯切克、[美]杰西·弗里德:《无功受禄:审视美国高管薪酬制度》,赵立新等译,法律出版社 2009 年版,第 128 页。

　　② 事实上,自 2003 年纽交所等制定新的规则,要求所有股权性薪酬需要经过股东会批准之后,在新的股票期权计划中,重新定价的条款几乎已经没有了。即使需要重新定价,也必须得到股东会的批准。参见 Andrew C. W. Lund, *What Was the Question? The NYSE and Nasdaq's Curious Listing Standards Requiring Shareholder Approval of Equity-Compensation Plans*, 39 Conn. L. Rev. 119, 136(2006)。实务中更多的是用新的股票期权来代替旧的股票期权。

　　③ [美]卢西恩·伯切克、[美]杰西·弗里德:《无功受禄:审视美国高管薪酬制度》,赵立新等译,法律出版社 2009 年版,第 147 页。

　　④ 刘赟:《经理人权力与股票期权的现实操作》,载《河北法学》2011 年第 8 期。

　　⑤ "因为这种衰退不是高管的行为造成的,因此保护高管免遭因此带来的后果并不损害对他们的事前激励",[美]卢西恩·伯切克、[美]杰西·弗里德:《无功受禄:审视美国高管薪酬制度》,赵立新等译,法律出版社 2009 年版,第 152 页。

　　⑥ 王钰、章璐:《股票期权风险:国外的经验及其启示》,载《证券市场导报》2001 年 1 月。如何在给予高管足够向上激励(sufficient upside potential)的同时,又能在股价下跌的时候挽留住高管,实在是股权性薪酬设计中的一大挑战,Brian J. Hall, *Six Challenges in Designing Equity-Based Pay*, Vol.15, No.3 Journal of Corporate Finance 21, 28(2003)。

公司,选择能够提供更为优厚待遇的其他公司,①对于已经处于困境的公司而言,无疑是雪上加霜。但是不管怎样,这种无论公司业绩表现如何,公司高管都能"正面我赢,反面我也不输"②的输赢通吃的现象,都会极大地削弱了股票期权薪酬的初衷。

对此,"采用自动矫正市场和行业整体性波动(上涨和下跌)的指数化期权,一般会保证市场下跌时期权仍有价值,而高管也仍有工作动力。与对传统期权进行事后新定价相比,这种保护成本更低,操纵也更简便"。③同时,这种指数化期权能够确保由于利好的市场因素或者行业因素而形成的公司股价的上升所形成的利益都归属于股东。④具体而言,在这种指数化期权模式中,行权价格可随着一种股票指数,如标准普尔 500 指数(市场指数)或同行业一揽子股票指数的波动而波动。⑤比如,假设标准普尔 500 指数当年上升了 10%,期权的行权价亦随之上升 10%,反之亦然。"这样,在牛市中,若想从期权中获利,经理人员就必须拿出超过市场水平的业绩来,他们必须比同行干得出色。若在熊市中,只要股票跌幅小于他的竞争伙伴,经理人员依然能从股票期权中获利。这样,可'过滤'掉股票市场的部分风险,同时将期权风险降低。至于具体选择与哪种指数挂钩,可视公司具体情况而定。与市场指数挂钩的股票期权,易计量和跟踪,不过市场指数却不能充分反映那些影响公司所在行业

---

① Saul Levmore, *Puzzling Stock Options And Compensation Norms*, 149 U. Pa. L. Rev. 1901, 1906 (2001). 为了促使股价上涨以获得收益,高管可能从事极具风险的投资行为,这种投资行为可能会给公司带来灭顶之灾。所以为了降低高管从事毁灭公司的超风险行为,降低行权价或者重新发行期权,似乎是比较好的保护股东利益的方法。

②③ [美]卢西恩·伯切克、[美]杰西·弗里德:《无功受禄:审视美国高管薪酬制度》,赵立新等译,法律出版社 2009 年版,第 153 页。

④ Mark A. Clawson and Thomas C. Klein, *Indexed Stock Options: A Proposal for Compensation Commensurate with Performance*, 3 Stan. J. L. Bus. & Fin. 47(1997).

⑤ 按照美国证监会的规定,上市公司需要披露公司的业绩表。并将股东的累积总回报(包括分红)与下面的数据相比较:(1)比较宽泛的股票指数,如 S&P500 等;(2)公开发行的行业指数,这些指数由经善意选择的同行业公司所组成。如果公司不能合理地选择同类公司,那么其必须选择一些与其具有相似市值(market capitalizations)的公司来设定一个指数。参见 Mark A. Clawson and Thomas C. Klein, *Indexed Stock Options: A Proposal for Compensation Commensurate with Performance*, 3 Stan. J. L. Bus. & Fin. 48(1997)。

的特别因素。"①现实中,美国 Level 3 科技公司已经采用了这种策略。②"去年
Level 3 股票上涨幅度超出标准普尔指数 70%(增长 90%对增长 20%),CEO
的期权达到 1.21 亿的赚头。股东们不会有任何抱怨,他们也从股票 90%的升
值中受益匪浅"。③总之,"投资者应当鼓励那些至少已经过滤掉部分因市场或
行业的普遍波动而带来股价上涨的股权薪酬计划。通过这些过滤,可以较低
的成本提供相同的激励,或以相同的成本提供更多的激励"。④

就我国而言,《激励办法》第 10 条第 2 款明确规定,"激励对象为董事、高
级管理人员的,上市公司应当设立绩效考核指标作为激励对象行使权益的条
件"。关于业绩指标,《激励办法》第 11 条第 1 款要求,"绩效考核指标应当包
括公司业绩指标和激励对象个人绩效指标。相关指标应当客观公开、清晰透
明,符合公司的实际情况,有利于促进公司竞争力的提升"。对于同业指标,
《激励办法》第 11 条第 2 款规定,"上市公司可以公司历史业绩或同行业可比
公司相关指标作为公司业绩指标对照依据……以同行业可比公司相关指标作
为对照依据的,选取的对照公司不少于 3 家"。⑤同时"上市公司应当在公告股
权激励计划草案的同时披露所设定指标的科学性和合理性"。虽然,上市公司

---

① 王钰、章璐:《股票期权风险:国外的经验及其启示》,载《证券市场导报》2001 年 1 月。按照
Saul Levmore 教授的观点,指数化期权可能会诱导高管从事更危险的投资行为(相比于固定价格的期
权),因为其必须击败市场或者行业对手,才能获得可观的薪酬,作者称之为"超级风险转向"(super-risk
alteration),参见 Levmore, *Puzzling Stock Options And Compensation Norms*, 149 U. Pa. L. Rev. 1922—
1924(2001)。但是本书认为通过监督公司高管的风险行为,例如后面提到的延长等待期和行权期限
等,能够有效地解决这一问题。

② 但实务中,只有很少的公司采用这种指数化期权薪酬,而且受到多数公司的强烈抵制,Janice
Kay McClendon, *Bringing the Bulls to Bear: Regulating Executive Compensation to Realign Management and
Shareholders' Interests and Promote Corporate Long-Term Productivity*, Wake Forest L. Rev. 971, 999(2004)。
因为采用指数化期权薪酬的公司会变得没有吸引力(相比于不采用指数化期权的公司),不能有效地吸
引和挽留优秀的高管。所以在没有法规强制规定所有公司都适用这种薪酬模式的情况下(或者采用
"遵守或解释"的规则),多数公司往往不愿采用这种薪酬模式。

③ 王钰、章璐:《股票期权风险:国外的经验及其启示》,载《证券市场导报》2001 年 1 月。

④ [美]卢西恩·伯切克、[美]杰西·弗里德:《无功受禄:审视美国高管薪酬制度》,赵立新等译,
法律出版社 2009 年版,第 174 页。

⑤ 《激励办法》正式出台之前,证监会出台的《备忘录 1 号》关于行权指标的设定问题中,鼓励公
司同时采用下列指标:(1)市值指标:如公司各考核期内的平均市值水平不低于同期市场综合指数或成
分股指数;(2)行业比较指标:如公司业绩指标不低于同行业平均水平。

可以根据同业公司的业绩来设定行权价格，但是在实务中，很少有上市公司采用行业比较指标，不论是作为行权条件还是作为调整行权价格的依据。对于调整行权数量和行权价格，《激励办法》作了严格的规定。[①]实务中，公司多会在股票期权激励计划草案中披露当公司出现资本公积金转增股本、派送股票红利、股票拆细、配股等时，行权价格和数量的调整办法。[②]此类情况造成的公司股价上升或下降多与公司高管经营管理没有关系，仅涉及股份数量的减少或增加，不会产生使高管获得"意外之财"的情形。

我国实务中真正的问题是，在高管行权时，如果市场形势或者行业形势大好，公司股价上涨很快，公司高管就可能获得巨额的"意外之财"。相反，如果市场形势或者行业形势较差，公司股价大跌，实务中的大多数做法是终止股票期权激励计划。[③]据统计，"近两年来，A股公司股价跌破股权激励价的情况时有发生。数据显示，2011年至今已实施了股票期权激励的137家公司中有近30家公司现今股价已经低于了行权价，其中尤以创业板公司居多。有市场人士分析称，如果二级市场股价与行权价落差较大，那么很可能行权失败，甚至导致整个股权激励方案流产"。[④]这种做法，不论对于高管还是股东都是有弊无利的事情。[⑤]理由在于：首先，取消高管的股票期权激励计划，无疑会损害高管

---

①　《激励办法》第48条规定，"因标的股票除权、除息或者其他原因需要调整权益价格或者数量的，上市公司董事会应当按照股权激励计划规定的原则、方式和程序进行调整。律师事务所应当就上述调整是否符合本办法、公司章程的规定和股权激励计划的安排出具专业意见"。

②　例如《万科企业股份有限公司2010年A股股票期权激励计划（草案）》第25、26条。

③　例如宁波GQY称，"自2010年11月7日公司披露股票期权激励计划（草案）至今，证券市场环境发生较大变化，若继续实施本次股票期权激励计划，将很难真正达到预期的激励效果，由此，公司董事会决定撤销期权激励计划（草案修订稿），待时机成熟后推出新的股权激励计划"。主要原因是，相比最初推出股权激励计划时股价或其行权价，现在股价几乎下跌一半（从28.61元/股跌至15.3元/股）。此外，宁波GQY董事会承诺，6个月内不再有股权激励计划。参见曾福斌：《宁波GQY股价腰斩撤销股权激励计划》，载《东方早报》2011年6月18日。其他类似情况为数众多，诸如"嘉寓股份决定撤销621.2万股股票期权激励计划""莱茵置业拟撤销股票期权激励计划""美盈森撤销股票期权激励计划"等。理由多为：根据实际情况以及宏观经济和市场环境的变化，公司董事会决定撤销股票期权激励计划，此外公司董事会承诺将按照股权激励的相关规定在撤销后的6个月内不再审议股权激励计划。

④　王丹：《广田股份股权激励恐成浮云，首批行权存变数》，载《北京商报》2012年10月12日。

⑤　也有人认为"上市股东主动叫停激励计划其实很容易理解，与其现在勉强推出，不如另外寻找一个更为合适的时点，以保证行权的成功"，参见李智、张小康：《"买套"行权，股权激励强硬派派底气何在？》，载《每日经济新闻》2011年6月26日，https://www.nbd.com.cn/articles/2011-06-26/578131.html，最后访问时间：2023年8月6日。

的积极性，不利于激励高管为股东利益最大化服务。其次，公司在制定股票期权激励计划上，已经投入了大量的人力和物力成本，一旦取消该计划，这些成本便付诸东流，白白地浪费了股东的财富。最后，按照《激励办法》第52条规定，"上市公司股东会或董事会审议通过终止实施股权激励计划决议，或者股东会审议未通过股权激励计划的，自决议公告之日起3个月内，上市公司不得再次审议股权激励计划"。显然这也不利于公司根据实际情况，迅速出台新的股票期权激励计划以挽留和吸引公司高管。

因此，就我国实际情况而言，证监会可以要求而不是鼓励上市公司采用指数化股票期权（不论是以市场指数还是以行业指数为标准），当然，考虑到选取合适的指数并不是件易事，因为"有些公司进行多元化经营，很难将其划到某一特定的行业中。这种情况下，就需要针对公司的具体情况，对不同产品部门的管理人员的期权薪酬制定不同的参考指数；还有些行业，上市公司数量很少，缺少足够的样本数，可能影响指数的准确性"，①公司如果不采用指数化期权，其可以披露充分的理由。事实上，我国资本市场发展至今，"上证综合指数、上证30指数、深证成份指数及深证综合指数已运行多年，②较为成熟，已被市场投资者普遍接受，具有较好的'群众基础'……我国推出相应的指数期权已具备一定的市场条件"。③

第三节　延长股票期权的等待期和行权期：防止追求短期利益

美国著名学者科菲教授指出，"基于股票期权的公司高管薪酬机制促使公司高管过分注重公司的短期盈利。公司高管在感觉公司股价将要下跌时就会

---

① 朱勇国：《中国上市公司高管股权激励研究》，首都经济贸易大学出版社2012年版，第89页。

② 随着我国资本市场的快速发展，新的股票指数不断推出，例如2005年发布的沪深300指数、2005年发布的中小企业板指数、2010年发布的创业板指数以及众多的行业类指数，为成熟性企业和发展中企业、传统型企业和科技型企业，提供了全面、可信的参考指数，可以说引入指数化期权的条件已经完全成熟了。具体可以参见上海证券交易所上证系列指数，http://www.sse.com.cn/market/sseindex/indexlist/，最后访问时间：2017年4月14日。

③ 王钰、章璐：《股票期权风险：国外的经验及其启示》，载《证券市场导报》2001年1月。

出售股票，当然，他们在此需要注意避免内幕交易的问题，即不能利用内部信息进行交易。由于上述的高管薪酬机制，公司高管自然希望向市场显示近期的盈利增长，同时隐瞒问题、债务和亏损项目等。这种动机促使他们关注公司的短期业绩，而事实上他们也正是这样做的"。[1]同时，有不少学者认为，上市公司过分依赖授予高管股票期权薪酬，是本次金融危机产生的重要原因。因为这种薪酬模式会鼓励高管关注股东的短期利益而非长期利益，进而从事高风险的投资行为。[2]"在英美国家，公司治理奉行股东至上主义，公司经营目的旨在股东利益最大化；因为对于上市公司，投资者最为关注的是股价的涨跌；为了吸引更多的投资者，管理层的目标为尽其所能地保持股价的上涨，让股东能够获得一定的收益；股价的涨跌似乎成了管理层的工作重心；因公开市场投资具有一定营利短期性，管理层投投资者所好追求公司短期的营利性。为了确保管理层能够与股东利益一致，减少代理成本（agency cost），公司除了为董事、高管提供很高的报酬之外，还配售给董事、高管期权（stock option）或股份；于是，一方面为了让股东能够获得更多的利润，另一方面为了让自己的期权或股份更有价值，管理层努力地使股价上升；在金融危机中，金融机构的逐利行为走向了极致，过度追求短期利益而忽视了其经营活动中隐含的、不断累积的风险；因短期内公司股价上升，管理层获得了丰厚的报酬，更加激励了管理层从事高风险高利润的经营活动，于是，就形成了公司因管理层更加冒险而支付更高额报酬的畸形局面。"[3]此外，高管也可以通过解聘员工、减少研发投入以及减少广告开支等手段，在短期内提升公司的股价。[4]如果在这种短期行为的危

---

① ［美］约翰·C. 科菲：《看门人机制：市场中介与公司治理》，黄辉、王长河等译，北京大学出版社2011年版，第29页。

② Judith F. Samuelson & Lynn A. Stout, *Are Executives Paid Too Much?*, WALL ST. J., Feb.25, 2009, at A13；Lucian A. Bebchuk & Holger Spamann, *Regulating Bankers' Pay*, 98 Geo. L. J. 247, 249 (2010)；The Conference Board, *The Conference Board Task Force on Executive Compensation* 6 (2009), *available at* http://www.conference-board.org/pdf_free/execcompensation2009.pdf，最后访问时间：2023年8月6日。

③ 吴世学：《全球金融危机与公司治理》，载《交大法学》2014年第2期。

④ Mark J. Loewenstein, *Reflections on Executive Compensation and a Modest Proposal for (Further) Reform*, 50 S. M. U. L. Rev. 201, 221(1996)；Michael E. Ragsdale, *Executive Compensation：Will the New SEC Disclosure Rules Control "Excessive" Pay at the Top?*, 61 UMKC L. REV. 537, 564(1993). （转下页）

险后果发生之前,公司高管能够顺利地行使手中的股票期权,那么显然高管就不用担心短期行为的危害了。"也许对公司而言,代价最高的错误是其制定的高管薪酬计划激励高管完成短期或者中期目标,但是它们要么与公司的长期战略不相契合,要么估计追求过多的风险。"①"直到最近,公司都几乎没有采取任何措施,以防止或规范对期权和限制性股票所提供的激励的变现。高管因此一直享有出售其期权和股票的宽泛的自由度。这种出售要么削弱了对高管的激励,要么迫使公司提供额外期权或股票来恢复激励作用。因此股东或者支持特定水平的薪酬而得到较弱的激励作用,或者为特定水平的激励作用支付更高的成本。"②因此,最佳的公司高管薪酬政策应当在鼓励高管创造长期价值的同时不导致其追求过多的风险。③但是如何完善股票期权薪酬制度,使其能够促使高管注重股东的长期利益,学者们却有不同的看法。④

(接上页)事实上,除了股票期权薪酬之外,来自机构投资者、股票分析师等市场参与者的压力,也使得高管不得不追求短期收益,参见 Lawrence E. Mitchell, *Learning the Lessons of Enron*(*Before It's Too Late*), JURIST(June 13, 2002), *available at* http://www.jurist.org/forum/forumnew55.php,最后访问时间:2023 年 8 月 6 日;Leo E. Strine, Jr, *One Fundamental Corporate Governance Question We Face*:*Can Corporations Be Managed for the Long Term Unless Their Powerful Electorates Also Act and Think Long Term*? 66 Bus. Law. 1(2010)。美国著名的 Jacobs 法官称之为"不耐烦的资本"(Impatient Capital),参见 Justice Jack B. Jacobs, "*Patient Capital*":*Can Delaware Corporate Law Help Revive It*? 68 WASH. & LEE L. REV. 1645,1651—1652(2011)。

① The Conference Board, *The Conference Board Task Force on Executive Compensation* 6(2009), *available at* http://www.conference-board.org/pdf_free/execcompensation2009.pdf,最后访问时间:2023 年 8 月 6 日。

② [美]卢西恩·伯切克、[美]杰西·弗里德:《无功受禄:审视美国高管薪酬制度》,赵立新等译,法律出版社 2009 年版,第 159 页。

③ 参见 California State Teachers' Retirement System(CALSTRS), *Principles for Executive Compensation* 1, *available at* http://www.calstrs.com/corporategovernance/PrinciplesExecutiveCompensation.pdf,最后访问时间:2023 年 8 月 6 日;Canadian Coalition for Good Governance(CCGG), *2009 Executive Compensation Principles* 7, *available at* http://www.ccgg.ca/site/ccgg/assets/pdf/2009_Executive_Compensation_Principles.pdf,最后访问时间:2023 年 8 月 6 日。

④ David I. Walker, *The Challenge of Improving the Long-Term Focus of Executive Pay*, 51 B. C. L. Rev. 435(2010); Lucian A. Bebchuk & Jesse M. Fried, *Paying for Long-Term Performance*, 158 U. Pa. L. Rev. 1915(2010); Sanjai Bhagat & Roberta Romano, *Reforming Executive Compensation*:*Focusing and Committing to the Long-Term*, 26 Yale J. on Reg. 359(2009)。

一、美国学者的完善建议

美国学者 Sanjai Bhagat 和 Roberta Romano 建议，就股票期权薪酬而言，在公司高管离职后至少 2 至 4 年内，他们不能行使该期权，被称为限制性股票期权(restricted stock options)。设定 2 年最低期限的原因是根据会计规则，如果公司高管操纵财务报表，该结果会在 2 年内被揭露出来；4 年的最高期限是因为高管决策的部分成果会在 4 年内出现。[①]如此，接受这种股票期权形式的高管，其为了短期收益，编造公司报告、控制收入以及接受不合理风险的动机就会减少很多。但是这种建议主要有三个问题：第一，延长高管离开公司之后的行权期限，公司高管的收益会受到非其所能控制因素的影响。例如整个市场环境或者行业环境的影响，这可以用指数化的期权来解决。也会受到其后继者行为的影响，例如因为后继者的失误而造成股价大跌。两位作者认为这反而是个优点，因为其有助于高管更加重视公司的"接班计划"(succession plan)。[②]第二，延长高管离开公司之后的行权期限会使得其财富缺少流动性，这样高管会调低该期权薪酬的价值。解决的办法是给予高管更多的股票期权薪酬，以弥补流动性缺陷。或者可以将 90% 的股票期权薪酬按此办法来授予；其余 10% 的股票期权薪酬可以是非限制的股票期权薪酬。[③]第三，高管可能会提早辞职或者退休，即使其仍然对公司具有不可取代的价值。两位作者认为这个有可能，也不能夸大。因为如果高管频繁地更换公司，对其名声并没有好处。

美国学者 Lucian A. Bebchuk 和 Jesse M. Fried 建议，公司高管每年可以行使的股票期权数量不得超过年初总量的一个百分比，比如 10%。[④]按照这种方

---

① Sanjai Bhagat & Roberta Romano，*Reforming Executive Compensation：Focusing and Committing to the Long-Term*，26 Yale J. on Reg. 363(2009).

② 全面、有效的"接班计划"已经成了公司高管薪酬政策的重要组成部分，参见 Canadian Coalition for Good Governance(CCGG)，*2009 Executive Compensation Principles* 7，*available at* http://www.ccgg.ca/site/ccgg/assets/pdf/2009_Executive_Compensation_Principles.pdf，最后访问时间：2023 年 8 月 6 日。

③ Sanjai Bhagat & Roberta Romano，*Reforming Executive Compensation：Focusing and Committing to the Long-Term*，26 Yale J. on Reg. 368—369(2009).

④ Bebchuk and Fried，*Paying for Long-Term Performance*，158 U. Pa. L. Rev. 1932(2010).

式行权的高管将没有动力以牺牲公司长期股价为代价来追求来年股价的上涨。而且这种方式也能给予高管一定的流动性,使其通过行权获得一定的现金来满足税收或生活支出等方面的需求。对此,有学者提出批评意见,认为这种做法会使得有才能的高管离开上市公司。很多情况下,这种做法的成本超过其收益。[1]

二、我国的法律规定和实践

我国的相关法规对于股票期权的长期激励机制也相当重视。《激励办法》第 2 条就强调股权激励的长期性。对此,《激励办法》第 30 条规定了最短等待期限,即"股票期权授权日与获授股票期权首次可以行权日之间的间隔不得少于 1 年"。[2]同时,《激励办法》第 31 条规定了分期行权的最大数量,即"在股票期权有效期内,上市公司应当规定激励对象分期行权,每期时限不得少于 12 个月,后一行权期的起算日不得早于前一行权期的届满日。每期可行权的股票期权比例不得超过激励对象获授股票期权总额的 50%。当期权行权条件未成就的,股票期权不得行权或递延至下期行权,并应当按照本办法第三十二条第二款规定处理"。然而实务中,上市公司高管的股票期权薪酬并没有很好地体现这一目标。据统计,"截至 2009 年 10 月中国推出股权激励计划的公司已有 139 家,目前中国上市公司实施股票期权的有效期多数集中在 4—8 年。[3]这与美国相比,有效期明显较短。这在一定程度上反映了中国股票期权激励的狭隘性和短期性"。[4]"在行权期限方面,目前沪深两市中采用的股票期权契约

---

[1]　Steven N. Kaplan, Response, *Weak Solutions to an Illusory Problem*, 159 U. PA. L. REV. PEN-NUMBRA 43, 54(2010), *available at* http://www.pennumbra.com/responses/11-2010/Kaplan.pdf, 最后访问时间: 2023 年 8 月 6 日。

[2]　《公司法》(2023 年修订),第 160 条第 2 款规定,"公司董事、监事、高级管理人员应当向公司申报所持有的本公司的股份及其变动情况,在就任时确定的任职期间每年转让的股份不得超过其所持有本公司股份总数的百分之二十五;所持本公司股份自公司股票上市交易之日起一年内不得转让。上述人员离职后半年内,不得转让其所持有的本公司股份。公司章程可以对公司董事、监事、高级管理人员转让其所持有的本公司股份作出其他限制性规定"。

[3]　以万科 2010 年 A 股股票期权激励计划为例,其期权有效期为四年,除去一年等待期,实际上要求高管在三年内将大量的股票期权全部行使完毕。

[4]　李晓永、赵凌云:《中国企业股票期权行权期限问题研究》,载《经济与管理》2011 年第 4 期。

的激励期限平均为 5.64 年,而在欧美大多数国家平均期限都在 10 年左右,说明我国现有股票期权契约存在较严重的激励短期化倾向,这就意味着高管人员更有可能倾向于采取一些非法措施为自己牟取巨额利润。"①有学者也认为,"目前公布的股票期权激励方案,授权日到首次行权日的锁定期大多为 1 年(除双鹭药业为 3 年),整体锁定时间较短,难以达到对经理人长期激励目的。锁定期与行权时间的长短不仅影响激励作用的发挥,而且决定了股票期权激励机制的成败,因而是设计激励方案的关键步骤,应充分分析企业自身的特点及经理人决策影响期间,理论上的锁定期与行权时间应该与经理人对企业决策影响期间相匹配。要实现对经理人长期激励的目的,确定合理的锁定期与行权时间,更好地发挥股票期权的激励作用"。②在我国实务中,经常出现同时引起较大争议的问题是,上市公司高管往往以辞职作为彻底摆脱相关法规限制的"快速通道",这加剧了其"拿笔快钱走人"的短期化心态。③有学者指出,"中国的公司高管却'聪明'得很,以辞职来规避行权期。这种套现相比于每年十几万或者几十万的年薪来说,诱惑实在太大,而所谓的长期激励也就荡然无存了"。④因此,缺少时间限制为权利人提供了一种不正当的激励(a perverse incentive),即在短时间内操纵公司的股价。⑤

三、完善建议

本书首先肯定,"对每个上市公司来说,究竟设计多长的锁定期与行权时

---

① 曲海翔、曹彦栋:《论上市公司经理股票期权对中小投资者的利益损害及应对策略》,载《财会研究》2011 年第 9 期。

② 祝瑞敏、李长强:《股票期权激励机制及其在我国上市公司的应用》,载《上海金融》2007 年第 11 期。

③ 例如"跳槽套现"正成为上市公司管理层的潮流。据不完全数据统计,2013 年以辞职和个人原因离职的高管已多达 1719 位,其中,中小板创业板公司的高管 714 位。作为上市公司对外发言人的董秘也加入离职大潮,年内已有 148 位董秘辞职,创下历史新高,参见沈梦捷:《董秘高管狂辞职套现近千亿,沪深公司每天走 4 人》,载《新闻晚报》2011 年 12 月 27 日。

④ 高明华:《股权激励请减速缓行》,载《董事会》2011 年 6 月 16 日。

⑤ Janice Kay McClendon, *Bringing the Bulls to Bear*:*Regulating Executive Compensation to Realign Management and Shareholders' Interests and Promote Corporate Long-Term Productivity*,Wake Forest L. Rev. 1030(2004).

间,要根据企业具体情况来确定。比如技术要求较低的企业经理人的决策影响时间较短,股票期权的最长行权时间可以适当缩短。而技术密集度高的企业,经理层的决策对企业影响较为长远,股票期权的行权时间应该较长,以保证经理层为企业的长期利益作足够的考虑"。[①]因此,当证监会出台规定的时候,在设定最低限度的前提下,不妨参考本书的完善建议,如果公司不遵守这样的建议,应当向股东披露理由以及解决短期利益倾向的办法。如此,可以避免一刀切所带来的负面作用。针对我国的实际情况,尤其是高管常常通过离职的方式来规避相关法律法规的限制,本书建议:

首先可以考虑延长等待期(解锁期),比如延长到 2—3 年。有学者就建议"对于 10 年有效期的期权计划,建议等待期在 3—5 年;对于 5 年有效期的期权计划,建议等待期为 1—2 年"。[②]但是因为公司通常会设定行权指标,比如净利润增长率不低于授权年份的 20%,这样延长等待期会增加公司预测行权指标的难度,所以等待期定为 1 年也有其合理性。

其次,减少可行权数量同时延长行权期限。具体做法是参考 Lucian A. Bebchuk 和 Jesse M. Fried 的建议,公司高管每年行权的数量不得超过其年初所拥有期权数量的一定百分比,最高限额不得超过 20%,[③]公司可以在激励计划的具体条款中设定更低的比例,对此当前《规定》所规定的最高不得超过

---

① 祝瑞敏、李长强:《股票期权激励机制及其在我国上市公司的应用》,载《上海金融》2007 年第 11 期。"对每个上市公司来说,究竟设计多长的锁定期与行权时间,要根据公司具体情况来确定。比如,对于技术要求较低的公司,激励对象的决策影响时间较短,则行权时间可以适当缩短;而技术密集度高的企业,激励对象的决策对企业影响较为长远,行权时间应该较长,以保证激励对象为公司的长期利益作足够的考虑。因而应充分分析公司自身的特点及激励对象决策影响期间,使锁定期和行权时间与激励对象对企业决策影响期间相匹配,更好地发挥激励作用",陆序生:《2009 年中小板公司"董监高"薪酬及股权激励分析》,载《证券市场导报》2010 年第 7 期。

② 朱勇国:《中国上市公司高管股权激励研究》,首都经济贸易大学出版社 2012 年版,第 80 页。

③ 以《万科 2010 年 A 股股票期权激励计划(草案)》为例,其有效期为 4 年,假设某高管拥有 100 万份股票期权,经过一年等待期之后,第二年其可行使的期权数量为 40 万份,第二年为 30 万份,第三年为 30 万份,无论如何,其都要在 4 年之内将全部 100 万份股票期权行使完毕,如果不行使权利,则在股票期权有效期满后全部作废,由公司无偿收回并统一注销。显然这样规定的分期行权并不能形成有效的长期激励,一般来说 5 到 10 年才算是比较长期的时间段。行使完毕之后,如果高管全部行权,其至少拥有 100 万股公司股票,按照公司法规定,其每年出售的数量不得超过总数的 25%,那么最快其可能在 5 年内将大部分股份出售完毕。但是如果其离职的话,那么最快在半年之后将股票全部处理完毕。总之,按照本计划的规定,高管最快可以在 4 年半之内,将收获的股票期权薪酬全部变现。

50%的比例显然太高。此外，即使高管中途离职，其仍然需要遵守这一规定，即不得加速行权。①具体而言，本书建议，高管每年行使的股票期权数量不得超过其年初拥有数量的15%，由于不能加速行权，那么至少经过7年，其大部分期权才会行使完毕。②总之，按照本书的建议，高管最快也要经过8年左右的时间才能将大部分股票期权处理完毕，显然有利于加强股票期权的长期激励作用。作为对于流动性不足的补偿，高管通过该条款获得股票不受《公司法》（2023年修订）第160条第2款的限制和《证券法》第44条关于短售的限制，③即随时可以出售股票变现。恰如伯切克和弗里德教授所言，"一个有效率的薪酬合同应当能在维持激励作用和满足高管合理的流动性和多样化需求之间达成平衡"，④因此，在权衡之下，高管也愿意接受这样的条款安排。

第四节　延长决定行权价格的参考时间和事前披露行权计划：防止信息披露控制

在股票期权实务中，存在着这样一种现象：在授予期权之前，公司高管可

---

①　例如按照《万科2010年A股股票期权激励计划（草案）》第43条第2项的规定，"当发生以下情况时，在情况发生之日，对激励对象已获行权且尚未行使的股票期权继续保留行权权利，并在12个月内加速行权，其未获准行权的期权作废。（1）单方面提出终止或解除与公司订立的劳动合同或聘用合同；（2）劳动合同、聘用合同到期后，任何一方提出不再续签合同的；（3）其他董事会薪酬与提名委员会认定的情况"。

②　《备忘录3号》规定，"股权激励计划中不得设置上市公司发生控制权变更、合并、分立等情况下激励对象可以加速行权或提前解锁的条款"。《激励办法》将之删除。

③　《证券法》（2019年修订）第44条第1款规定，"上市公司、股票在国务院批准的其他全国性证券交易场所交易的公司持有百分之五以上股份的股东、董事、监事、高级管理人员，将其持有的该公司的股票或者其他具有股权性质的证券在买入后六个月内卖出，或者在卖出后六个月内又买入，由此所得收益归公司所有，公司董事会应当收回其所得收益。但是，证券公司因购入包销售后剩余股票而持有百分之五以上股份，以及有国务院证券监督管理机构规定的其他情形的除外"。美国《证券交易法》作了同样的规定，根据《1934年证券交易法》第16(b)条，高管必须返还在6个月内买卖（或者卖买）公司股票所获得的任何收益。在1991年，美国证监会制定了16b-3规则，明确规定六个月的期限，其起始日从期权授予日开始算起，不是从高管行权后获得股票开始。因此，只要公司高管的股票期权持有期超过6个月，其就可以立即行使手中的股票期权并将之卖出，参见 Kevin J. Murphy, *The Politics of Pay：A Legislative History of Executive Compensation* 21（Marshall Research Paper Series Working Paper FBE 01.11, August 24, 2011）, *available at* http://papers.ssrn.com/sol3/papers.cfm?abstract_id=1916358，最后访问时间：2023年8月6日。

④　［美］卢西恩·伯切克、［美］杰西·弗里德：《无功受禄：审视美国高管薪酬制度》，赵立新等译，法律出版社2009年版，第160页。

以通过推迟公布有利的好消息或者提早公布不利的坏消息来降低股价,以获得一个低价位的行权价格;而在行权之前,公司高管可以通过提早公布好消息或者推迟公布坏消息来抬高公司的股价,以期获得一个高位的市场价格。[1]因此,对于股东而言,业绩薪酬对于他们的一个严重危险是,其增加了高管控制公司业绩披露信息时间的动机。这不是典型的内幕交易,但是对于这种通过推迟或者加快信息披露时间而谋取个人利益的行为更加难以侦查和规制。[2]

就打压行权价格而言,因为"行权价是经理人为获得期权所支付的对价。由于股票期权激励给经理人带来的收益主要取决于公司未来股价与行权价之间的差价,那么行权价越低,经理人所获得的期权收益可能就越大。为此,经理人们都希望在公司股价走低的时候获授期权,这样就可以确定一个较低的行权价,从而使期权的未来价值放大"。[3]例如"公司高管知道在下个星期,公司就会向其发行股票期权,而此时正是公司股价高涨之时,每股100美元。一般情况下,他会对此感到非常满意。然而,此时他却希望公司的股价暂时性地下跌。此前,公司预计本年度公司的收入增长将达到10%,现在已经过去八个月,公司的收入增长比去年增长7%—9%,第四季度表现良好的话,完全能够达到预定计划。但是,如果表现一般,也有可能不现实。因此,公司就对外宣布,公司有可能不能完成收入增长10%的计划,第二天公司股价下跌10%,估计为90美元。随后,公司向高管发行股票期权,行权价格为90美元。相比于公司在发行股票期权之后公布有可能不能完成预期(这时行权价格为100美元),公司的高管获得了一个更加有利的行权价格,为90美元"。[4]我国实务中

---

[1] "以往的研究表明,经理人员在既定的期权授予日之前,可以通过某些特定的操作打压股票的价格,然后再授予自己股票期权,并从中获利;而在执行股票期权之前,又会拉高股价,以最大限度地获取执行价格与市价之间的差额利润,这种行为会影响到中小投资者特别是散户对公司价格的判断,可能引导中小投资者盲目追高后被套,做出错误的投资决策,蒙受经济损失。"参见温秀:《争议中国式股权激励》,载《金融实务》2008年第3期。

[2] Charles M. Yablon, *Bonus Questions-Executive Compensation in the Era of Pay for Performance*, 75 NOTRE DAME L. REV. 271, 298(1999).

[3] 刘赟:《经理人权力与股票期权的现实操作》,载《河北法学》2011年第8期。

[4] 本例改编自 Charles M. Yablon & Jennifer Hill, *Timing Corporate Disclosures to Maximize Performance-Based Remuneration*, *a Case of Misaligned Incentives*? 35 Wake Forest L. Rev. 83, 97(2000)。

也有类似的情况发生，例如在 2006 年底 2007 年初，有上市公司的高管在股权激励方案公布前夕致电基金经理，要求帮忙打压股价，以帮助公司确定一个低廉的行权价格。[①]有实证研究"以 2005 年 7 月 1 日至 2011 年 6 月 30 日期间公告或实施股权激励计划的上市公司为样本，利用股权激励计划预案公告日前一天公司股价与公告日前一个月公司平均股价的较高者减去预案中设定的初始行权价格（或股票转让价格）以后的差额数据，本书对管理层权力与股权激励计划制定中的管理层机会主义行为之间的关系进行了理论分析与实证检验。研究发现，管理层权力越大，上市公司推出的股权激励计划中所设定的初始行权价格就相对越低，也就是说，在当前公司内部治理机制弱化的背景下，管理层可能会利用其对公司的控制权影响股权激励方案的制定，使其与己有利，致使股权激励契约不能成为解决代理冲突的有效手段，而沦为代理问题的一部分"。[②]对此，我国学者指出，"由于股权激励方案从出台到实施有一个时间差，那么就存在一种可能：上市公司可以利用这个时间差把股价做下去。方法是很多的，比如可以通过在报表上做文章将业绩降低，从而打压市场股价。这样做还有一个好处，由于行权往往是以业绩达到增长作为条件的。如果在激励方案公布前把业绩做低，也将使以后的增长目标更容易达到"。[③]

就抬高行权前的股价而言，因为股票期权的获益主要取决于两个因素，一是行权价格，二是行权时的股票价格，当行权价格已经确定的情况下，行权时的股票价格越高，高管获利越多。因此，在行权之前，高管有动力将股价提高，以获得一个较高的市场价格。例如公司高管的股票期权行权期已经届满，可

① 温秀：《争议中国式股权激励》，载《金融实务》2008 年第 3 期。因为按照《激励办法》第 29 条的规定，"上市公司在授予激励对象股票期权时，应当确定行权价格或者行权价格的确定方法。行权价格不得低于股票票面金额，且原则上不得低于下列价格较高者：（一）股权激励计划草案公布前 1 个交易日的公司股票交易均价；（二）股权激励计划草案公布前 20 个交易日、60 个交易日或者 120 个交易日的公司股票交易均价之一。上市公司采用其他方法确定行权价格的，应当在股权激励计划中对定价依据及定价方式作出说明"。相对而言，公司高管想要打压股价时间长达 120 天，可能难度较大。这样会引起资本市场敌意收购者的注意。

② 王烨等：《管理层权力、机会主义动机与股权激励计划设计》，载《会计研究》2012 年第 10 期。

③ 余凯：《吉林森工：股权激励催升股价》，载《东方早报》2006 年 11 月 16 日。这种行为已被外国的实证研究所证实，参见 David Aboody & Ron Kasznik, *CEO Stock Option Awards and the Timing of Corporate Voluntary Disclosures*, 29 Journal of Accounting and Economics 73（2000）。

以开始行权。此时公司的股价为 150 美元,行权价格为 100 美元。有一个对于公司来说利好的消息,可以使公司股价上涨 10%;如果高管在此利好消息公布之前行使期权,其每份期权能获利 50 美元;如果是在消息公布之后行权则高管每份期权可获利 65 美元,按照每个高管数以百万份的股票期权计算,仅仅通过提前公布利好消息,就可以使得高管获利几百万甚至上千万美元。可以想象,公司高管有很强的动力去这样做。反之,如有存在坏消息使得公司股价下跌的话,高管很有可能将之推迟至行权之后再行披露。通过事前披露利好消息,从而抬高股价获得较高收益的例子,我国也有发生。① 也有媒体这样报道,"近日,网上屡现私募机构推荐广田股份,称其首批股权激励即将进入行权期,而目前的股价与行权价相比明显偏低,存在后市拉升套利的机会。诚然,这是从投机角度讲,'赌'包括公司管理层在内的激励对象,为行权后获利而制造促进股价上涨的利好"。② 可见在行权之前,公司高管会发布利好消息抬高公司的股价,已经成为市场参与者的共识。③

一、控制公司信息发布的时间以控制股价的法律性质分析

《激励办法》第 6 条规定,"任何人不得利用股权激励进行内幕交易、操纵证券市场等违法活动"。那么,公司高管通过控制公司信息发布的时间以获得

---

① 《激励办法》出台之前的试行办法的第 27 条规定,"激励对象应当在上市公司定期报告公布后第 2 个交易日,至下一次定期报告公布前 10 个交易日内行权,但不得在下列期间内行权:(一)重大交易或重大事项决定过程中至该事项公告后 2 个交易日;(二)其他可能影响股价的重大事件发生之日起至公告后 2 个交易日"。但是本规定被《激励办法》删除。

② 王丹:《广田股份股权激励恐成浮云,首批行权存变数》,载《北京商报》2012 年 10 月 12 日。

③ 与此类似的是,发行认股权证的上市公司会在行权之前发布利好消息,这在我国实务中也颇为常见。例如 2007 年 12 月 19 日,上海汽车发行了总计 63 亿元的分离交易可转债,每手认购人可以同时获得分离出的 36 份认股权证,权证总量为 22680 万份。这些权证将于 2009 年 12 月 31 日至 2010 年 1 月 7 日行权。如果上述权证全部行权,上海汽车将融资 61 亿元,所募集的资金将用于自主品牌建设二期、乘用车收购兼并、上海汽车技术中心研发设备投入、商用车收购兼并项目。为了使权证全部行权,从 2007 年 11 月开始,上海汽车就开始披露一个又一个利好消息。11 月 26 日,上海汽车发布公告:公司与唐山市人民政府结成战略合作伙伴关系,双方有意向在曹妃甸合资建立一个具有核心竞争力的生产基地,为消费者提供环保节能、技术领先的新能源汽车产品。12 月 5 日,上海汽车又发布了《重大资产重组方案》。根据方案,上海汽车拟通过全资子公司上海汽车香港投资有限公司以 8450 万美元现金收购通用汽车中国公司所持的上海通用 1% 股权。收购完成后,上海汽车将直接和间接持有上海通用 51% 的股权。参见陈臣:《上海汽车行权难》,载《证券市场周刊》2009 年 12 月 14 日。

有利的行权价格或股票价格是否违反本条的规定?对此的答案取决于控制信息发布时间的具体情况,颇为复杂,不能一概而论。①需要明确的是,不论是股票期权的授予或者行权,仅涉及公司高管和公司(全体股东)之间的关系,并不涉及高管与某个或某些股东交易的问题。公司处于卖方的地位,而公司高管处于买方的地位。在授权的时候,因为行权价格取决于股票市场价格,所以买方当然希望市价越便宜越好。相反,在行权的时候,因为行权价格已经固定,等于是买卖价格已经固定,买方当然会希望自己买的东西市场价格越贵越好,这样差价才大,获利才丰厚。下文对于公司高管通过控制信息披露的时间以获得有利的行权价格或股票价格,是否违反相关规定,进行简要分析:

(一) 授权之前,如果高管提早发出一个坏消息,打压公司股价,为自己获取一个有利的行权价格

是否构成内幕交易?不构成,因为高管是在信息披露之后,才获得股票期权,此时该信息已不属于内幕信息,高管符合"要么放弃,要么披露"(abstain or disclose)的规定。

是否构成操纵证券交易价格?如果公司高管提早公布一个坏消息是为了打压股价,从而创造一个有利的行权价格的话,那么就构成操纵证券交易价格。②属于利用信息优势来操纵市场价格。但是如果高管为了维护公司的声誉,例如澄清一些流言等,虽然客观上打压了公司的股价,但并非为了创造一个有利的行权价格,所以并不构成操作证券价格。关键问题就是高管的意图为何。原告以此理由起诉高管的话,需要证明其是为了自己的利益,而非公司

---

① J. Robert Brown, *Desimone*, *Spring Loaded Options and Insider Trading*, *available at* http://www.theracetothebottom. org/preemption-of-delaware-law/desimone-spring-loaded-options-and-insider-trading. html,最后访问时间:2023 年 8 月 6 日。

② 《证券法》(2019 年修订)第 55 条规定,"禁止任何人以下列手段操纵证券市场,影响或者意图影响证券交易价格或者证券交易量:(一)单独或者通过合谋,集中资金优势、持股优势或者利用信息优势联合或者连续买卖;(二)与他人串通,以事先约定的时间、价格和方式相互进行证券交易;(三)在自己实际控制的账户之间进行证券交易;(四)不以成交为目的,频繁或者大量申报并撤销申报;(五)利用虚假或者不确定的重大信息,诱导投资者进行证券交易;(六)对证券、发行人公开作出评价、预测或者投资建议,并进行反向证券交易;(七)利用在其他相关市场的活动操纵证券市场;(八)操纵证券市场的其他手段。操纵证券市场行为给投资者造成损失的,应当依法承担赔偿责任"。

利益,无疑难度很高。因为公司高管对于披露什么信息、何时披露信息等拥有太多的自由裁量权,只要在合理的范围之内,就很难证明其提早披露信息是为了获取个人利益。[①]

此外,该行为是否构成虚假陈述? 相关法律法规对信息披露的要求是真实、准确、完整、及时,不得有虚假记载、误导性陈述或者重大遗漏。如果高管披露的信息有虚假记载、误导性陈述或者重大遗漏等,当然构成证券虚假陈述。如果不存在这样的情况,提早公开信息,当然符合及时性的要求。因此,也不构成证券欺诈。值得一提的是,对于一些前瞻性、不确定的[②]坏信息,如果公司高管提早披露,最后证明这个坏消息是错误的,高管是否构成证券欺诈? 这又涉及高管意图了,其是为了维护股东利益,尽量向市场及早提供信息还是为了获取私利,此点很难证明。从美国经验来看,只有当高管知道该软消息是不真实但高管还进行披露的情况下,才构成虚假陈述。[③]如果是这样,按照《激励办法》第 20 条第 3 款的规定,高管应当返还收益。[④]

(二) 为了不提高标的股票的市场价格,以获得一个有利的行权价格,高管将一个好消息推迟至股票期权草案公布之后(或者股东会批准之后)

此种情况下,主要违反的是及时披露信息的要求。除去披露的信息有虚假记载、误导性陈述或者重大遗漏等情事,如果公司高管违反及时性披露义务的要求,构成证券欺诈。对于及时性披露义务,《上市公司信息披露办法》第 22 条第 1 款规定,"发生可能对上市公司证券及其衍生品种交易价格产生较大影响的重大事件,投资者尚未得知时,上市公司应当立即披露,说明事件的起因、

[①] 上市公司回购中,上市公司通过信息披露来人为影响股价,可能构成操纵市场,参见朱庆:《证券高可控度信息的相关法律问题——以股份回购为视角》,载《法学》2015 年第 1 期。高管控制信息披露来获得有利的行权价格,与之类似。

[②] 有学者称之为软消息,就我国而言,并没有因为软消息欺诈而发生的股东诉讼,可能的原因是举证困难,参见彭冰:《中国证券法学》(第 2 版),高等教育出版社 2007 年版,第 342—343 页。

[③] Allan Horwich, *Cleaning the Murky Safe Harbor for Forward-Looking Statements:An Inquiry into Whether Actual Knowledge of Falsity Precludes the Meaningful Cautionary Statement*, 35 J. Corp. L. 519(2010).

[④] 本款规定为,"所有激励对象应当承诺,上市公司因信息披露文件中有虚假记载、误导性陈述或者重大遗漏,导致不符合授予权益或行使权益安排的,激励对象应当自相关信息披露文件被确认存在虚假记载、误导性陈述或者重大遗漏后,将由股权激励计划所获得的全部利益返还公司"。

目前的状态和可能产生的影响"。对于何谓"立即",第 24 条明确规定,"上市公司应当在最先发生的以下任一时点,及时履行重大事件的信息披露义务:(一)董事会或者监事会就该重大事件形成决议时;(二)有关各方就该重大事件签署意向书或者协议时;(三)董事、监事或者高级管理人员知悉该重大事件发生时,在前款规定的时点之前出现下列情形之一的,上市公司应当及时披露相关事项的现状、可能影响事件进展的风险因素:(一)该重大事件难以保密;(二)该重大事件已经泄露或者市场出现传闻;(三)公司证券及其衍生品种出现异常交易情况"。但是高管仍有机会通过控制交易的进程,来实现推迟披露利好消息。例如 A 公司与 B 公司进行两公司合并谈判的事宜,马上就要签署意向书,但 A 公司高管考虑到一个星期之后将要发行股票期权,如果现在签订意向书,将会提高行权价格。所以 A 公司高管建议为了更好地获得一个合并对价,提议公司聘请独立的第三方对此合并进行评估,并提出专业意见;半个月之后,独立第三方出具报告,认为合并对价符合股东利益,就此 A 公司和 B 公司签订合并协议。显然,高管并没有违反及时信息披露的义务。

是否构成内幕交易? 如果公司高管在股权激励计划通过后才公布一个好消息以获得有利的行权价格,则可能会认为公司高管利用内幕信息以低价从公司买进了股票期权,所以构成内幕交易。当然,如果股权激励计划没有通过则不构成,因为没有进行买卖期权的交易。《激励办法》第 38 条规定了公司要自查内幕交易的情况,①但是并非针对本部分所讨论的违法行为。

是否构成操纵证券交易价格? 高管故意将有利的消息推迟至股票期权授予之后,以期获得有利的行权价格,应当认定为操纵市场价格。然而,证明主观意图显然是很困难的事情。这构成了认定此类操纵市场行为的主要困难,也构成了一些学者要求取消对操纵市场专门立法的主要理由。②

---

① 本条规定为,"上市公司应当对内幕信息知情人在股权激励计划草案公告前 6 个月内买卖本公司股票及其衍生品种的情况进行自查,说明是否存在内幕交易行为。知悉内幕信息而买卖本公司股票的,不得成为激励对象,法律、行政法规及相关司法解释规定不属于内幕交易的情形除外。泄露内幕信息而导致内幕交易发生的,不得成为激励对象"。

② 彭冰:《中国证券法学》(第 2 版),高等教育出版社 2007 年版,第 393—394 页。

（三）行权之前，提早公布一个利好消息，以期提高标的股票的市场价格，获得较大的市场价格和行权价格之间的差额

此分析与提早公布一个坏消息的思路相同。即：不构成内幕交易；可能构成操纵证券交易价格；不构成证券欺诈。

（四）将一个坏消息，推迟至行权之后公布，以期不降低标的股票的市场价格，获得较大的市场价格和行权价格之间的差额

此分析与推迟公布一个好消息的分析思路相同。即：构成内幕交易，因为这时高管有行权和不行权的自由，在知道坏消息的前提下，其选择在坏消息公布之前行使自己的期权，显然构成内幕交易；可能构成操纵证券交易价格；构成证券欺诈，主要是违反了及时性披露的要求。

综合而言，实务中，高管通过推迟披露好消息或者坏消息以期获得收益，在绝大多数情况下会违反法律的规定，所以采用这种做法来控制披露时间的法律风险也比较大，多数高管可能不会如此行为。因而，实务中最有可能出现的情况是，高管通过提早披露坏消息或好消息来获得收益。此种情况下，只有当证明高管故意希望通过提早披露坏消息或者好消息来干扰股价的自由形成（并不要求为了获得收益），[1]才构成操纵证券交易价格，但显然这非常难以举证。关于高管控制信息披露时间问题的本质，正如有学者所言："一个决定高管行为是否具有合法性的重要问题在于，公司高管对于信息的披露包括内容和时间有多少自由裁量权。答案是，非常多。"[2]这是因为高管对于公司股东负有受信义务，为了保护股东的利益，公司高管对于信息披露的内容和时间等，都有广泛的自由裁量权。此外，股东、资本市场以及监管者等都希望公司披露的信息越多越好，这样不仅有利于股东和投资者作出基于准确、完整信息之上的决策，也有利于促进资本市场的效率，所以对于高管依据诚信原则进行的预测性信息披露，法律提供了"安全港"，使其能够畅所欲言。因而，除非故意、明显地违反法律的规定，否则即使面临一些灰色地带，例如高管通过提早披露好

---

① 刘俊海：《现代证券法》，法律出版社 2011 年版，第 206 页。

② Yablon and Hill, *Timing Corporate Disclosures to Maximize Performance-Based Remuneration*, a Case of Misaligned Incentives? 35 Wake Forest L. Rev. 91(2000).

消息或者坏消息来获得不当收益，法律也并不视之违法。

二、完善建议

公司高管所获得的不当收益，其实就是公司全体股东的损失，因此为了保护公司股东的利益，有必要针对公司的具体情况，通过完善股票期权激励计划相关条款的制定，来减少高管通过提早披露坏消息或者好消息来获得不当收益。对此，如同之前提出的"遵守或解释"方法，证监会应当制定相应最佳准则要求公司遵守，但是如果公司能够提出合理的解释，例如公司已经制定内部规定，公司高管必须按照固定的时间段进行行权等，也可以不遵守这样的规定。

针对股票期权的授予时间，本书建议，可以将决定行权价格的时间延长，比如在授予日之前半年或者一年的平均价格，总之不能产生所谓的"丰收的一天"效应（"one big payday"effect）。通过延长决定行权价格的时间无疑会增加其通过发布不利消息获得收益的难度，因为如果高管试图在半年或一年之内将股价一直压低，这对高管来说充满了风险。第一，在这半年或一年内，公司业绩会很难看，可能致使其不能完成行权的条件；第二，如果高管有待行权的股票期权的话，股价压低对其来说并没有好处。

针对股票期权的行权时间，一个比较好的方法是，在行权前一段时间，比如在行权前一个月，可以要求高管将行权的意图通知公司并将之披露。[①]这样，公司董事会、证监会、股东以及媒体等都会对高管的行为进行更为严格的监督，[②]从而能够减少高管通过控制信息披露时间以获得不当收益的动机，也许这是最为有效的减少高管利用此种方法获得收益的方式了。[③]

---

① 例如《上市公司大股东、董监高减持股份的若干规定》第 8 条规定，"上市公司大股东计划通过证券交易所集中竞价交易减持股份，应当在首次卖出的 15 个交易日前预先披露减持计划。上市公司大股东减持计划的内容应当包括但不限于：拟减持股份的数量、来源、减持时间、方式、价格区间、减持原因"。

② ［美］卢西恩·伯切克、［美］杰西·弗里德：《无功受禄：审视美国高管薪酬制度》，赵立新等译，法律出版社 2009 年版，第 167 页。

③ Bebchuk and Fried，*Paying for Long-Term Performance*，158 U. Pa. L. Rev. 1949(2010).

本章提出了解决股票期权薪酬中三个代理问题的事前策略,即通过证监会制定最佳准则之类的规则,要求公司遵守;公司基于自身的实际情况也可以不遵守,但必须对外详细披露不遵守该规定的原因,以接受股东和资本市场的监督。具体而言:

对于股票期权薪酬中"意外之财"的问题,本书建议采用指数化期权。这样当市场或者行业整体表现良好的情况下,只有当公司表现超过市场或者行业平均水平,公司高管才能从股票期权薪酬中获得收益;反之,当市场或者行业整体表现不佳,但公司却能超过市场或者同行的表现时,高管也能获得收益。这样的指数化期权才能真正体现该薪酬模式的激励效果。

对于我国存在的股票期权期限较短,不能有效地结合高管和股东长期利益的问题,本书建议延长股票期权的等待期,并且高管每年行权的数量不能超过年初数量的一定比例,比如15%。同时修改法律中关于短线交易和股票限制出售的规定,豁免高管行权及之后出卖股票的行为。这样在延长股票期权期限、激励高管为股东长期利益服务的同时,也能满足高管获得流动性、分散风险的需求。

对于高管通过控制信息披露的时间,以获得有利的行权价格或市场价格,本书重点考察了高管通过在授权之前披露一个打压股价的坏消息,以获得较为有利的行权价格;以及在行权之前披露一个抬高股价的好消息,以获得较为有利的市场价格两种情况。本书建议:第一,应当将决定行权价格的参考时间延长,比如在授予日之前半年或者一年的股票的平均价格,这样能够有效减少高管试图通过打压股价来获得有利行权价格的动机;第二,高管应当提前一段时间,比如一个月向公司披露其行权计划,并将之向公众披露,在这段时间内高管的行为将受到公司董事会、股东、资本市场以及监管机构的重点关注,可以减少其通过选择提前披露利好消息来获得收益的动机。

第七章　公权力机关监督的事后策略：
法院采用"修正的商业判断规则"

第一节　引　言

在股票期权激励计划实施之后，如果发现公司薪酬委员会或者董事会的董事在股票期权激励计划制定过程有违反其"受信义务"的情况存在，那么通过股东的派生诉讼以及法院的司法审查，不仅能够使得相关董事承担相应的民事法律责任，①并且通过司法判决的说理，也能够阐明董事所应有的行为标准，为他们在事前提供适当的行为规范。因此，本章将具体讨论法院如何在事后通过司法审查来解决上市公司高管股票期权薪酬中由于民事法律责任的威慑力不足，致使公司董事不能尽职尽责，从而能够使得公司高管获得超额的股票期权薪酬。②

---

① 《公司法》(2023 年修订)第 125 条第 2 款规定，"董事应当对董事会的决议承担责任。董事会的决议违反法律、行政法规或者公司章程、股东会决议，给公司造成严重损失的，参与决议的董事对公司负赔偿责任；经证明在表决时曾表明异议并记载于会议记录的，该董事可以免除责任"。《公司法》(2023 年修订)第 180 条规定，"董事、监事、高级管理人员对公司负有忠实义务，应当采取措施避免自身利益与公司利益冲突，不得利用职权牟取不正当利益。董事、监事、高级管理人员对公司负有勤勉义务，执行职务应当为公司的最大利益尽到管理者通常应有的合理注意。公司的控股股东、实际控制人不担任公司董事但实际执行公司事务的，适用前两款规定"。

② 因为法院的司法审查需要由股东通过派生诉讼来提起，所以本章既可以视为是作为法院的公权力机关对股票期权薪酬所进行的事后监督；也可以视为是公司内部股东所进行的事后监督，即作为公司内部监督的事后策略(2)：完善股东派生诉讼制度。虽然是从两种不同的角度去解决股票期权薪酬中代理问题，但是所采用的方法却是同一的，即法院的司法审查。本章主要从司法审查的角度，来讨论如何解决股票期权薪酬中的代理问题，特此说明。

应当指出的是,制定高管的股票期权薪酬是公司内部的事务,经过了薪酬委员会的拟定、①董事会的审议②、独立董事和监事会发表意见③以及股东会的批准④等程序,除非有重大程序或者实体上的违法情况发生,严重损害了公司股东的利益,法院才能介入公司的内部治理中去,否则,"不但股民投资的公司之正常经营由于经常被法院进行所谓的审查而遭遇阻挠,而且由于法院对公司享有无上的审查权,更有可能造成法院本身的寻租行为加剧,最终又可能加剧司法的腐败"。⑤因此,"法院在管理报酬法中的作用既是间接性的,又是决定性的。间接性源于法官审判能力有限,同时也是对公司内部专业人士商业决策的尊重。在审理管理报酬的案件时法院几乎很少直接评断报酬水平的高低,而是通过董事义务履行与否间接地在法律的层面上判断参与决策管理报酬的董事是否具有可责性。法院对管理报酬的判断虽然是间接的,但又是决定性的,因为这恰恰是法院将'受信义务'加诸董事的重要实现方式"。⑥因此,如何平衡尊重董事会的权威性和保护股东的利益这两者之间的关系,实在是司法实践中面临的艰巨挑战。

我国引入股东派生诉讼制度的时间不长,法律规定比较简略,⑦司法实践

---

① 《激励办法》第33条规定,"上市公司董事会下设的薪酬与考核委员会负责拟订股权激励计划草案"。

② 《激励办法》第34条第1款,"上市公司实行股权激励,董事会应当依法对股权激励计划草案作出决议,拟作为激励对象的董事或与其存在关联关系的董事应当回避表决"。

③ 《激励办法》第35条第1款规定,"独立董事及监事会应当就股权激励计划草案是否有利于上市公司的持续发展,是否存在明显损害上市公司及全体股东利益的情形发表意见"。

④ 《激励办法》第41条规定,"股东会应当对本办法第九条规定的股权激励计划内容进行表决,并经出席会议的股东所持表决权的2/3以上通过。除上市公司董事、监事、高级管理人员、单独或合计持有上市公司5%以上股份的股东以外,其他股东的投票情况应当单独统计并予以披露。上市公司股东会审议股权激励计划时,拟为激励对象的股东或者与激励对象存在关联关系的股东,应当回避表决"。

⑤ 容颖:《论美国公司法上的商业判断规则》,载《比较法研究》2008年第2期。

⑥ 杜晶:《上市公司管理报酬法律制度的理论与现实》,载《清华法学》2009年第3期。

⑦ 《公司法》(2023年修订)第189条规定,"董事、高级管理人员有前条规定的情形的,有限责任公司的股东、股份有限公司连续一百八十日以上单独或者合计持有公司百分之一以上股份的股东,可以书面请求监事会向人民法院提起诉讼;监事有前条规定的情形的,前述股东可以书面请求董事会向人民法院提起诉讼。监事会或者董事会收到前款规定的股东书面请求后拒绝提起诉讼,或者自收到请求之日起三十日内未提起诉讼,或者情况紧急、不立即提起诉讼将会使公司利益受到难以弥补的损害的,前款规定的股东有权为公司利益以自己的名义直接向人民法院提起诉讼。他人侵犯公司合法权益,给公司造成损失的,本条第一款规定的股东可以依照前两款的规定向人民法院提起诉讼。(转下页)

也极度匮乏,仅有一起上市公司股东起诉高管的案件,[①]其余皆发生在有限责任公司中。现实的结果并没实现制定股东派生诉讼的立法目的。[②]公司股东因为高管股票期权薪酬中所产生的问题而起诉董事的案例,更是闻所未闻。因此,本章将重点介绍和分析美国的相关司法实践与理论学说,以期能对我国将来的司法实践起到借鉴作用。事实上,对于法院在监督公司高管薪酬方面的作用,多数美国学者也持比较消极的态度。伯切克和弗里德教授坦言:"我们认为司法干预不能解决高管的薪酬问题。法院没有足够的人力去判断薪酬包和薪酬政策是否令人满意。为了更好地理解当前的薪酬问题,我们必须了解法院在这个问题上,事实上是采取尽量避免参与薪酬安排的设计的态度。"[③]因此,"只要董事会的决定满足了一定的程序要求,法院就不再对董事会的决定做实质性审查"。[④]本书认为,鉴于我国薪酬委员会中独立董事的作用无法有效发挥、不少高管同时兼任董事会成员、公司控股股东可能会联合高管侵害中小股东的利益等情况存在,相比于美国法院的做法,我国法院应当更为积极一些,尤其是对于股票期权激励计划制定的整个过程进行更为全面和严格的司法审查,笔者称之为"修正的商业判断规则"。在督促董事认真履行职责、防止利益冲突发生的同时,也能更为有效地保护中小股东的利益。

(接上页)公司全资子公司的董事、监事、高级管理人员有前条规定情形,或者他人侵犯公司全资子公司合法权益造成损失的,有限责任公司的股东、股份有限公司连续一百八十日以上单独或者合计持有公司百分之一以上股份的股东,可以依照前三款规定书面请求全资子公司的监事会、董事会向人民法院提起诉讼或者以自己的名义直接向人民法院提起诉讼"。

① 司法实践中,媒体公开报道的上市公司股东派生诉讼案例仅为1例,即"ST三联中小股东诉三联集团侵犯ST三联商标专用权纠纷案"。"2009年12月11日,山东省高院受理了78名ST三联中小股东诉三联集团侵犯ST三联商标专用权纠纷一案的立案,标的额高达5000万元。该案系《公司法》修订并明确股东代表诉讼制度后,中国资本市场中涉及上市公司的首次司法实践,授权起诉的中小股东所持股份占总股本1.56%。2011年6月24日,济南中院就ST三联与三联集团的'三联'商标纠纷案作出一审判决,驳回公司关于三联集团停止将商标转让给第三方,并将商标无偿转让给公司的诉讼请求。"参见文雨:《十年维权路漫漫,投资者权益保护稳步前行》,载《证券时报》2011年12月24日。

② 黄辉:《中国股东派生诉讼制度:实证研究及完善建议》,载《人大法律评论》2014年第1辑。

③ 〔美〕卢西恩·伯切克、〔美〕杰西·弗里德:《无功受禄:审视美国高管薪酬制度》,赵立新等译,法律出版社2009年版,第39页。

④ 同上书,第40页。

第二节　美国司法判断规则的介绍

一、美国股东派生诉讼简述

与我国的法规规定基本相同,美国上市公司高管的股权性薪酬计划(equity compensation plan,包括股票期权激励计划)需要经过股东会的批准。[①]从2003年6月30日起所有在纽约证券交易所和纳斯达克证券交易市场上市的公司都需要将其股权性薪酬计划交由股东会表决,如果对该计划进行实质性修改,也需要股东会的表决。[②]该规定的目的是加强对于股东权利的保护,以免股权性薪酬计划稀释公司现有股东的权利。[③]

由于股票期权占据了高管薪酬的半壁江山,[④]所以股东对于公司高管薪酬的不满,往往也会表现在对于股票期权薪酬的不满之上。如果股东对公司高管的股票期权薪酬不满,例如股东认为制定该薪酬的董事违反了其受信义务或者浪费了公司财产,则可以提起股东派生诉讼,但需要满足前置程序的要求。[⑤]股东在提起派生诉讼之前,必须要求公司董事会以公司的名义对可能违反义务的董事提起诉讼;在董事会明确拒绝或者股东有足够的理由认为向董事会提出该要求没有作用时,才可以提起派生诉讼。[⑥]此时,多数公司会设立一

---

① 详细情况的介绍,可参见 Andrew C. W. Lund, *What Was the Question? The NYSE and Nasdaq's Curious Listing Standards Requiring Shareholder Approval of Equity-Compensation Plans*, 39 Conn. L. Rev. 119 (2006)。

② 一些例外的情形包括:该计划是为了吸引新的员工或者该计划是向所有股东发售的认购权证,具体参见 Release No.34-48108; File Nos. SR-NYSE-2002-46 and SR-NASD-2002-140, *available at* http://www.sec.gov/rules/sro/34-48108.htm,最后访问时间:2023年8月6日。

③ Henry A. Hernandez, *Final NYSE and NASDAQ Rules on Shareholder Approval of Equity Compensation Plans*, 1 (2003), *available at* http://www.pillsburylaw.com/siteFiles/Publications/EBA3BB04-BE4A10ED3531C9713752D0BC.pdf,最后访问时间:2023年8月6日。

④ Richard A. Booth, *Why Stock Options Are The Best Form of Executive Compensation (And How To Make Them Even Better)*, 6 N. Y. J. L. & Bus. 281, 282 (2010)。

⑤ Chancery Rule 23.1 Derivative actions by shareholders.其他要求包括:持股比例、持股期限以及诉讼担保等。

⑥ Eric L. Johnson, Note: *Waste Not, Want Not: an Analysis of Stock Option Plans, Executive Compensation, and the Proper Standard of Waste*, 26 J. Corp. L. 145, 152 (2000).

个由无利害关系董事(disinterested directors)或者外部专家组成的特别诉讼委员会(special litigation committee)来核查该派生诉讼是否对公司有利。如果该委员会发现诉讼不利于公司,则会请求法院驳回原告的诉讼。①法院则根据商业判断规则来审查特别诉讼委员会的结论。②

如果最终原告可以进行派生诉讼,这时法院该如何审理此类案件? 尤其是当期权激励计划已经由股东会批准时,法院会赋予该批准何种法律效果,也是实务界和学术界讨论的重点。

二、股东会对股票期权激励计划批准的法律效果

美国公司法将股东会批准分为 Approval 和 Ratification。前者是法律规定必须由股东会批准的情形,如选举董事、③修改公司章程、④公司合并⑤以及公司解散;⑥后者是指公司董事会主动提交股东会表决的情形,主要包括董事、高管或者控股股东与公司之间交易等利益冲突的情形,⑦但是两者在信息披露、表决程序等方面并无实质差异。

美国学者多在利益冲突交易项下,讨论股东会批准的法律效果。由于董事和高管对公司负有忠实义务(duty of loyalty),必须将公司利益置于自己利益之上。如果与公司发生交易行为,则很难保证他们会以公司利益最大化行事,所以为了确保和公司之间的交易行为有效,该交易须:披露并且由大部分无利害关系董事批准或者由无利害关系董事组成的委员会批准;披露并且由大部分股东批准;或者由利害关系方证明该交易是公平的,⑧包括实质和程序上的公平。如果该利益冲突交易得到股东会的批准,按照 Brudney 教授的观

---

① [美]卢西恩·伯切克、[美]杰西·弗里德:《无功受禄:审视美国高管薪酬制度》,赵立新等译,法律出版社 2009 年版,第 41 页。
② 关于美国特别诉讼委员会的介绍,参见蔡元庆:《股东代表诉讼中公司的地位和作用:以美国特别诉讼委员会制度为中心》,载《中外法学》2006 年第 4 期。
③ 《特拉华州普通公司法》(以下简称《普通公司法》)第 211 条。
④ 《普通公司法》第 242 条。
⑤ 《普通公司法》第 251—258、263 条。
⑥ 《普通公司法》第 275 条。
⑦⑧ 《普通公司法》第 144 条。

点,可能会有四种法律效果:完全排除法院的司法审查;将该交易视为一种公平交易,用合同法的有关原理来审查;法院用比公平原则更为宽松的标准(对被告来说)来审查该交易;法院依然要求该交易在实质上的公平性,但是将审查重点放在程序的公平性上。①还有学者认为,根据不同的诉讼情况,股东会批准的效果可能是排除法院审查、举证责任转换、商业判断规则的保护,甚至没什么效果。②从大多数案件的审理过程来看,完全排除法院的司法审查既不利于保护股东利益,也不符合公共政策,基本上不被认可。③对于股票股权薪酬而言,因为它是由独立董事组成的薪酬委员会制定的,并非利益冲突交易,股东会批准的效果只是使其通过或者不通过,并不像批准典型冲突的交易那样,存在多种可能性。因此,法院将薪酬委员会制定的股票期权薪酬如同一般的商业决策一样对待,不会特别地减轻董事的义务。对此,有学者直言不讳地说道:"通过将股票期权计划交由独立董事决定和经股东会的批准,并且保证该计划能够使公司获得高管所提供的服务。此外,通过分期授权等防范措施,股票期权计划能够几乎完全免除股东的派生诉讼。"④

（一）股东起诉董事违反注意义务:商业判断规则的采用

美国上市公司高管的股票期权薪酬由独立董事组成的薪酬委员会在薪酬顾问的协助下制定,并交由股东会表决。独立董事在制定股票期权薪酬的时候,应当尽到合理的注意义务,如同普通谨慎人在相似的情况下所应尽到的义务那样,⑤比如与薪酬顾问分析、研究公司的薪酬结构,收集本行业高管的股票期权薪酬信息,确定股票期权计划的目的和激励对象,核实股票股权激励计划的可行性以及了解对公司和股东的影响等。即使事后股东会通过该薪酬计

---

① Victor Brudney, *Revisiting the Import of Shareholder Consent for Corporate Fiduciary Loyalty Obligations*, 25 J. Corp. L. 209, 220(2000).

② Mary A. Jacobson, Note, *Interested Director Transactions and the (Equivocal) Effects of Shareholder Ratification*, 21 Del. J. Corp. L. 981, 984(1996).

③ Victor Brudney, *Revisiting the Import of Shareholder Consent for Corporate Fiduciary Loyalty Obligations*, 25 J. Corp. L. 221(2000).

④ Mark A. Clawson and Thomas C. Klein, *Indexed Stock Options: A Proposal for Compensation Commensurate with Performance*, 3 Stan. J. L. Bus. & Fin. 31, 38(1997).

⑤ 施天涛:《公司法论》(第三版),法律出版社 2014 年版,第 415 页。

划,也不能免除董事的此种义务。①但是如果薪酬委员会的独立董事没有尽到上述义务,甚至是由于重大过失而没有尽到上述义务,并不必然承担责任,因为美国公司法实务和理论都承认董事行为标准与法院司法审查标准(责任标准)是相分离的,②即独立董事制定股票期权薪酬的行为受到商业判断规则的保护。③

　　商业判断规则广泛地适用于公司并购、股利分配、慈善捐款以及高管薪酬等领域。④但是,正如有学者所言:"尽管有无数的案例涉及该规则,有无数的学者讨论该规则,但是对于该规则的理解依旧相当不足。"⑤通常认为该规则是一种有利于董事的假设,即"当公司的董事在作出一项商业决策时,他所依据的信息是充分的、(主观上)善意并且合理地相信该决策是符合公司的最大利益。如果没有滥用权力的情形,那么该商业决策就会得到法院的尊重。对于该决策不满的一方需要证明董事不符合该假设"。⑥按照这样的理解,所谓的规则根本不成为规则,因为它并没有规定董事该如何行为或者不该如何行为,相反它是一种法院的审查标准,法院只是非常有限度地审查董事的决策;或者,它也可以被叫做法院不审查标准(a standard of non-review),法院对于董

---

　　① 因为股东的批准具有很大的局限性,例如信息的不充分;对于股票股权激励计划只能接受或者反对,没有讨价还价的余地;股票期权激励计划的重要性又远远低于公司解散、公司合并等事项;以及集体行动中的"搭便车"行为等,使得股东会的表决对期权激励计划约束效果并不明显。甚至有学者认为要求股东会批准期权激励计划是没必要和不明智的,参见 Roshan Sonthalia, Comment: *Shareholder Voting On All Stock Option Plans*: *An Unnecessary and Unwise Proposition*, 51 UCLA L. Rev. 1203(2004);有的实证研究也表明股东会对股权薪酬计划的表决并没有实际效果,参见 Christopher S. Armstrong et al., *The Efficacy of Shareholder Voting*: *Evidence from Equity Compensation Plans*(Rock Center For Corporate Governance Working Paper Series No.112, 2012), *available at* http://papers.ssrn.com/ sol3/papers.cfm?abstract_id=2021401,最后访问时间:2023 年 8 月 6 日。

　　② Melvin Aron Eisenberg, *The Divergence of Standards of Conduct and Standards of Review in Corporate Law*, 62 Fordham L. Rev. 437(1993).

　　③ 对于商业判断规则简要的介绍,参见施天涛:《公司法论》(第三版),法律出版社 2014 年版,第417—421 页。

　　④ D. A. Jeremy Telman, *The Business Judgment Rule*, *Disclosure*, *and Executive Compensation*, 81 Tul. L. Rev. 829, 831(2007).

　　⑤ Stephen M. Bainbridge, *The Business Judgment Rule as Abstention Doctrine*, 57 Vand. L. Rev. 83, 83—84(2004).

　　⑥ *Aronson v. Lewis*, 473 A.2d 805, 812(Del. 1984).

事的决策不做实质上的审查。①但是也可以这样理解,如果董事在商业决策时,做到善意、合理地知悉与决策相关的信息;以及与该决策没有经济上的利益冲突,则法院就会尊重董事的决策,这样说来也可以认为是一种行为规则。②归根到底,它代表了法院的一种态度,即司法克制主义(abstention doctrine)。③为何法院会采取这样的保守态度,学者们提供了多种解释,④主要包括:鼓励董事进行风险性的投资,防止事后偏见(hindsight bias);⑤法院并非商业专家,不能代替董事会作出商业判断;⑥尊重公司的内部权力分配,尤其

---

① Douglas M. Branson, *The Rule That Isn't a Rule—The Business Judgment Rule*, 36 Val. U. L. Rev. 631, 635(2002).

② 我国法院认为,"董事对公司负有勤勉义务,原告对被告违反勤勉义务承担证明责任,可从以下几方面举证:1.经营判断另有所图,并非为了公司的利益;2.在经营判断的过程中,没有合理地进行信息息收集和调查分析;3.站在一个通常谨慎的董事的立场上,经营判断的内容在当时的情况下存在明显的不合理"。参见慈溪富盛化纤有限公司等诉施某平损害股东利益责任纠纷案,浙江省慈溪市人民法院(2007)慈民二初字第 519 号民事判决书。

③ Stephen M. Bainbridge, *The Business Judgment Rule as Abstention Doctrine*, 57 Vand. L. Rev. 87 (2004).

④ William T. Allen et al, *Realigning the Standard of Review of Director Due Care with Delaware Public Policy: A Critique of Van Gorkom and Its Progeny as a Standard of Review Problem*, 96 Nw. U. L. Rev. 449, 454—457(2002).

⑤ 所谓事后偏见是指"当一个失败的结果发生时,人们往往会夸大对导致该结果产生之原因的预测能力"。当董事会的决策在事后被证明是失败的,人们往往会认为这是因为董事会在事前作了一个错误的决策。但是商场变幻莫测,即使一个在事前看起来是万无一失的决策,也有可能产生失败的结果。如果因为结果是失败的即要求董事承担责任,也许没有董事会愿意冒险了,甚至也没有人愿意担任董事一职了。参见 Hal R. Arkes & Cindy A. Schipani, *Medical Malpractice v. The Business Judgment Rule: Differences in Hindsight Bias*, 73 OR. L. REV. 587(1994)。我国有法院正确地指出,"如将公司在经营活动中遭受的各种损失的赔偿责任都归于董事,则不近情理且不符合市场发展的需要。赏不可虚施,罚也不可妄加。经营环境的复杂性和董事所获取信息的间接性、有限性以及专业理性的局限性之间存在矛盾,决策风险无时不在。就算是科学的决策,一旦经营条件发生变化,就可能由科学转化为失误。这就涉及更为核心的责任标准问题,如果责任标准不明确或不科学,无异于使董事通过专业知识和勤奋履职获取的个人财产成为随时为公司损失买单的风险财产,将严重束缚和制约管理层的果断决策和创新经营,不利于公司的健康成长和市场经济的良性发展"。参见北京怡和百生科贸有限公司诉刘某曼损害公司利益责任纠纷案,北京市东城区人民法院(2011)东民初字第 00883 号民事判决书。

⑥ 有人会说,那法官也不是医生,为什么没有"医事判断规则"? 主要原因在于:第一,医生受过专业的训练,只有经过考核并合格之后,才能从事医疗工作;从理论上说,董事不需要训练也无需资格证书,普通人都能成为董事,所以法律对于医生的要求也更为严格;第二,医生在执业的时候,基本上都会按照行业内公认的执业流程来进行诊治;对于董事而言,却并无公认的决策流程。参见 Kenneth B. Davis, Jr., *Once More, the Business Judgment Rule*, 2000 Wis. L. Rev. 573, 580—582(2000)。

是董事会的职权。①商业判断规则通常被认为是程序性的规则，②只要董事会成员在制定高管期权激励薪酬时不存在重大过失的行为，即可以免责。事实上，原告股东能够以董事违反注意义务而获得胜诉的案件，就好像"是在很大的草堆中，寻找几颗很小的针一样"，③几乎不可能。

（二）股东起诉董事浪费公司财产：浪费规则的采用

除了以违反注意义务之外，股东还能以浪费公司财产为理由起诉公司董事，法院即以所谓的"浪费规则"对此进行司法审查。该规则最早在 1933 年的 *Rogers v. Hill* 案中所确立，④是指"董事会授予高管的薪酬与公司得到的回报是如此不成比例，以至于构成了公司对于高官的赠与，这就成为一种浪费公司财产的行为。该行为只有在所有股东批准的条件下才会有效"。⑤法院的判决为浪费规则确立了两个基本要件：第一，不论是董事会还是多数股东都不能以过高薪酬的形式来浪费公司的财产；第二，仅仅是薪酬的绝对数量不能表明浪费公司财产，必须辅之以其他证据，如公司的支出与公司所得之间的关系等。⑥一旦法院判决董事会的行为构成浪费公司财产，则作出该决策的董事应对股东所受到的损失承担损害赔偿责任。随后美国各级法院关于浪费规则的判决

---

① 公司高管薪酬按照法律的规定由董事会制定（即使是由股东会批准），法院应当尊重董事会的法定职权。而且董事会是由股东选举出来的，如果股东对董事会不满意，可以在董事会改选的时候，投出反对票或者提名自己中意的候选人。Stephen M. Bainbridge, *The Business Judgment Rule as Abstention Doctrine*, 57 Vand. L. Rev. 102—109(2004); Kenneth B. Davis, Jr., *Once More, the Business Judgment Rule*, 2000 Wis. L. Rev. 587—594(2000).

② Julian Velasco, *How Many Fiduciary Duties Are There in Corporate Law*? 83 S. Cal. L. Rev. 1231, 1237—1239(2010).

③ 在股东派生诉讼中，寻找公司董事因疏忽而非自我交易被追究责任的案例，无异于大海捞针。Joseph W. Bishop, Jr., *Sitting Ducks and Decoy Ducks: New Trends in the Indemnification of Corporate Directors and Officers*, 77 Yale L. J. 1078, 1099(1968).

④ 289 U.S. 582(1933).本案中美国烟草公司的股东几乎一致同意批准了授予公司主席及另外五位副主席的奖金安排，该安排规定如果公司每年的利润都超过 1910 年的利润，那么这六位公司高管每年可以获得超过部分的 10% 作为奖金。由于公司业绩突出，到了 1930 年仅付给主席的奖金就高达 842507 美元，公司小股东即提起诉讼。联邦最高法院认为，虽然股东会几乎一致地按照其最佳判断作出了一个善意的决定，但是这也不能成为公司支付如此巨额的薪酬以至于变成浪费公司财产的理由。

⑤ *Rogers v. Hill*, 289 U.S. 582(1933).

⑥ John W. Murrey, III, *Excessive Compensation In Publicly Held Corporations: Is The Doctrine of Waste Still Applicable*? 108 W. Va. L. Rev. 433(2005).

都是以该案作为分析的基础。①就特拉华州而言,在 *Kerbs v. Cal. E. Airways, Inc.*案、②*Michelson v. Duncan* 案、③以及 *Brehm v. Eisner* 案④中,州衡平法院与最高法院都重申和具体化了在 *Rogers v. Hill* 案所确立的基本要件。州衡平法院的一个总结性判决全面地阐明了法院对浪费规则的态度,"对于浪费公司财产的司法审查标准是非常完善的。粗略地讲,浪费公司财产是指用公司财产换得的对价是如此不成比例的微小以至于任何理性的人都不会同意该交易。通常的情形包括不是为了公司利益而转移公司财产或者公司完全没有得到对价。在效果上,此类的财产转移构成一种赠与。然而,如果公司得到任何实质性的对价,并且善意地认为该决定在当时的情境下是有价值的,那么就不会构成浪费,即使事后发现该交易是非常具有风险性的"。⑤事实上,只有两种方法能够使得"浪费之诉"通过驳回起诉(motion to dismiss)的环节,即举证事实表明公司没有收到任何对价;或者转移公司财产并没有实现任何公司目的。⑥

如果说商业判断规则关注的是董事会的决策过程,那么浪费规则注重的

---

① *Gallin v. Nat'l City Bank of New York*, 281 N. Y. S. 795(N. Y. Sup. Ct. 1935); *Heller v. Boylan*, 29 N. Y. S. 2d 653(N. Y. Sup. Ct. 1941).

② 90 A.2d 652(Del. 1952).原告股东认为公司授予五名董事的股票期权和利益分享计划构成浪费公司财产。法院认为因为股票期权一发行就可以行权,公司并没有获得对价,因而构成浪费;而利润分享计划则否。

③ 407 A.2d 211(Del. 1979). 公司因为股价剧烈下跌,将原来发行给员工的股票期权废止,代之以价格更低的新的期权计划。原告股东认为构成浪费公司财产。一审法院作出即席判决不支持原告的诉讼请求。

④ 746 A.2d 244(Del. 2000). "美国 Disney 公司前任总裁 Eisner 的好友 Michael Ovitz,在受聘担任 Disney 公司的总裁不到 13 个月后离职,公司按照先前雇佣合同中的约定付给他一亿四千万美元作为离职金。这引起了 Disney 公司部分股东的强烈不满,原告股东于 1997 年向特拉华衡平法院提起诉讼要求审查该项报酬。经过几番起诉和上诉之争,时隔 9 年,特拉华高等法院终于在 2006 年 6 月对这起旷日持久的案件盖棺定论,维持衡平法院于 2005 年 8 月所作出的'董事们的行为虽远非理想,但还不至于构成"恶意"或"重大失误"'的判决。"本案因为涉案公司之著名、诉讼时间之长以及争议金额之高,成为美国学者讨论高管薪酬的经典案例,参见 William. A. Klein, J. Mark Ramseyer & Stephen M. Bainbridge, *Business Associations: Cases and Materials on Agency*, *Partnerships*, *and Corporation*, Foundation Press, 2009, pp.376—391。

⑤ *Lewis v. Vogelstein*, 669 A. 2d 327(Del. Ch. 1997).

⑥ Walter A. Effross, *Corporate Governance: Principles and Practices*(New York: Aspen Publishers, 2010), p.355.

却是董事会决策的实质内容,尤其是公司的所得与支出之间的比例关系。就股票期权薪酬的制定而言,公司的支出较为明显,但什么是所得? 什么是成比例的所得? 法院也很难给出一个准确的数值,甚至是一个数值区间。①虽然有时股东以浪费公司财产提起诉讼能获得胜诉,但是获胜的概率是非常小的。②因为浪费规则要求"公司支付给高管的薪酬与其从高管处获得的对价是如此的不成比例,以至于任何有理性的人认为该交易是不能接受的",③即使是"高管同意留在公司"和"不发表反对公司的言论"④等这样的许诺也能成为合理的对价。在上市公司,股票期权薪酬等高管薪酬通常是在薪酬顾问的帮助下制定的,很难想象这样的薪酬安排会是非理性的(irrational)。正如美国著名学者 Allen 教授所言:"浪费规则是公司法上的一处遗迹,在现代社会并没有用处。"⑤

(三) 股东起诉董事违反善意义务:善意规则的采用

传统上,公司董事对公司和股东承担两种义务,一是注意义务,二是忠实义务。⑥最近有学者认为在理论和实务上,董事还须承担第三种义务,即善意义务(duty of good faith)。该义务要求公司董事即使是为了公司最佳利益行事,也需要正当地行使自己的权利,遵守法律的规定,不得采用欺诈、隐瞒等手段来实现公司最佳利益。⑦"从可归责性上看,善意义务的可受谴责性明显重于重

---

① 理由在于,"第一,我们无法准确地测量公司高管在公司中到底起多大作用;第二,即使我们知道应该支付多少薪酬给高管,我们也很难区分好的和坏的高管,更不用说在好坏两个极端之间为高管准确地定位;第三,即使我们能够在事后知道高管对公司所作的贡献,但对此我们在事前却不能确定;第四,我们不知道有多少人具备担任大型公司高管的能力;第五,我们缺乏一个基础能够准确地在公司的高管(创造财富)和公司的股东(提供财富)之间分配公司的利润"。参见 Franklin G. Snyder, *More Pieces of the CEO Compensation Puzzle*, 28 Del. J. Corp. L. 129, 144—149(2003)。

② Julian Velasco, *How Many Fiduciary Duties Are There in Corporate Law?* 83 S. Cal. L. Rev. 1256 (2010).

③ *Lewis v. Vogelstein*.

④ In re Citigroup Inc. S'holder Derivative Litig., 964 A.2d 106(Del. Ch. 2009).

⑤ 浪费规则是早已逝去的公司法时代的遗留物,在今天没有任何用处。William T. Allen et al., *Function Over Form: A Reassessment of Standards of Review in Delaware Corporation Law*, 56 Bus. Law. 1287, 1318(2001).

⑥ 施天涛:《公司法论》(第三版),法律出版社 2014 年版,第 393 页;Stephen M. Bainbridge, *Corporation Law and Economics*, Foundation Press, 2002, p.241, p.305.

⑦ Melvin A. Eisenberg, *The Duty of Good Faith in Corporate Law*, 31 DEL. J. CORP. L. 1(2006).

大过失,但又并未包括传统定义上的不忠实行为。如果按照可受谴责性的大小从重到轻进行排序,那么忠实义务居于善意义务之前,善意义务又居于注意义务之前。"①在上文提到的 Disney 公司薪酬纠纷案件中,"原告发现的证据显示,在一个小时的会议上,薪酬委员会只用了其中的一小部分时间就批准了该薪酬安排,事先并没有听取任何专家的意见或者建议,甚至也没有看一眼协议草案",②可见薪酬委员会成员不负责任到了何种地步。特拉华州最高法院认为"董事违反善意义务的情形包括:有意识地不为公司最大利益行事、明知并故意地违反现行的法律以及董事明确地知道要采用行动却不采取行动,表明了他有意地不履行自己的职责。当然还有其他的表现形式,但这三种是最为明显的"。③如果董事会在制定股票期权薪酬的时候不做调查研究,不对股票期权薪酬进行讨论,完全按照高管的意思办,使自己成为橡皮图章,那么按照法院的理解,股东或许可以起诉董事违反善意义务。当然也可以说董事在制定过程上出现重大过失,但如何界定重大过失,却是一个比较棘手的问题。

对于善意义务究竟是一项独立的义务还是忠实义务的一个要件或分支,美国实务界和理论界有较大的争议。艾森伯格教授认为善意义务是一项独立的义务,该义务要求董事主观上诚实,客观上不违反法律、商业规范以及忠于自己的职位。④有学者反对将善意义务作为一项独立义务,认为其只是忠实义务的一个分支或者一个要件。因为忠实义务不仅要求董事避免利益冲突,而且还要求其为公司最佳利益行事,其中最佳利益行事的要求就包含了善意的概念。并且在忠实义务中自然包括了不违反法律概念。一个对公司"有利"但违反法律的行为,不可能是忠实义务人的行为。⑤

① 杜晶:《上市公司管理报酬法律制度的理论与现实》,载《清华法学》2009 年第 3 期。

② 〔美〕卢西恩·伯切克、〔美〕杰西·弗里德:《无功受禄:审视美国高管薪酬制度》,赵立新等译,法律出版社 2009 年版,第 41 页。

③ 906 A.2d at 52(Del. 2006).

④ Eisenberg, *The Duty of Good Faith in Corporate Law*, 31 DEL. J. CORP. L. 22—24(2006).

⑤ Stone v. Ritter, 911 A.2d 362, 370(Del. 2006). 参见 Leo E. Strine, Jr. et al, *Loyalty's Core Demand: The Defining Role of Good Faith in Corporation Law*, 98 GEO. L. J. 629(2010)。

善意义务的兴起,除了客观上能够填补注意义务和忠实义务所不能覆盖的董事义务范围,更重要的是能够缓和董事因为受到商业判断规则的保护而不被追究法律责任的现实。[1]以董事制定股票期权薪酬为例,即使法院判定董事因为重大过失违反了其注意义务,董事也会因为有责任免除条款的存在而不承担责任;但是如果股东提出董事违反了善意义务,则董事不得免除责任。[2]然而,善意义务是否能够作为一项独立义务而存在,能否为股东提供一把利器以追究董事在股票期权薪酬制定方面的责任,在司法实践方面有相互矛盾的判决存在,在理论上也是争论颇多,其前景并不明朗。[3]

(四) 股东起诉公司和高管之间的薪酬合同显失公平:显失公平规则的采用

该理论认为公司和高管之间的薪酬合同不仅受到公司法和证券法的规范,也受到合同法的规范。[4]如此,合同法中的显失公平规则即可适用。显失公平规则主要适用于合同法的基本假设"双方同意,自由协商"不存在的场合,尤其是当合同双方存在受信关系,如专利权取得人(与专利授予人)、消费者(与商店)以及雇员(与雇主)的场合,该规则主要是为了防止不公平的结果出现。当公司的高管实际上控制着薪酬合同的制定过程,董事授予高管巨额薪酬的时候,股东就需要显失公平规则的保护。但是按照本书的看法,显失公平规则与浪费规则并无本质上的区别,都存在适用场合极少、所得与所失极其不成比例以及在制定过程中不存在真正意义上的讨价还价等情形。有学者指出,"公司高管和他们的支持者强调,薪酬或奖金问题是合同问题,是公司与公司高管之间自由签订的合同。高管与公司之间确有合同,而且通常是经过董事会批准的合同。不管合同是否合理,各国法院通常都不愿轻易判其无效。只要合

---

① Jennifer S. Martin, *The House of Mouse and Beyond*: *Assessing the SEC's Efforts to Regulate Executive Compensation*, 32 DJCL 481, 495(2007).

② 《普通公司法》第102(b)7条。上市公司可以通过公司细则来免除董事因为违反注意义务而需承担的责任,但不能免除董事非善意的行为(not in good faith)。

③ Andrew S. Gold, *The New Concept of Loyalty in Corporate Law*, 43 U. C. Davis L. Rev. 457 (2009).

④ Lawrence A. Cunningham, *A New Legal Theory to Test Executive Pay*: *Contractual Unconscionability*, 96 IOWA L. R., 1177, 1211(2011).

同是由当事方自愿签订的,通常都会得到法院的支持。合同当事方很难证明当初是因受到胁迫而签订合同。如果合同显失公平,法院也可能认定合同无效。但在美国,显失公平的原则通常只适用于商业买卖合同,并不适用于薪酬合同"。①

第三节　我国司法实践应对美国经验的借鉴

美国法院对股票期权薪酬等上市公司高管薪酬诉讼的司法审查标准,可以给我国的司法实践提供非常宝贵的借鉴经验,本书认为:

一、不采用"浪费规则"和"显失公平规则"

本书认为美国法上的"浪费规则"和"显失公平规则"这两种司法审查方法,对于我国法院在审查股票期权薪酬时并无重要的参考价值。理由在于,就前者而言,一是《激励办法》明确规定了行权的时间、行权的条件以及行权的价格等事项,公司已经获得了实质性的对价;二是在现实的商业环境中,很难想象董事会最后制定的股票期权薪酬会是非理性的。"'浪费规则'一般是当原告未能推翻商业判断规则之时实行举证责任倒置,由原告股东证明该报酬合同严重偏向经理人一方,以至于任何拥有合理、理性判断的商业人士都不会认为公司能从该交易中得到足够的对价。这样一个举证责任对原告来说是繁重的,特别是对信息不充分的外部股东来说尤其如此。"②就后者而言,我国民法中的显失公平是指一方在从事某种民事行为时因情况紧迫或缺乏经验而从事了明显对自己有重大不利的行为。显失公平的构成要件应包括两个方面:一是客观要件,即客观上当事人之间的利益不平衡;二是主观要件,即一方故意利用其优势或另一方的轻率、无经验等从事了显失公平的行为。③这样的构成要件,在董事会制定股票期权薪酬、股东会绝对多数表决通过,并且财务顾问

---

① 朱伟一:《高管薪酬问题的美国经验》,载《决策探索》2009 年第 5 期。

② 杜晶:《上市公司管理报酬法律制度的理论与现实》,载《清华法学》2009 年第 3 期。

③ 王利明:《民法总则研究》,中国人民大学出版社 2003 年版,第 587—588 页。

和律师发表专业意见的情形下，显然不可能满足。

二、暂不采用善意规则

有学者正确地指出："善意义务提出的意义就在于表明司法机关已经注意到了董事和管理层（或者控股股东和管理层）之间的关系并不只有或完全独立或利益勾结/非黑即白的两种情况，常常还会有一种暧昧关系。在这种关系中，管理层通常可能并没有违反法律规定的传统忠实义务内容，对于决策事项无明显的利益冲突关系；而且注意义务也不具可适用性，因为董事们可能对所决议事项并没有漠不关心、疏于注意，相反，其履行了一定的决策程序。但是一旦将他们与经理人的密切关系考虑进去，决策的结果就不免沦为一种事实上的对责任和义务的放弃。这种灰色地带的情形与经理人权力现象是相通的。经理人权力的理论基点之一就是经理人在事实上拥有选举董事、影响董事薪酬的权力，使得董事在决定经理人报酬时毫无底气以至妥协。"①本书认为善意规则却有其可取之处，尤其是对于阐明介于注意义务和忠实义务之间的模糊地带，将司法审查的标准更加细化，解决实务中棘手的案件具有相当大的助益。然而，对于善意规则的本质为何？其具体适用的范围为何？美国学者之间存在着相当大的争议，司法判例也存在摇摆不定的情况，贸然借鉴一个不成熟的制度，本书以为并不可取。另外，我国《公司法》仅仅规定了董事的注意义务和忠实义务，并没有规定董事的善意义务，所以如果法院采用善意规则，也缺乏实在法上的依据和请求权的基础。

三、采用修正的商业判断规则

（一）尊重董事会权威，但减少股东派生诉讼的费用

"公司自主经营、自己管理是公司治理的基本特征。不同企业的经营管理应当具有不同的模式。任何强行的、划一的、机械的法律预设均将构成对企业自主经营管理的束缚，并可能导致企业丧失其应有的竞争力，最终将会被市场

①　杜晶：《上市公司管理报酬法律制度的理论与现实》，载《清华法学》2009 年第 3 期。

淘汰。因此,公司法的任务就是如何最大限度地将这种自由治理主义反映到公司法的制度安排中去,同时将公司治理中的干预主义和强制主义减少到最低限度。"①《公司法》和《激励办法》明确规定了股票期权薪酬由董事会制定和股东会表决,那么法院就应当尊重这样的制度安排。如果少数异议股东能够轻易地质疑董事会和股东会的决定并且法院也积极地去干涉公司内部的自治,不仅《公司法》和《激励办法》的立法目标不能实现,而且也动摇了公司制度的基础即资本多数决和集中管理制度。②借鉴美国在司法实践中形成的商业判断规则,无疑是公司经营世界独立与司法审查的适度介入的平衡。③

虽然,《公司法》(2023 年修订)第 180 条规定,"董事、监事、高级管理人员对公司负有忠实义务,应当采取措施避免自身利益与公司利益冲突,不得利用职权牟取不正当利益。董事、监事、高级管理人员对公司负有勤勉义务,执行职务应当为公司的最大利益尽到管理者通常应有的合理注意。公司的控股股东、实际控制人不担任公司董事但实际执行公司事务的,适用前两款规定"。《激励办法》第 3 条第 2 款也规定,"上市公司的董事、监事和高级管理人员在实行股权激励中应当诚实守信,勤勉尽责,维护公司和全体股东的利益"。但是对于勤勉义务(注意义务)的具体内容缺乏规定,并且缺乏在司法上可执行的检测标准,这将在司法实践中带来执行上的困难。较为现实的做法就是通过最高人民法院的司法解释来设定。在我国法律体系中,司法解释具有一种特殊的功能,虽然不是立法,但又能够解释立法甚至在一定程度上补充立法。④具体而言,我国的司法解释可采用美国法上的商业判断规则,对于股东起诉董

① 施天涛:《公司法的自由主义及其法律政策——兼论我国公司法的修改》,载《环球法律评论》2005 年第 1 期。
② 当然,法院谨慎对待此类诉讼并不意味着法院就不保护少数股东的利益,只是这种保护需要有限度,所以法律既是一门科学,也是一门艺术。在什么样的情况下,需要法院介入公司的内部治理以保护公司和少数股东的利益,并无泾渭分明的标准,这需要高超的司法智慧和司法技巧。商业判断规则就是法律科学性和艺术性的绝佳体现。
③ 刘迎霜:《股东对董事诉讼中的商业判断规则》,载《法学》2009 年第 5 期。我国《公司法》(2023 年修订)第 189 条对于股东派生诉讼的前置程序,例如股东资格、穷尽内部救济等规定,也体现了公司法对于公司内部自治的尊重。
④ 朱羿锟:《董事问责:制度结构与效率》,法律出版社 2012 年版,第 107 页。

事在制定股票期权薪酬时违反注意义务的案件，法院可以假设董事：①与其所进行的商业决策事项不存在利害关系；对所进行的商业决策是了解的，并合理地相信在该种情况下是适当的；理性地相信其商业决策符合公司的最佳利益。股东只有提供证明力相当高的证据以表明董事违反了上述三个假设中的任何一个，法院才可以受理股东的诉讼。因此有学者认为，"有了这样的推定，证明责任就转移给原告股东。股东要追究董事的责任就得三思而后行，不至于动辄就起诉，从而维护了董事会权威，排除股东的不当干预"。②如果股东不能证明，法院可以直接按照《民事诉讼法》的规定，裁定不予受理。

但是鉴于上市公司股东派生诉讼案件在我国实务中的匮乏，不能起到其应有的效果，有违当初立法的本意。在尊重公司董事会权威的同时，似乎应当放宽股东提起派生诉讼时的前置程序，尤其是应当参考日本的做法，降低股东派生诉讼的费用，将其不作为财产性案件来对待，③以起到监督董事的作用。日本前田庸教授对此的评价是，"代表诉讼属于股东代替公司追究董事等对公司责任的诉讼请求制度，即便该请求得到认可，其结果直接与公司有关，并不波及股东，股东因此所获利益只不过是通过公司而间接受益而已，所以在事实上无法计算这种利益。另外，这种情况下的申请手续费如果要根据请求金额计算，那就不可否认在事实上由股东提起代表诉讼非常困难。应当说让代表诉讼容易提起，对防止董事等的违法业务执行非常有效"。④降低诉讼费用的效果也非常明显，在1993年日本《商法》将股东派生诉讼费用修改为8200日元以后，"从那时起股东代表诉讼的数量激增"。⑤另外，对于胜诉股东也应当明确公司对其补偿。⑥

---

① 施天涛：《公司法论》（第三版），法律出版社2014年版，第417—419页。

② 朱羿锟：《董事问责：制度结构与效率》，法律出版社2012年版，第107页。

③ 股东派生诉讼费用为13000日元，约合人民币1000元。

④ ［日］前田庸：《公司法入门》（第十二版），王作全译，北京大学出版社2012年版，第336页。

⑤ ［日］落合诚一：《公司法概说》，西村朝日律师事务所西村高等法务研究所监译，申昌国总校，法律出版社2011年版，第147页；［日］森田章：《公开公司法论》，黄晓林编译，中国政法大学出版社2012年版，第201页。

⑥ 对此，《关于适用〈中华人民共和国公司法〉若干问题的规定（四）》第26条规定股东的"诉讼请求部分或者全部得到人民法院支持的，公司应当承担股东因参加诉讼支付的合理费用"。

(二) 采用修正的商业判断规则

与美国法院的司法审查方法一样,本书认为法院审查重点应该是股票期权薪酬的制定程序,尽量避免审查该薪酬的实质内容,如股票期权薪酬是否过多、行权条件是否过于宽松以及行权期限是否过短等。①诚如有学者所言,"公司所确定的经营者薪酬何以取得公信力? 笔者认为,程序公正便具有决定性意义,因为程序的实质就是管理和决定的非人情化,其一切布置都是为了限制恣意、专断和过度的裁量。人们对薪酬的知觉比实际结果更看重,在分配结果不公平时,只有在程序不公平的情形下才会产生不满意感。可见,要让人们尤其是股东和职工认同经营者的高薪,程序公正无疑至关重要"。②但是考虑到我国上市公司治理的特殊情况,例如薪酬委员会中独立董事的作用无法有效发挥、公司高管同时兼任公司的董事以及公司控股股东可能会联合高管侵害中小股东利益等情况,法院在借鉴商业判断规则时,也不能完全照搬美国的做法,将董事的问责标准规定为重大过失,③这显然不符合我国的现实情况,在实在法上也找不出依据。④因此,本书认为公司董事会在制定股票期权薪酬时,应尽到善良管理人的注意义务,如果其没有尽到一般情况下董事所应当尽到的义务,应当承担相应的民事责任,⑤本书称之为"修正的商业判断规则"。

---

① "因为不论是计量股票期权的价值,还是建立'股票期权价值与公司获得的利益之间合理联系',都是非常复杂而困难的问题。实践中,股票期权的计量问题依赖金融工程学的技术手段已经大体得到解决,诺贝尔经济学奖得主发明的 Black-Schole 公式在期权计量中广泛采用。但是在股票期权价值与公司价值增长之间搭建起因果联系几乎是一个不可能完成的任务。人们可以在'管理层的努力'之外,提出太多的因素来解释公司利润增加或者股价上涨,如利率变化、商业周期、商品价格、投资大众心理、劳资关系、资本市场的有效与无效,等等。当然,任何一个因素的独立影响恐怕都难以确定。"参见刘燕:《股票期权的法律与会计约束——伊利事件的启示》,载《北京大学学报(哲学社会科学版)》2008 年第 6 期。

② 朱羿锟:《经营者薪酬:正当性危机与程序控制》,载《法学论坛》2004 年第 6 期。

③ 朱羿锟教授就建议,"就问责标准而言,该司法解释应确立重大过失标准,既尊重董事经营决策,又可以有效地对轻率决策、武断决策等不负责任的决策进行问责。这样,虽然不能确保董事做出理想的决策,至少可以确保避免做出最糟糕的决策"。朱羿锟:《董事问责:制度结构与效率》,法律出版社 2012 年版,第 107 页。

④ 《民法典》第 506 条规定,"合同中的下列免责条款无效……(二)因故意或者重大过失造成对方财产损失的……"。对于董事因重大过失而造成公司损失的赔偿责任,除非事后得到股东会的豁免,否则即使董事和公司在事前约定排除董事的重大过失责任,该约定也因违反合同法的规定而无效。同理,法院也不能直接推定即使董事存在重大过失的情形,该董事也无需承担民事赔偿责任。

⑤ 施天涛:《公司法论》(第三版),法律出版社 2014 年版,第 420 页。

　　具体而言，法院应当审查：薪酬委员会和董事会的成员在拟定和审议股票期权激励计划的时候，是否获取了与该计划相关的信息、是否了解该薪酬的目的和对公司的影响以及是否考虑了激励对象获得期权数量与其对公司业绩的贡献之间的关系等。①如果公司聘请了薪酬顾问帮助制定股票期权薪酬，则法院的审查内容可以减少一些。因为聘请薪酬顾问帮助制定期权激励薪酬已表明薪酬委员会和董事会的董事在制定该薪酬时尽到了应有的注意义务，并没有玩忽职守，漠视股东利益。但是如果有证据清楚地表明薪酬顾问完全没有独立性，仅仅是高管的橡皮图章，则法院仍需审查这些董事是否尽到了前面所提到的那些义务。当然，这些证据都需要原告与被告双方提供，法院并无义务通过职权调查。必要的时候，法院可以按照原告的请求，要求公司提供薪酬委员会和董事会的会议记录。②对此，有学者指出，"如果董事会没有文字记录证明他们有过哪怕是极其有限的慎重和认真态度，法院才有可能愿意审理针对董事的诉讼。然而，只要薪酬委员会获得相关的资料并花时间来研究，那么就没有任何迹象显示，法院将会放弃长期以来对限制董事薪酬制定权的消极态度"。③另外，股东会的表决通过并不能成为董事减轻自己义务的借口。此外，本书认为法院对于独立董事的独立性也应当加强审查。具体而言，法院应当审查：独立董事除了不具有《上市公司独立董事管理办法》所规定的不视为具有独立性的情形之外，是否还具有其他可能影响其独立判断的情形存在，如交叉董事、董事与高管之间具有商业上的往来以及董事与高管之间非经济上的往来关系，如同学、姻亲关系等，因为这些关系的存在很有可能会影响独立董事的独立判断。

　　公司股东通过股东派生诉讼，事后来监督公司董事在制定股票期权薪酬

---

　　①　施天涛：《公司法论》（第三版），法律出版社 2014 年版，第 418 页。
　　②　对股东而言，这样的要求促使其积极地行使《公司法》所规定的股东查阅权；对于公司而言，这样的要求促使其依法、妥善地保管股东会、董事会以及监事会的会议记录，有利于公司会议制度的不断正规化。
　　③　［美］卢西恩·伯切克、［美］杰西·弗里德：《无功受禄：审视美国高管薪酬制度》，赵立新等译，法律出版社 2009 年版，第 41 页。

时是否履行了其"受信义务",虽然并不是最有效的监督方式,但是毕竟在民事责任的影响下,董事或多或少地会谨慎一些。哪怕仅仅是成为被告,对于注重声誉的董事来说,也是件难堪的事情,可能会影响其未来的职业发展。尤其是对独立董事来说,良好的声誉是其立足的根本,一旦成为被告,显然对于自己的本职以及独立董事职务来说,都会产生巨大的负面效果。因此,一定程度上,股东派生诉讼可以督促公司董事更加积极主动、尽职尽责地履行自己的义务。但是本书也一再强调法院应该尊重公司的内部治理,尤其是董事会的权威性,如果法院能够轻易地否决董事会的决议,那么最终的受害者无疑将是公司股东。如何平衡两者的关系,确实是一件棘手的任务。

本章在介绍了美国法院四种审查股东派生诉讼的方法,即商业判断规则、浪费规则、善意规则以及显失公平规则之后,认为我国法院应当在尊重董事会的权威性、采用商业判断规则的同时,基于我国的现实国情,对这一规则进行适度修正,即提高董事在制定股票期权薪酬过程中的问责标准,如果其没有尽到一般情况下董事所应当尽到的义务,应当承担相应的民事责任,本书称之为"修正的商业判断规则"。同时,应该借鉴日本的做法,减少股东派生诉讼的费用,以更好地实现立法目的。

第八章　全书总结

　　股票期权(stock option)是指上市公司给予权利人在未来一定期限内以预先确定的价格(行权价格,strike price)或者条件购买本公司一定数量股份的权利。[1]股票期权的权利人有权利但没有义务购买该股票。在行权价格已经确定的情况下,公司股票的价格越高,则权利人的获利也就越多。因此,通过授予公司高管股票期权薪酬,能够激励高管为实现股东价值最大化这一公司法的根本目标而勤勉工作、勇于创新,有效地减少了由于所有权和经营权相分离而产生的代理问题。因为绝大多数公司高管具有"风险规避"的倾向,给予公司高管股票期权薪酬能够促使其进行最优的风险决策,从而增加股东利益。此外,对于新兴产业的公司来讲,其缺少现金,不能给予高管丰厚的现金薪酬,所以股票期权薪酬作为现金薪酬的最佳替代品,能够留住和吸引公司所急需的高级管理人才,美国"硅谷"的成功即有赖于此。对于股权集中型的上市公司而言,由于股票期权薪酬的激励作用,其不仅是保护中小股东的利器,对于控股股东来说,股票期权薪酬也具有一定的正面价值。在实证研究上,国内外的学者都肯定了股票期权薪酬对于股东利益的正面价值。如果运用得当,股票期权薪酬能够成为实现股东和高管双赢的有效工具。

　　然而,上市公司高管的股票期权薪酬并非包治百病的灵丹妙药,其自身也同样会产生代理问题。本书指出了股票期权薪酬所具有的四个"普遍性和现

---

　　[1]　《激励办法》第28条规定,"本办法所称股票期权是指上市公司授予激励对象在未来一定期限内以预先确定的条件购买本公司一定数量股份的权利"。

实性"的代理问题：一是"高管权力"的存在可能会使其获得超额薪酬；二是股票期权薪酬可能会诱使高管从事财务违法行为来实现行权的条件或者人为地抬高公司的股价，在获得私利的同时，损害了公司股东的利益；三是股票期权薪酬为高管提供了追求短期利益的负面激励；四是固定的行权价格可能会使得高管获得"意外之财"。

对此，本书的建议是：首先，应当加强薪酬委员会的作用，包括赋予薪酬委员会决定高管薪酬的权力、决定是否追回高管薪酬的权力以及对于薪酬顾问的聘任、支薪、监督以及解任的权力等；其次，增强薪酬委员会中独立董事的作用，包括支付股权性薪酬、聘请独立的薪酬顾问、完善股票期权薪酬的信息披露以及法院采用修正的商业判断规则等，促使其勤勉尽职地工作；再次，对于制定薪酬顾问的独立性标准，并禁止不具有独立性的薪酬顾问向公司提供服务；此外，应当完善薪酬顾问的民事责任制度；最后，证监会应有限地监管股票期权计划的具体内容。具体做法是，证监会通过制定"遵守或者解释"的规则，要求公司遵守某些规则，以减少股票期权薪酬中的代理问题，例如"意外之财"、高管追求短期利益以及控制信息披露的时间等；如果公司不遵守这样的规则，其必须充分地解释这样做的原因并对外披露。

第一节　本书结论

在第二章，本书指出了"高管权力"的三方面来源，即高管在公司中的强势地位、薪酬委员会的有限权力以及独立董事制度本身的缺陷等。本章主要针对两个问题，即：薪酬委员会有名无实和独立董事的薪酬结构激励不足，提出本书的完善建议。本书建议应当由薪酬委员会全权负责公司高管的股票期权薪酬制定，而非像《激励办法》所规定的那样，仅起到咨询建议的作用。此外，除了给予独立董事适当的现金薪酬之外，还应给予其一定的股权性薪酬，将其个人利益与股东的利益紧密地联系在一起。另外，由于薪酬委员会的召集人在委员会中起着相对关键的作用，可以考虑对其适当地增加薪酬。

在第三章，本书提出了高管股票期权薪酬信息披露制度中存在的若干问题,比如语言晦涩难懂、制定股票期权薪酬的程序缺乏透明性、缺少全面的关于股票期权薪酬出台背景以及目标等的信息、缺乏股票期权薪酬与公司业绩之间关系图以及没有公司业绩与市场或者行业业绩的比较图等,这使得股东和公众难以理解和监督高管股票期权薪酬,减少了声誉机制对于董事,尤其是薪酬委员会中独立董事的约束力。因此,在借鉴美国先进的法律规定和实务经验的基础上,本书的完善建议是:首先在形式上强调信息披露的易懂性,包括多使用日常用语和多使用图表等;其次,在决策程序上,公司需要披露薪酬委员会和董事会开会讨论的情况,重点在于利益冲突的有效防止;再次,在具体内容上,应当全面披露股票期权薪酬的有关情况,尤其是公司制定股票期权薪酬的宏观政策方面的考虑以及股票期权薪酬对股东长期利益的风险等;最后,应当以图表的形式,披露股票期权薪酬与公司业绩的关系以及公司业绩与市场或行业业绩的比较等。披露此类信息,不仅能够告诉中小股东和社会公众,公司实施股票期权薪酬的目标和效果以及是否能够服务于公司股东的长期利益;而且还能够增加声誉机制对董事会成员,尤其是薪酬委员会中独立董事的约束力,从而使得高管薪酬真实地反映其对公司业绩的贡献,杜绝"无功受禄"的现象发生。

在第四章,本书提出了股票期权的负面激励:为了获得高额薪酬,高管不惜通过公司财务上的违法行为,例如虚假陈述、重大遗漏等,来实现获得(或者行使)股票期权薪酬所需满足的条件或者虚假地抬高公司的股价,为了遏制此种现象,高管股票期权薪酬追回制度应运而生。具体地说,该制度是指高管从公司获得股票期权薪酬之后(不论是在授予之后,还是在行权之后),如果证实高管获得该薪酬所依据的条件并不成就(授权条件不成就、行权条件不成就或者股票价格被人为抬高等),则上市公司有权向对此负有责任的高管追回该薪酬。该制度能够有效遏制公司高管通过财务违法行为来获得高额薪酬的动机、防止高管不当得利的情况发生,并鼓励高管为股东的长期利益服务。本章介绍和比较了美国三部联邦法律对于高管薪酬追回制度的相关规定,充分肯定了薪酬追回制度的正面效果。对于股票期权薪酬追回制度中的四个具体问题:薪酬追回的触发事件、被追回高管的范围、被追回薪酬的种类和数量以及行使追回权的主体,在分析和总结美国学者观点的基础上,提出了本书的观点。对于我国的高管股票期权薪酬追回制度,本书以证监会制定的《激励办法》第20条第3款的规定为基础,本书认为对于股票期权薪酬追回制度中的高管具体范围,应包括公司的非独立董事和高管,其中董事长、经理、财务负责人负主要责任。就责任承担而言,原则上,对于财务会计报告有虚假记载、误导性陈述以及重大遗漏的情况,即使公司高管没有过错也应承担责任,因而其也应该向公司返还该薪酬。但是如果高管能举证表明自己已经尽到勤勉尽责义务,则可以不用返还。在返还利益的数量上,高管所需返还的全部利益仅包括已授予但没有行权的期权和行使期权的收益,不包括转让股票所得。本书认为,公司董事会有自由裁量权决定是否追回薪酬。

在第五章,本书列举了薪酬顾问在高管薪酬方面所能起到的三种作用:第一,提供专业意见,协助公司制定高管薪酬;第二,作为沟通公司和投资者的中介;以及第三,为公司的薪酬决策提供正当性支持。后两种作用在我国表现得较为明显。但是薪酬顾问在提供服务的同时,又面临着利益冲突的问题:向公司提供多种服务以及与公司继续保持合作的愿望,会使得薪酬顾问倾向于维护高管的利益。实证研究也证实了这点。在英、美等国家,面对薪酬顾问利益冲突的问题,薪酬顾问会自我约束,包括只提供薪酬顾问服务、内部设置利益冲突隔离墙以及分拆薪酬顾问业务等。就法律规定而言,在薪酬顾问提供服务之前,法律强调的是薪酬委员会的全权以及利益冲突信息的披露;在薪酬顾问提供服务之后,学者们对现有的看门人(包括薪酬顾问)的民事责任制度并不满意,提出要使其承担无过错责任,但应采用责任上限,可以以薪酬顾问获得的服务费为基准,也可以以发行人总的赔偿额为基准。就我国而言,薪酬顾问制度刚起步不久,但面临的问题与英、美国家相同,主要是如何解决薪酬顾问利益冲突的问题。本书建议,应当赋予薪酬委员会全权,使其全面负责薪酬顾问的聘任、支薪、监督和解聘工作,并且禁止有利益冲突的薪酬顾问向公司提供发表独立意见的服务。此外,就民事责任而言,实务中并没有针对薪酬顾问的诉讼发生,应当根据虚假陈述司法解释的相关规定来追究薪酬顾问的民事责任。

在第六章,本书讨论了证监会在解决股票期权薪酬中的代理问题的作用。证监会通过制定"遵守或解释"规则来解决股票期权薪酬中的某些具体的代理问题,例如"意外之财"、高管追求短期利益以及控制信息披露的时间等,相比于公司自己解决,显得更有效率。具体而言:证监会应当要求所有上市公司都遵守其所制定的规则;然而,公司基于自身的实际情况也可以不遵守;但是,其必须对外详细地披露并充分解释不遵守该规定的原因,以接受股东的监督。对于股票期权薪酬中"意外之财"的问题,本书建议采用指数化期权。当市场或者行业整体表现良好的情况下,只有当公司表现超过市场或者行业平均水平,公司高管才能从股票期权薪酬中获得收益;反之,当市场或者行业整体表现不佳,但公司却能超过市场或者同行的表现时,高管也能获得收益。这样的指数化期权才能真正体现该薪酬模式的激励效果。对于我国存在的股票期权期限较短,不能有效地结合高管和股东长期利益的问题,本书建议延长股票期权的等待期,并且规定高管每年行权的数量不能超过年初数量的一定比例,比如15%。同时修改法律中关于短线交易和股票限制出售的规定,豁免高管行权及之后出卖股票的行为。这样在延长股票期权期限、激励高管为股东长期利益服务的同时,也能满足高管获得流动性、分散风险的需求。对于高管通过控制信息披露的时间,以获得有利的行权价格或市场价格,本书重点考察了高管通过在授权之前披露一个打压股价的坏消息,以获得较为有利的行权价格;以及在行权之前披露一个抬高股价的好消息,以获得较为有利的市场价格两种情况。本书建议:第一,应当将决定行权价格的参考时间延长,比如在授予日之前半年或者一年的股票的平均价格,这样能够有效减少高管试图通过打压股价来获得有利行权价格的动机;第二,高管应当提前一段时间,比如一个月向公司披露其行权计划,并将之向公众披露,在这段时间内高管的行为将受到公司董事会、股东、资本市场以及监管机构的重点关注,可以减少其通过选择提前披露利好消息来获得收益的动机。

在第七章,本书主要讨论了法院在解决股票期权薪酬代理问题中的作用。公司股东通过股东派生诉讼,在事后来监督公司董事在制定股票期权薪酬时是否履行了其"受信义务",虽然并不是最有效的监督方式,但是毕竟在民事责任的影响下,董事或多或少地会谨慎一些。哪怕仅仅是成为被告,对于注重声誉的董事来说,也是件难堪的事情,可能会影响其未来的职业发展。尤其是对独立董事而言,良好的声誉是其立足的根本,一旦成为被告,对于其自身的职业以及独立董事职务都会产生巨大的负面效果。因此,一定程度上,股东派生诉讼可以督促公司董事更加积极主动、尽职尽责地履行自己的义务。但是本书也一再强调法院应该尊重公司的内部治理,尤其是董事会的权威性,如果法院能够轻易地否决董事会的决议,那么最终的受害者无疑将是公司股东。在介绍了美国法院四种审查股东派生诉讼的方法,即商业判断规则、浪费规则、善意规则以及显失公平规则之后,本书建议我国法院应当在尊重董事会的权威性、采用商业判断规则的同时,基于我国的现实国情,对这一规则进行适度修正,即提高董事在制定股票期权薪酬过程中的问责标准,如果其没有尽到一般情况下董事所应当尽到的义务,则应认定为违反其注意义务,应当承担相应的民事责任,本书称之为"修正的商业判断规则"。同时,应该借鉴日本的做法,减少股东派生诉讼的费用,以更好地实现立法目的。

针对上市公司高管股票期权薪酬中四个代理问题,本书在借鉴先进国家的法规和经验的基础上,针对我国实际情况,提出了一些并不完美的解决策略和完善建议,希望能有助于我国上市公司高管股票期权薪酬制度的不断进步和发展,使得股票期权薪酬在紧密结合高管和股东利益的同时,能够减少自身所产生的代理成本,从而实现高管和股东的双赢。

第二节　本书的学术贡献与创新点

本书的主要贡献在于,就上市公司高管股票期权薪酬所产生的代理问题,进行了较为全面和深入的法律上的研究。虽然对于该问题的研究,在我国已经有所展开,出现了多篇硕士论文和期刊文章。但是较之这些文献,本书不论是在研究范围的全面性还是在研究的深度上,都有较为明显的提高,具有一定的开拓性。具体而言:

首先,指出了我国上市公司高管股票期权薪酬在法规制度和实务中所存在的问题,在参考先进国家有关法规和实践的基础上,有针对性地对于我国相关问题提出了完善建议。特别是,本书在国内首次从法学的角度全面地研究了高管薪酬追回制度和薪酬顾问制度,填补了国内关于这两种制度研究的空白。

其次,对于"声誉惩罚"和"遵守或解释"规则在公司法中的应用,进行了一定的展开。鉴于国内学界对这两个问题并没有给予太多的关注,本书具有一定的开拓性。

再次,本书详细地介绍了美国法院审理涉及高管薪酬的股东派生诉讼时所采用的四种司法审查方法,在国内并不多见。

最后,本书参考了众多英、美国家法律学者的研究成果,在英文文献的引用上较为全面。

参 考 文 献

一、中文部分

(一) 著作类

1. [日]大木雅夫:《比较法》,范愉译,法律出版社 1999 年版。

2. 黄立:《民法债篇总论》,中国政法大学出版社 2002 年版。

3. 郑玉波:《民法债篇总论》,中国政法大学出版社 2002 年版。

4. 邱聪智:《新订民法债篇通则》(上),中国人民大学出版社 2003 年版。

5. 王利明:《民法总则研究》,中国人民大学出版社 2003 年版。

6. 王保树、崔勤之:《中国公司法原理》(第三版),社会科学文献出版社 2006 年版。

7. 赖英照:《股市游戏规则:最新证券交易法解析》,中国政法大学出版社 2006 年版。

8. 陈郁编:《所有权、控制权与激励——代理经济学文选》,上海三联书店、上海人民出版社 2006 年版。

9. 彭冰:《中国证券法学》(第二版),高等教育出版社 2007 年版。

10. 杨华、陈晓升:《上市公司:股权激励理论、法规与实务》(修订版),中国经济出版社 2009 年版。

11. 朱慈蕴:《公司法原论》,清华大学出版社 2011 年版。

12. 隋平:《奥巴马新政美国〈Dodd-Frank 法案〉评析》,法律出版社 2011 年版。

13. 刘连煜:《现代公司法》(增订七版),新学林出版股份有限公司 2011 年版。

14. 高明华等:《中国上市公司高管薪酬指数报告》,经济科学出版社 2011 年版。

15. 刘俊海:《现代证券法》,法律出版社 2011 年版。

16. 朱羿锟:《董事问责:制度结构与效率》,法律出版社 2012 年版。

17. 朱勇国:《中国上市公司高管股权激励研究》,首都经济贸易大学出版社 2012

年版。

18. 杨仁寿:《法学方法论》(第二版),中国政法大学出版社 2013 年版。

19. 霍文文编著:《证券投资学》,高等教育出版社 2013 年版。

20. 施天涛:《公司法论》(第三版),法律出版社 2014 年版。

21. [美]阿尔伯特·O. 赫希曼:《退出、呼吁与忠诚——对企业、组织和国家衰退的回应》,卢昌崇译,上海世纪出版集团 2015 年版。

22. 王文宇:《公司法论》(第五版),元照出版公司 2016 年版。

23. 王利明:《法学解释学》(第二版),中国人民大学出版社 2016 年版。

24. [美]卢西恩·伯切克、[美]杰西·弗里德:《无功受禄:审视美国高管薪酬制度》,赵立新等译,法律出版社 2009 年版。

25. [美]罗纳德·哈里·科斯:《企业、市场与法律》,盛洪、陈郁译校,格致出版社 2009 年版。

26. [美]艾拉·T. 凯、斯蒂文·范·普腾:《企业高管薪酬》,徐怀静等译,华夏出版社 2010 年版。

27. [日]落合诚一:《公司法概说》,西村朝日律师事务所西村高等法务研究所监译,申昌国总校,法律出版社 2011 年版。

28. [美]约翰·C. 科菲:《看门人机制:市场中介与公司治理》,黄辉、王长河等译,北京大学出版社 2011 年版。

29. [美]奥尔森:《集体行动的逻辑》,陈郁等译,格致出版社 2011 年版。

30. [日]前田庸:《公司法入门》(第十二版),王作全译,北京大学出版社 2012 年版。

31. [美]莱纳·克拉克曼、[美]亨利·汉斯曼等:《公司法剖析:比较与功能的视角》,罗培新译,法律出版社 2012 年版。

32. [美]斯蒂文·沙维尔:《法律经济分析的基础理论》,赵海怡等译,中国人民大学出版社 2013 年版。

33. [意]罗道尔夫·萨科:《比较法导论》,费安玲等译,商务印书馆 2014 年版。

34. [美]欧姆瑞·本·沙哈尔、卡尔·E. 施奈德:《过犹不及:强制披露的失败》,陈晓芳译,法律出版社 2015 年版。

35. [美]乔治·阿克洛夫、罗伯特·席勒:《钓愚:操纵与欺骗的经济学》,张军译,中信出版集团 2016 年版。

36. 张永健:《法经济分析:方法论 20 讲》,北京大学出版社 2023 年版。

(二) 论文和新闻报道类

1. 黎友强:《独立财务顾问报告制度问题探析》,载《证券市场导报》2000 年 10 月。

2. 王钰、章璐:《股票期权风险:国外的经验及其启示》,载《证券市场导报》2001 年 1 月。

3. 吴敬琏:《股票期权激励与公司治理》,载《中国经济时报》2001 年 10 月 24 日。

4.《中国企业经营者激励约束机制及有关政策研究》课题组:《关于在我国建立企业 经营者股票期权激励制度的看法及建议》,载《管理世界》2002 年第 7 期。

5. 上海上市公司董事会秘书协会、国泰君安组成联合课题组:《董事会专门委员会 实施细则》,http://economy.enorth.com.cn/system/2002/03/01/000280285.shtml,最后 访问时间:2012 年 12 月 25 日。

6. 刘崇仪:《股票期权计划与美国公司治理结构》,载《世界经济》2003 年第 1 期。

7. 张兵、李晓明:《中国股票市场的渐进有效性研究》,载《经济研究》2003 年第 1 期。

8. 林泽炎:《美国公司高层经理薪酬管理考察报告》,载《经济理论与经济管理》2003 年第 8 期。

9. 上海上市公司董事会秘书协会、金信证券研究所:《独立董事怎么了》,载《证券时 报》2003 年 8 月 7 日。

10. 张剑峰:《从美国大公司财务丑闻看股票期权的制度缺陷》,《辽宁大学学报(哲 学社会科学版)》2004 年第 2 期。

11. 朱羿锟:《经营者薪酬:正当性危机与程序控制》,载《法学论坛》2004 年第 6 期。

12. 李维安等:《南开盘点三年独立董事制度的公司治理价值》,载《中外管理》2004 年第 9 期。

13. 施天涛:《公司法的自由主义及其法律政策——兼论我国公司法的修改》,载《环 球法律评论》2005 年第 1 期。

14. 谢增毅:《董事会委员会与公司治理》,载《法学研究》2005 年第 5 期。

15. 郁光华:《从代理理论看对高管报酬的规范》,载《现代法学》2005 年第 2 期。

16. 杨洪常:《美国公司外部董事薪酬结构变更及其启示》,载《南京财经大学学报》 2005 年第 6 期。

17. 张必武、石金涛:《董事会特征、高管薪酬与薪绩敏感性——中国上市公司的经 验分析》,载《管理科学》2005 年第 4 期。

18. 冉孟顺、田雨:《万科股权激励方案引发争议》,载《南方周末》2006 年 4 月 6 日。

19. 熊金才:《独立董事激励机制激励功能的文化悖论》,载《求索》2006 年第 3 期。

20. 杜志鑫:《SEC 整治上市公司股权激励操控》,载《证券时报》2006 年 7 月 27 日。

21. 黄人杰、郝旭光:《上市公司股权激励制度的几个问题》,载《财经科学》2006 年第 5 期。

22.李明辉:《独立董事的激励与约束机制研究》,载《山西财经大学学报》2006 年第3 期。

23.吴建斌:《试论上市公司独立董事的责任及其限制》,载《南京大学学报(哲学·人文科学·社会科学)》2006 年第 3 期。

24.童卫华等:《中国上市公司高管人员报酬信息披露研究》,载《重庆大学学报(社会科学版)》2006 年第 5 期。

25.蔡元庆:《股东代表诉讼中公司的地位和作用:以美国特别诉讼委员会制度为中心》,载《中外法学》2006 年第 4 期。

26.彭文革、邱永红:《从证券交易所的视角看独立董事制度的完善》,载《证券市场导报》2007 年 2 月。

27.彭真明、陆剑:《德国公司治理立法的最新进展及其借鉴》,载《法商研究》2007年第 3 期。

28.祝瑞敏、李长强:《股票期权激励机制及其在我国上市公司的应用》,载《上海金融》2007 年第 11 期。

29.郑晓玲:《美国股票期权激励的经验和启示》,载《国际金融研究》2007 年第4 期。

30.盛靖芝、胡寅:《股票期权费用化与我国期权激励问题》,载《金融会计》2007 年4 月。

31.何庆明:《股权激励对上市公司的影响及投资策略分析》,载《证券市场导报》2007 年 6 月。

32.夏娜丽:《公司股权激励及高管薪酬披露分析》,载《证券市场导报》2007 年7 月。

33.牛建波、刘绪光:《董事会委员会有效性与治理溢价——基于中国上市公司的经验研究》,载《证券市场导报》2008 年 1 月。

34.方流芳:《独立董事在中国:假设和现实》,载《政法论坛》2008 年第 5 期。

35.陈建军:《中粮地产注资前先行激励高管惹争议》,载《上海证券报》2008 年 2 月18 日。

36.高明华:《高管辞职套现:诱惑太大规制太软》,载《上海证券报》2008 年 2 月28 日。

37.温秀:《争议中国式股权激励》,载《金融实务》2008 年第 3 期。

38.容颖:《论美国公司法上的商业判断规则》,载《比较法研究》2008 年第 2 期。

39. 李建伟:《高管薪酬规范与法律的有限干预》,载《政法论坛》2008 年第 3 期。

40. 叶檀:《过度激励惹的祸》,载《董事会》2008 年 4 月。

41. 雷辉:《顺德夫妻股民状告科龙德勤索赔 70 万》,载《南方日报》2008 年 5 月 8 日。

42. 仲继银:《薪酬委员会:由来、职责与运作》,载《董事会》2008 年 6 月。

43. 刘燕:《股票期权的法律与会计约束——伊利事件的启示》,载《北京大学学报(哲学社会科学版)》2008 年第 6 期。

44. 姚祎:《2007 深市主板公司股权激励及管理层薪酬状况分析》,载《新浪财经》,http://finance.sina.com.cn/stock/s/20080604/19384947868.shtml,最后访问时间:2012 年 10 月 15 日。

45. 杜晶:《上市公司管理报酬法律制度的理论与现实》,载《清华法学》2009 年第 3 期。

46. 樊健:《科斯定理与商事外观主义》,载《商事法论集》2009 年第 2 卷。

47. 孙堂港:《股权激励与上市公司绩效的实证研究》,载《工业经济研究》2009 年第 3 期。

48. 王佐发:《高管薪酬制度的反思与重构》,载《法学论坛》2009 年第 2 期。

49. 陈艳:《独立董事声誉与独立董事劳动力市场有效性》,载《经济学家》2009 年第 4 期。

50. 刘迎霜:《股东对董事诉讼中的商业判断规则》,载《法学》2009 年第 5 期。

51. 傅穹、于永宁:《高管薪酬的法律迷思》,载《法律科学(西北政法大学学报)》2009 年第 6 期。

52. 魏志华等:《中国上市公司年报重述分析:1999—2007》,载《证券市场导报》2009 年 6 月。

53. 杨蕾、卢锐:《独立董事与高管薪酬——基于中国证券市场的经验证据》,载《当代财经》2009 年第 5 期。

54. 上海荣正咨询:《薪酬局:中国上市公司激励机制状况调查》,载《新财富》2009 年 6 月。

55. 赵娟、黄利明:《救救公募基金:当李旭利们出走之后》,载《经济观察报》2009 年 7 月 4 日。

56. 刘京海、陈新辉:《对萨班斯法案中"追回条款"的思考》,载《财务与会计》2009 年 7 月。

57. 刘京海、陈新辉:《美国企业高管薪酬追回制度及对我国的启示》,载《财务与会计》2009年8月。

58. 高玥:《独立董事选任机制对董事会监督有效性影响分析》,载《经济纵横》2009年第10期。

59. 文静:《五粮液或成A股索赔第一案,四小股民状告五粮液和四川华信会计师事务所》,载《21世纪经济报道》2009年10月28日。

60. 陈臣:《上海汽车行权难》,载《证券市场周刊》2009年12月14日。

61. 朱伟一:《高管薪酬问题的美国经验》,载《决策探索》2009年第5期。

62. 何凡:《中国上市公司股权激励绩效实证研究——基于〈上市公司股权激励管理办法〉实施后的经验数据》,载《四川教育学院学报》2010年第11期。

63. 邓辉、张怡超:《公司高管薪酬信息披露制度功能之辨正》,载《当代法学》2010年第6期。

64. 陆序生:《2009年中小板公司"董监高"薪酬及股权激励分析》,载《证券市场导报》2010年7月。

65. 王一平:《全流通时代上市公司股票期权激励有效性研究》,载《会计之友》2010年第6期。

66. 李维安等:《经理才能、公司治理与契约参照点——中国上市公司高管薪酬决定因素的理论与实证分析》,载《南开管理评论》2010年第2期。

67. 朱羿锟:《论高管"问题薪酬"的董事问责》,载《现代法学》2010年第4期。

68. 史春玲:《独立董事选聘程序的完善——基于代理理论的视角》,载《财会通讯》2010年第10期。

69. 刘慧清:《上市公司独立董事制度完善实录(2010年12月18日)》,资料来源:http://money.163.com/10/1218/16/6O6USJC100254KRA.html,最后访问时间:2013年3月21日。

70. 胡汝银:《上市公司独立董事制度完善实录(2010年12月18日)》,资料来源:http://money.163.com/10/1218/16/6O6USJC100254KRA.html,最后访问时间:2013年3月21日。

71. 宋元东:《石基信息行权期将近,创新业务完善战略拼图》,载《每日经济新闻》2011年2月27日。

72. 童列春、张娜:《论上市公司高管薪酬的法律规制》,载《行政与法》2011年第7期。

73. 王建明:《独立董事薪酬激励机制实证分析》,载《技术经济》2011年第6期。

74. 周小雍:《上市公司高管薪酬差千倍,广发证券7209万拔头筹》,载《第一财经日报》2011 年 5 月 4 日。

75. 李晓永、赵凌云:《中国企业股票期权行权期限问题研究》,载《经济与管理》2011 年第 4 期。

76. 孔洁珉:《上市公司高管薪酬变局》,载《首席财务官》2011 年 5 月。

77. 高明华:《股权激励请减速缓行》,载《董事会》2011 年 6 月。

78. 田志刚:《强制性披露能提高高管薪酬与公司业绩之间的敏感性吗?——基于上市公司面板数据的经验研究》,载《经济管理》2011 年第 8 期。

79. 李智、张小康:《"买套"行权 股权激励强硬派底气何在?》,载《每日经济新闻》2011 年 6 月 26 日。

80. 马其家:《我国上市公司高管激励机制的完善》,载《当代经济研究》2011 年第 9 期。

81. 朱宝琛:《独立董事的那些人那些事》,载《证券日报》2011 年 8 月 5 日。

82. 高文亮、罗宏:《薪酬管制、薪酬委员会与公司绩效》,载《山西财经大学学报》2011 年第 8 期。

83. 毛磊:《机构投资者与高管薪酬——中国上市公司研究》,载《管理科学》2011 年 10 月。

84. 张晓明等:《构建具有激励作用的独立董事薪酬机制研究》,载《西安电子科技大学学报(社会科学版)》2011 年第 5 期。

85. 毛磊等:《机构投资者与高管薪酬——中国上市公司研究》,载《管理科学》2011 年第 5 期。

86. 曹乃承:《他们该拿那么多钱吗:上市公司高管薪酬探讨》,载《创新时代》2011 年 10 月。

87. 韩迅:《"财谋":天价薪酬吞噬业绩》,载《21 世纪经济报道》2011 年 10 月 3 日。

88. 穆一凡:《2010 薪酬调查:高管薪酬两极分化 总体激励偏低》,载《第一财经日报》2011 年 11 月 8 日。

89. 曲海翔、曹彦栋:《论上市公司经理股票期权对中小投资者的利益损害及应对策略》,载《财会研究》2011 年第 9 期。

90. 周州、徐立锋:《中国上市公司高级管理人员股票期权激励有效提升公司价值的实证研究》,载《经济师》2011 年第 2 期。

91. 周良、陈共荣:《独立董事背景特征对其薪酬的影响研究》,载《求索》2011 年第 3 期。

92. 刘赟:《经理人权力与股票期权的现实操作》,载《河北法学》2011 年第 8 期。

93. 文雨:《十年维权路漫漫,投资者权益保护稳步前行》,载《证券时报》2011 年 12 月 24 日。

94. 刘小勇:《公司捐赠与董事的责任——美国法与日本法的启示》,载《环球法律评论》2011 年第 1 期。

95. 沈梦捷:《董秘高管狂辞职套现近千亿,沪深公司每天走 4 人》,载《新闻晚报》2011 年 12 月 27 日。

96. 李超等:《机构投资者能改进上市公司高管的薪酬激励吗?》,载《证券市场导报》2012 年 1 月。

97. 陈仕华、李维安:《中国上市公司股票期权:大股东的一个合法性"赎买"工具》,载《经济管理》2012 年第 3 期。

98. 刘玉等:《上市公司股票期权激励与公司风险的实证研究》,载《上海交通大学学报》2012 年第 9 期。

99. 宁向东等:《基于声誉的独立董事行为研究》,载《清华大学学报(哲学社会科学版)》2012 年第 1 期。

100. 蒋建湘:《国企高管薪酬法律规制研究》,载《中国法学》2012 年第 1 期。

101. 刘西友、韩金红:《上市公司薪酬委员会有效性与高管薪酬研究——基于"有效契约论"与"管理权力论"的比较分析》,载《投资研究》2012 年第 6 期。

102. 罗诺:《中国建筑股权激励或难产,国资委认为治理存问题》,载《21 世纪经济报道》2012 年 3 月 22 日。

103. 毛洪涛等:《薪酬委员会在高管薪酬激励有效性中的治理效应研究——基于 2002—2010 年 A 股上市公司的实证研究》,载《投资研究》2012 年第 9 期。

104. 卢先兵等:《上市银行高管薪酬涨势依旧,薪酬形成机制遭质疑》,载《21 世纪经济报道》2012 年 3 月 30 日。

105. 葛家澍、田志刚:《上市公司高管薪酬强制性披露研究》,载《厦门大学学报(哲学社会科学版)》2012 年第 3 期。

106. 万明、宋清华:《证券交易所公开谴责效率的实证分析——基于深、沪交易所比较的视角》,载《投资研究》2012 年第 3 期。

107. 严学锋:《薪酬委员会主席需强有力》,载《董事会》2012 年 4 月。

108. 李允峰:《放弃百万年薪凸显薪酬追回制度缺失》,载《上海证券报》2012 年 4 月 18 日。

109. 蔡昌宪:《简评台湾地区薪资报酬委员会之相关规范:以成员资格及薪酬顾问为中心》,载《台湾法学杂志》2012 年第 204 期。

110. 王梦:《外资参股的上市公司高管现金薪酬依然最高,但与国有控股上市公司差距缩小》,载《董事会》2012 年 8 月 10 日。

111. 陈俊仁:《公司治理与董监事暨经理人薪资报酬决定权——薪资报酬委员会制度规范之商榷》,载《月旦法学杂志》2012 年第 207 期。

112. 吴海珊:《上市公司股权激励趋热》,载《经济观察网》2012 年 9 月 4 日。

113. 王丹:《广田股份股权激励恐成浮云,首批行权存变数》,载《北京商报》2012 年 10 月 12 日。

114. 王清刚、王婧雅:《管理层权力、公司业绩与高管薪酬——基于沪深 A 股农业上市公司的经验证据》,载《农业技术经济》2012 年第 7 期。

115. 赵娟:《基金业一哥王亚伟低调复出 在前海成立私募公司》,载《经济观察网》2012 年 10 月 18 日。

116. 耿雁冰:《公司高管市场化薪酬体系待完善》,载《21 世纪经济报道》2012 年 11 月 30 日。

117. 王烨等:《管理层权力、机会主义动机与股权激励计划设计》,载《会计研究》2012 年第 10 期。

118. 严学锋:《A 股公司 CEO 薪酬日趋理性》,载《董事会》2012 年 11 月。

119. 樊健:《美国上市公司股东的薪酬建议权初探》,载《环球法律评论》2012 年第 6 期。

120. 樊健:《上市公司高管薪酬追回制度之研究——美国经验与中国借鉴》,载《商事法论集》2012 年总第 22 卷。

121. 孙烨、孟佳娃:《薪酬委员会独立性与高管货币薪酬:独立董事声誉的调节作用》,载《东南学术》2013 年第 3 期。

122. 陈仕华、李维安:《中国上市公司股票期权:大股东的一个合法性"赎买"工具》,载《经济管理》2013 年第 2 期。

123. 林建秀:《完善上市公司高管薪酬信息披露管理机制研究》,载《经济纵横》2013 年第 3 期。

124. 朱伟骅、王振华:《上海证券市场投资者结构与行为报告(2013)》,网络来源:https://www.renrendoc.com/paper/143278789.html,最后访问时间:2024 年 6 月 30 日。

125. 刘广生、马悦:《中国上市公司实施股权激励的效果》,载《中国软科学》2013 年第 7 期。

126. 刘焱、姚海鑫:《高管权力、审计委员会专业性与内部控制缺陷》,载《南开商业评论》2014 年第 17 卷。

127. 吴世学:《全球金融危机与公司治理》,载《交大法学》2014 年第 2 期。

128. 黄辉:《中国股东派生诉讼制度:实证研究及完善建议》,载《人大法律评论》2014 年第 1 辑。

129. 聂飞舟:《美国信用评级机构法律监管演变与发展动向——多德法案前后》,载《比较法研究》2011 年第 4 期。

130. 徐细雄、谭瑾:《高管薪酬契约、参照点效应及其治理效果:基于行为经济学的理论解释与经验证据》,载《南开管理评论》2014 年第 4 期。

131. 纪建悦、王艳霞:《股票期权激励与公司绩效关系的实证研究——基于我国制造业上市公司 2006—2011 年的经验数据》,载《金融发展研究》2014 年第 5 期。

132. 王烨:《股票期权激励计划公告与机会主义择时——基于中集集团的案例研究》,载《管理案例研究与评论》2015 年第 5 期。

133. 姜朋:《独立董事相对论》,载《中外法学》2015 年第 6 期。

134. 朱庆:《证券高可控度信息的相关法律问题——以股份回购为视角》,载《法学》2015 年第 1 期。

135. [美]迈克尔·詹森、威廉·梅克林:《企业理论:管理行为、代理成本与所有权结构》,载陈郁编:《所有权、控制权与激励:代理经济学文选》,上海三联书店、上海人民出版社 2006 年版。

136. [美]罗纳德·哈里·科斯:《社会成本问题》,载[美]罗纳德·哈里·科斯:《企业、市场与法律》,盛洪、陈郁译校,格致出版社等 2009 年版。

137. 朱慈蕴、林凯:《公司制度趋同理论检视下的中国公司治理评析》,载《法学研究》2013 年第 5 期。

138. 刘田:《上市公司独董报告:人均薪酬 9.25 万》,载《第一财经日报》2013 年 5 月 25 日。

139. 赵青华、黄登仕:《高管权力与股票期权计划实证研究》,载《重庆大学学报(社会科学版)》2013 年第 3 期。

140. 纪建悦、王艳霞:《股票期权激励与公司绩效关系的实证研究——基于我国制造业上市公司 2006—2011 年的经验数据》,载《金融发展研究》2014 年第 5 期。

141. 罗宏等:《论我国高管薪酬追回制度的建立》,载《会计之友》2015 年第 15 期。

142. 李安安:《股份投票权与收益权的分离及其法律规制》,载《比较法研究》2016 年第 4 期。

143. 袁振兴:《股票期权激励的源条件、代理问题及其激励效果——雏鹰农牧股份公司股票期权激励计划的案例分析》，载《会计之友》2016 年第 2 期。

144. 樊健：《我国证券市场虚假陈述交易上因果关系的新问题》，载《中外法学》2016 年第 6 期。

145. 刘暄、宋玉：《机构投资者与公司高管薪酬业绩敏感性研究》，载《财会月刊》2016 年第 36 期。

146. 周云波、张敬文：《经理人股权激励可以提升企业价值吗？——来自中国 A 股上市公司的证据》，载《消费经济》2020 年第 1 期。

147. 彭真明：《论会计师事务所不实财务报告的民事责任——兼评上海大智慧公司与曹建荣等证券虚假陈述责任纠纷案》，载《法学评论》2020 年第 1 期。

148. 倪艳、胡燕：《股权激励强度对企业绩效的影响——以 A 股上市公司为例》，载《江汉论坛》2021 年第 4 期。

149. 戴新竹：《关于建立与绩效、风险相匹配薪酬追回机制的思考》，载《中国银行业》2021 年第 10 期。

150. 王斌等：《中国上市公司股权激励：现状与讨论》，载《财务研究》2022 年第 1 期。

151. 傅穹：《司法视野下独立董事的责任反思与制度创新》，载《法律适用》2022 年第 5 期。

二、英文部分

（一）著作类

1. Stephen M. Bainbridge, *Corporation Law and Economics*, Foundation Press, 2002.

2. Jeffrey J. Haas, *Corporate Finance In Nutshell*, West Publishing Co., 2007.

3. Arthur R. Pinto & Douglas M. Branson, *Understanding Corporate Law* (Third Edition), Matthew Bender & Company, Inc., 2009.

4. Jeffrey D. Bauman, *Corporations*, *Law and Policy*：*Materials And Problems*, West Publishing Co., 2009.

5. Reinier H. Kraakman et al., *The Anatomy of Corporate Law*：*A Comparative and Functional Approach* (Second Edition), Oxford University Press, 2009.

6. William. A. Klein, J. Mark Ramseyer & Stephen M. Bainbridge, *Business Associations*：*Cases and Materials on Agency*, *Partnerships*, *And Corporation*, Foundation Press, 2009.

7. Franklin A. Gevurtz, *Corporation Law* (Second Edition), West Publishing Co., 2010.

8. Walter A. Effross, *Corporate Governance: Principles and Practices*, Aspen Publishers, 2010.

9. Jonathan R. Macey, *Corporate Governance: Promises Kept, Promises Broken*, Princeton University Press, 2010.

(二) 论文和新闻报道类

1. Joseph W. Bishop, Jr., *Sitting Ducks and Decoy Ducks: New Trends in the Indemnification of Corporate Directors and Officers*, 77 Yale L. J. 1078(1968).

2. Eugene F. Fama & Michael C. Jensen, *Separation of Ownership and Control*, 26 J. L. & Econ. 301(1983).

3. Reinier H. Kraakman, *Gatekeepers: The Anatomy of A Third-Party Enforcement Strategy*, 2 J. L. Econ. & Org. 53(1986).

4. Michael C. Jensen & Kevin J. Murphy, *CEO Incentives: It's Not How Much You Pay, But How*, 68 HARV. BUS. Rev. 138(1990).

5. Charles M. Yablon, Book Review Essay: *Overcompensating: The Corporate Lawyer and Executive Pay*, 92 Colum. L. Rev. 1867(1992).

6. Linda J. Barris, *The Overcompensation Problem: A Collective Approach to Controlling Executive Pay*, 68 Ind. L. J. 59(1992).

7. Charles M. Elson, *Executive Overcompensation—A Board-Based Solution*, 34 B. C. L. Rev. 937(1993).

8. Halle Fine Terrion, *Regulation S-K, Item 402: The New Executive Compensation Disclosure Rules*, 43 Case W. Res. L. Rev. 1175(1993).

9. Melvin Aron Eisenberg, *The Divergence of Standards of Conduct and Standards of Review in Corporate Law*, 62 Fordham L. Rev. 437(1993).

10. Michael E. Ragsdale, *Executive Compensation: Will the New SEC Disclosure Rules Control "Excessive" Pay at the Top?* 61 UMKC L. Rev. 537(1993).

11. Susan Lorde Martin, *The Executive Compensation Problem*, 98 Dick. L. Rev. 237 (1993).

12. Hal R. Arkes & Cindy A. Schipani, *Medical Malpractice v. The Business Judgment Rule: Differences in Hindsight Bias*, 73 OR. L. Rev. 587(1994).

13. Charles M. Elson, *The Duty Of Care, Compensation, And Stock Ownership*, 63 U. Cin. L. Rev. 649(1995).

14. Kevin J. Murphy, *Politics, Economics, And Executive Compensation*, 63 U. Cin.

L. Rev. 713(1995).

15. James E. Heard, *Executive Compensation : Perspective of the Institutional Investor*, 63 U. Cin. L. Rev. 749(1995).

16. Steven A. Bank, *Devaluing Reform : The Derivatives Market and Executive Compensation*, 7 De Paul Bus. L. J. 301(1995).

17. Mark J. Loewenstein, *Reflections on Executive Compensation and a Modest Proposal for(Further) Reform*, 50 S. M. U. L. Rev. 201(1996).

18. Mary A. Jacobson, Note, *Interested Director Transactions and the (Equivocal) Effects of Shareholder Ratification*, 21 Del. J. Corp. L. 981(1996).

19. Mark A. Clawson and Thomas C. Klein, *Indexed Stock Options : A Proposal for Compensation Commensurate with Performance*, 3 Stan. J. L. Bus. & Fin. 31(1997).

20. Edward M. Iacobucci, *The Effects of Disclosure on Executive Compensation*, 48 U. Toronto L. J. 489(1998).

21. Calvin H. Johnson, *Stock Compensation : The Most Expensive Way to Pay Future Cash*, 52 S. M. U. L. Rev. 423(1999).

22. Charles M. Yablon, *Bonus Questions-Executive Compensation in the Era of Pay for Performance*, 75 NOTRE DAME L. Rev. 271(1999).

23. Charles M. Yablon & Jennifer Hill, *Timing Corporate Disclosures to Maximize Performance-Based Remuneration : A Case of Misaligned Incentives?* 35 Wake Forest L. Rev. 83 (2000).

24. Eric L. Johnson, Note: *Waste Not, Want Not : An Analysis of Stock Option Plans, Executive Compensation, And The Proper Standard of Waste*, 26 J. Corp. L. 145(2000).

25. Henry Hansmann & Reinier Kraakman, *The End of History for Corporate Law*, 89 Geo. L. J. 439(2000).

26. Kenneth B. Davis, Jr., *Once More, the Business Judgment Rule*, 2000 Wis. L. Rev. 573(2000).

27. Lyman Johnson, *The Modest Business Judgment Rule*, 55 Bus. Law. 625(2000).

28. Randall S. Thomas and Kenneth J. Martin, *The Determinants of Shareholder Voting on Stock Option Plans*, 35 Wake Forest L. Rev. 31(2000).

29. Victor Brudney, *Revisiting the Import of Shareholder Consent for Corporate Fiduciary Loyalty Obligations*, 25 J. Corp. L. 209(2000).

30. Emily Sherwin, *Restitution and Equity : An Analysis of the Principle of Unjust En-

richment，79 Tex. L. Rev. 2083(2001).

31. Frank Partnoy，*Barbarians at the Gatekeepers？：A Proposal for a Modified Strict Liability Regime*，79 Wash. U. L. Q. 491(2001).

32. Randall S. Thomas & Kenneth J. Martin，*Litigating Challenges To Executive Pay：An Exercise In Futility?* 79 Wash. U. L. Q. 569(2001).

33. Saul Levmore，*Puzzling Stock Options And Compensation Norms*，149 U. Pa. L. Rev. 1901(2001).

34. J. Robert Brown，JR.，*Speaking with Complete Candor：Shareholder Ratification and the Elimination of the Duty of Loyalty*，54 Hastings L. J. 641(2002).

35. Kevin J. Murphy，*Explaining Executive Compensation：Managerial Power versus the Perceived Cost of Stock Options*，69 U. Chi. L. Rev. 847(2002).

36. Lawrence E. Mitchell，*Learning the Lessons of Enron（Before It's Too Late）*，JURIST(June 13，2002)，*available at* http://www.jurist.org/forum/forumnew55.php.

37. Shivaram Rajgopal & Terry Shevlin，*Empirical Evidence on the Relation Between Stock Option Compensation and Risk Taking*，33 Journal of Accounting and Economics 145 (2002).

38. William T. Allen et al.，*Realigning the Standard of Review of Director Due Care with Delaware Public Policy：A Critique of Van Gorkom and Its Progeny as a Standard of Review Problem*，96 Nw. U. L. Rev. 449(2002).

39. Brian J. Hall & Kevin J. Murphy，*The Trouble with Stock Options*，Vol.17，No.3，The Journal of Economic Perspectives 49(2003).

40. Brian J. Hall，*Six Challenges in Designing Equity-Based Pay*，Vol.15，No.3，Journal of Corporate Finance 21，21(2003).

41. Calvin H. Johnson，*Stock and Stock Option Compensation：A Bad Idea*，Vol.51，No.3，Canadian Tax Journal 1259(2003).

42. Franklin G. Snyder，*More Pieces of the CEO Compensation Puzzle*，28 Del. J. Corp. L. 129(2003).

43. Henry A. Hernandez，*Final NYSE and NASDAQ Rules on Shareholder Approval of Equity Compensation Plans*（2003），*available at*：http://www. pillsburylaw. com/siteFiles/Publications/EBA3BB04BE4A10ED3531C9713752D0BC.pdf.

44. Lucian Arye Bebchuk & Jesse M. Fried，*Executive Compensation as an Agency Problem*，17 Journal of Economic Perspective 71(2003).

45. Lynn A. Stout，*The Mechanism of Market Inefficiency：An Introduction To The New Finance*，28 J. Corp. L. 635(2003).

46. Ronald J. Gilson & Jeffrey N. Gordon，*Controlling Controlling Shareholders*，152 U. Pa. L. Rev. 785(2003).

47. Matthew A. Melone，*Are Compensatory Stock Options Worth Reforming?* 38 Gonz. L. Rev. 535(2003).

48. Frank Partnoy，*Strict Liability for Gatekeepers：A Reply to Professor Coffee*，84 B. U. L. Rev. 365(2004).

49. Janice Kay McClendon，*Bringing the Bulls to Bear：Regulating Executive Compensation to Realign Management and Shareholders' Interests and Promote Corporate Long-Term Productivity*，Wake Forest L. Rev. 971(2004).

50. John Patrick Kelsh，*Section 304 of the Sarbanes-Oxley Act of 2002：The Case for a Personal Culpability Requirement*，59 Bus. Law. 1005(2004).

51. Julian Velasco，*Structural Bias and the Need for Substantive Review*，82 Wash. U. L. Q. 821(2004).

52. Richard L. Kaplan，*Mother of All Conflicts：Auditors and Their Clients*，29 J. Corp. Law 363(2004).

53. Roshan Sonthalia，*Comment：Shareholder Voting on All Stock Option Plans：An Unnecessary and Unwise Proposition*，51 UCLA L. Rev. 1203(2004).

54. Stephen M. Bainbridge，*The Business Judgment Rule as Abstention Doctrine*，57 Vand. L. Rev. 83(2004).

55. Daylian M. Cain，George Loewenstein & Don A. Moore，*The Dirt on Coming Clean：Perverse Effects of Disclosing Conflicts of Interest*，34 J. Legal Stud. 1(2005).

56. Iman Anabtawi，*Explaining Pay Without Performance：The Tournament Alternative*，54 Emory L. J. 1557(2005).

57. John E. Core，Wayne R. Guay and Randall S. Thomas，*Is U. S. CEO Compensation Inefficient Pay without Performance?* 103 Mich. L. Rev. 1142(2005).

58. John W. Murrey，III，*Excessive Compensation in Publicly Held Corporations：Is the Doctrine of Waste Still Applicable?* 108 W. Va. L. Rev. 433(2005).

59. Kenneth J. Martin & Randall S. Thomas，*When is Enough，Enough? Market Reaction to Highly Dilutive Stock Option Plans and the Subsequent Impact on CEO Compensation*，11 Journal of Corporate Finance 61(2005).

60. Lucian Arye Bebchuk, *The Case for Increasing Shareholder Power*, 118 Harv. L. Rev. 833(2005).

61. Lucian A. Bebchuk & Jesse M. Fried, *Executive Compensation at Fannie Mae: A Case Study of Perverse Incentives, Nonperformance Pay, and Camouflage*, 30 J. Corp. L 807 (2005).

62. Lynn A. Stout, *Share Price As A Poor Criterion For Good Corporate Law*, 3 Berkeley Bus. L. J. 43(2005).

63. Stephen M. Bainbridge, *Executive Compensation: Who Decides?* 83 Tex. L. Rev. 1615(2005).

64. Stephen M. Bainbridge, *Shareholder Activism and Institutional Investors* (UCLA School of Law, Law-Econ Research Paper No.5—20, 2005), *available at* http://papers.ssrn.com/sol3/papers.cfm?abstract_id=796227.

65. William W. Bratton, *The Academic Tournament Over Executive Compensation*, 93 Cal. L. Rev. 1557(2005).

66. Andrew C. W. Lund, *What Was the Question? The NYSE and Nasdaq's Curious Listing Standards Requiring Shareholder Approval of Equity-Compensation Plans*, 39 Conn. L. Rev. 199(2006).

67. Annaleen Steeno, *Note: Corporate Governance: Economic Analysis of a "Comply or Explain" Approach*, 11 Stan. J. L. Bus. & Fin. 387(2006).

68. Iain MacNeil & Xiao Li, *"Comply or Explain": Market Discipline and Non-compliance with the Combined Code*, Vol.14, No.5, Corporate Governance 486(2006).

69. Iman Anabtawi, *Some Skepticism About Increasing Shareholder Power*, 53 UCLA L. Rev. 561(2006).

70. James C. Spindler, *Conflict or Credibility: Research Analyst Conflicts of Interest and the Market for Underwriting Business*, 35 J. Legal Stud. 303(2006).

71. James McConvill, Commentary: *Executive Compensation and Corporate Governance: Rising Above the "Pay-for-Performance" Principle*, 43 Am. Bus. L. J. 413(2006).

72. Jeffrey N. Gordon, *Executive Compensation: If There's a Problem, What's the Remedy? The Case for "Compensation Discussion and Analysis"*, 30 J. Corp. L. 103(2006).

73. Joseph E. Bachelder, *SEC Adopts Final Rules on Executive Pay Disclosure*, *available at* http://www.jebachelder.com/articles/060831.html.

74. Michael S. Weisbach, *Optimal Executive Compensation vs. Managerial Power:*

A Review of Lucian Bebchuk and Jesse Fried's "Pay Without Performance: The Unfulfilled Promise of Executive Compensation", (NBER Working Paper No.w12798, December 2006), *available at* http://papers.ssrn.com/sol3/papers.cfm?abstract_id=955231.

75. Michael Firth et al., *Corporate Performance and CEO Compensation in China*, 12 Journal of Corporate Finance 693(2006).

76. Ronald J. Gilson, Controlling *Shareholders and Corporate Governance: Complicating the Comparative Taxonomy*, 119 Harv. L. Rev. 1641(2006).

77. Sharon Hannes, *Reverse Monitoring: On the Hidden Role of Employee Stock Ownership Plans* (August 23, 2006), *available at* http://law.bepress.com/expresso/eps/1608/.

78. Allen Ferrel, *The Case for Mandatory Disclosure in Securities Regulation Around the World*, 2 Brook. J. Corp. Fin. & Com. L. 81(2007).

79. Sharon Hannes, *Reverse Monitoring: On the Hidden Role of Employee Stock-Based Compensation*, 105 Mich. L. Rev. 1421(2007).

80. D. A. Jeremy Telman, *The Business Judgment Rule, Disclosure, and Executive Compensation*, 81 Tul. L. Rev. 829(2007).

81. Jeffrey N. Gordon, *The Rise of Independent Directors in the United States, 1950—2005: of Shareholder Value and Stock Market Prices*, 59 Stan. L. Rev. 1465(2007).

82. Jennifer S. Martin, *The House of Mouse and Beyond: Assessing the SEC's Efforts to Regulate Executive Compensation*, 32 DJCL 418(2007).

83. Joanns S. Lubin, *Conflict Concerns Benefit Independent Pay Advisers*(December 10, 2007), WSJ. com, *available at* http://www.delvesgroup.com/wp-content/uploads/2010/08/WSJ-Article-Dec.-10-2007.pdf.

84. Lawrence A. Cunningham, *Beyond Liability: Rewarding Effective Gatekeepers*, 92 Minn. L. Rev. 323(2007).

85. Leigh Johnson et al., *Preparing Proxy Statements under the SEC's New Rules Regarding Executive and Director Compensation Disclosures*, 7 U. C. Davis Bus. L. J. 373(2007).

86. Lucian A. Bebchuk, *The Myth of the Shareholder Franchise*, 93 Va. L. Rev. 675(2007).

87. Marcel Kahan and Edward B. Rock, *Hedge Funds in Corporate Governance and Corporate Control*, 155 U. Pa. L. Rev. 1021(2007).

88. Michael Firth et al., *How Ownership and Corporate Governance Influence Chief Executive Pay in China's Listed Firms*, 60 Journal of Business Research 776(2007).

89. United States House of Representatives Committee on Oversight and Government Reform Majority Staff(December 2007), *Executive Pay: Conflicts of Interest Among Compensation Consultants*, *available at* http://www.erieri.com/PDF/Executive-Consultant-Conflicts.pdf.

90. Testimony of Professor John C. Coffee, Jr., *The Role and Impact of Credit Rating Agencies on the Subprime Credit Markets* (Before the Senate Banking Committee On September 26, 2007), *available at* http://www.banking.senate.gov/public/index.cfm?FuseAction=Files.View&FileStore_id=d1c0419e-d84a-4b43-b02d-4e246e2dbec7.

91. Ashish S. Joshi, *Clawback Agreements In Commercial Litigation: Can You Unring a Bell?* 87-DEC Mich. B. J. 34(2008).

92. Benjamin L. Liebman & Curtis J. Milhaupt, *Reputational Sanctions In China's Securities Market*, 108 Colum. L. Rev. 929(2008).

93. Christopher S. Armstrong et al., *Economic Characteristics, Corporate Governance, and the Influence of Compensation Consultants on Executive Pay Levels*, Rock Center for Corporate Governance Working Paper No.15, June 12, 2008, *available at* http://papers.ssrn.com/sol3/papers.cfm?abstract_id=1145548.

94. Jesse M. Fried, *Hands-Off Options*, 61 Vand. L. Rev. 453(2008).

95. Lamia Chourou, Ezzeddine Abaoub & Samir Saadi, *The Economic Determinants of CEO Stock Option Compensation*, 18 J. of Multi. Fin. Manag. 61(2008).

96. Lei Gao & Gerhard Kling, *Corporate Governance and Tunneling: Empirical Evidence From China*, 16 Pacific-Basin Finance Journal 591(2008).

97. Martin J. Conyon, *Compensation Consultants and Executive Pay: Evidence from the United States and the United Kingdom* (May 2008), *available at* http://papers.ssrn.com/sol3/papers.cfm?abstract_id=1106729.

98. Rachael E. Schwartz, *The Clawback Provision of Sarbanes-Oxley: An Underutilized Incentive to Keep the Corporate House Clean*, 64 Bus. Law. 1(2008).

99. Sean M. Donahue, *Executive compensation: The New Executive Compensation Disclosure Rules Do Not Result In Complete Disclosure*, 13 Fordham Journal of Corporate & Financial Law 59(2008).

100. William Hughes, *Stock Option "Springloading": An Examination of Loaded Justifications and New SEC Disclosure Rules*, 33 J. Corp. L. 777(2008).

101. Andrew S. Gold, *The New Concept of Loyalty in Corporate Law*, 43 U. C. Davis

L. Rev. 457(2009).

102. Canadian Coalition for Good Governance(CCGG), *Executive Compensation Principles* (2009), *available at* http://www.ccgg.ca/site/ccgg/assets/pdf/2009_Executive_Compensation_Principles.pdf.

103. David Yermack, *Keeping the Pay Police at Bay* (October 10, 2009), WSJ. com, *available at* http://online.wsj.com/article/SB10001424052748703746604574461462598126406. html.

104. Denis A. Klimentchenko, *Myth of Auditor Independence*, 2009 U. Ill. L. Rev. 1275(2009).

105. Erica Beecher-Monas, *Role of Corporate Board Executive Pay Decisions In Precipitating Financial Crisis*, 11 Transactions Tenn. J. Bus. L. 51(2009).

106. James J. Park, *Assessing the Materiality of Financial Misstatements*, 34 J. Corp. L. 513(2009).

107. Judith F. Samuelson & Lynn A. Stout, *Are Executives Paid Too Much?* (Feb. 25, 2009), WALL ST. J., *available at* http://online.wsj.com/article/SB123561746955678771.html.

108. Miriam A. Cherry & Jarrod Wong, *Clawbacks: Prospective Contract Measures in an Era of Excessive Executive Compensation and Ponzi Schemes*, 94 Minn. L. Rev. 368(2009).

109. Richard A. Posner, *Are American CEOs Overpaid, and If So, What If Anything Should Be Done About It?*, 58 Duke L. J. 1013(2009).

110. Sanjai Bhagat & Roberta Romano, *Reforming Executive Compensation: Focusing and Committing to the Long-term*, 26 Yale J. on Reg. 359(2009).

111. Spencer C. Barasch & Sara J. Chesnut, *Controveral Uses of the "Clawback" Remdy In The Current Financial Crisis*, 72 Tex. B. J. 922(2009).

112. Stephen M. Salley, *Note: "Fixing" Executive Compensation: Will Congress, Shareholder Activism, or the New SEC Disclosure Rules Change the Way Business is Done in American Boardrooms?* 70 Ohio St. L. J. 757(2009).

113. The Conference Board, *The Conference Board Task Force on Executive Compensation* (2009), *available at* http://www.conference-board.org/pdf_free/execcompensation2009.pdf.

114. Allan Horwich, *Cleaning the Murky Safe Harbor for Forward-Looking Statements: An Inquiry into Whether Actual Knowledge of Falsity Precludes the Meaningful Cautionary Statement*, 35 J. Corp. L. 519(2010).

115. Benjamin W. Heineman, Jr., *Making Sense Out of "Clawbacks"*, *available at* http://blogs.law.harvard.edu/corpgov/2010/08/13/making-sense-out-of-clawbacks/.

116. Brian Cadman et al., *The Incentives of Compensation Consultants and CEO Pay*, Journal of Accounting and Economics 49(2010).

117. David I. Walker, *The Law and Economics of Executive Compensation: Theory and Evidence* (Boston Univ. School of Law Working Paper No.10—32, 2010), *available at* http://papers.ssrn.com/sol3/papers.cfm?abstract_id=1688560.

118. David I. Walker, *The Challenge of Improving the Long-Term Focus of Executive Pay*, 51 B. C. L. Rev. 435(2010).

119. David S. Huntington, *Corporate Governance and Executive Compensation Provisions of the Dodd-Frank Act* (July 8, 2010), *available at* http://blogs.law.harvard.edu/corpgov/2010/07/08/corporate-governance-and-executive-compensation-provisions-of-the-dodd-frank-act/.

120. Jeffrey S. Klein & Nicholas J. Pappas, *New Clawback Requirements For Listed Public Companies* (October 4, 2010, New York Law Journal), *available at* http://www.weil.com/news/pubdetail.aspx?pub=9938.

121. Jeremy Ryan Delman, *Structuring Say-On-Pay: A Comparative Look at Global Variations in Shareholder Voting On Executive Compensation*, 2010 Colum. Bus. L. Rev. 583 (2010).

122. Julian Velasco, *How Many Fiduciary Duties Are There In Corporate Law?* 83 S. Cal. L. Rev. 1231(2010).

123. Kenneth Davis, *Taking Stock-Salary and Options Too: The Looting of Corporate America*, 69 Md. L. Rev. 419(2010).

124. Kevin J. Murphy & Tatiana Sandino, *Executive Pay and "Independent" Compensation Consultants*, Journal of Accounting and Economics 49(2010).

125. Larry Ribstein, *Clawbacks*, *available at* http://truthonthemarket.com/2010/06/23/clawbacks/.

126. Lawrence E. Mitchell, Response, *The Rise of the Partner-Manager: Some Thoughts on Bebchuk and Fried*, 159 U. PA. L. REV. PENNUMBRA 59(2010), http://www.pennumbra.com/ responses/11-2010/Mitchell.pdf.

127. Leo E. Strine, Jr, *One Fundamental Corporate Governance Question We Face: Can Corporations Be Managed for the Long Term Unless Their Powerful Electorates Also Act and Think Long Term?* 66 Bus. Law. 1(2010).

128. Leo E. Strine, Jr. *et al*, *Loyalty's Core Demand: The Defining Role of Good Faith in Corporation Law*, 98 GEO. L. J. 629(2010).

129. Lisa Goh & Aditi Gupta, *Executive Compensation, Compensation Consultants, and Shopping for Opinion: Evidence from the United Kingdom*, Journal of Accounting, Auditing & Finance(2010).

130. Lucian A. Bebchuk & Holger Spamann, *Regulating Bankers' Pay*, 98 Geo. L. J. 247(2010).

131. Lucian A. Bebchuk & Jesse M. Fried, *Paying for Long-Term Performance*, 158 U. Pa. L. Rev. 1915(2010).

132. Nadelle Grossman, *Turning a Short-Term Fling Into a Long-Term Commitment: Board Duties in a New Era*, 43 U. MICH. J. L. REFORM 905(2010).

133. Richard A. Booth, *Why Stock Options are the Best Form of Executive Compensation (And How to Make Them Even Better)*, 6 N. Y. U. L. & Bus. 281(2010).

134. Stephen M. Bainbridge, *Director Primacy*(UCLA School of Law, Law-Econ Research Paper No.10-06, 2010), *available at* http://papers.ssrn.com/sol3/papers.cfm?abstract_id = 1615838.

135. Stephen M. Bainbridge, *The Corporate Governance Provisions of Dodd-Frank* (UCLA School of Law, Law-Econ Research Paper No.10—14, October, 27 2010), *available at* http://papers.ssrn.com/sol3/papers.cfm?abstract_id = 1698898.

136. Steven C. Caywood, *Note: Wasting The Corporate Waste Doctrine: How The Doctrine Can Provide A Viable Solution In Controlling Excessive Executive Compensation*, 109 Mich. L. Rev. 111(2010).

137. Steven N. Kaplan, Response, *Weak Solutions to an Illusory Problem*, 159 U. PA. L. REV. PENNUMBRA 43(2010), http://www.pennumbra.com/responses/11-2010/Kaplan.pdf.

138. Andrew C. W. Lund & Gregg D. Polsky, *Diminishing Returns of Incentive Pay in Executive Compensation Contracts*, 87 Notre Dame L. Rev. 677(2011).

139. Anna Bergman Brown et al., *Economic Determinants of the Voluntary Adoption of Clawback Provisions in Executive Compensation Contracts* 12—15(June 17, 2011), *available at* http://papers.ssrn.com/sol3/papers.cfm?abstract_id = 1866495.

140. Christopher M. Bruner, *Corporate Governance Reform in a Time of Crisis*, 36 J. Corp. L. 309(2011).

141. David I. Walker, *Evolving Executive Equity Compensation and the Limits of Optimal Contracting*, 64 VAND. L. Rev. 611(2011).

142. David R. Brown & Julia Lifshits, *Publications: Keeping Up with Clawback Provisions-An Analysis of Recent Developments*, available at http://www.uhlaw.com/keeping-up-with-clawback-provisions/.

143. Donald Delves, *Clawback Requirement Removes Board Discretion* (Forbes, July 14, 2011), available at http://www.forbes.com/sites/donalddelves/2011/07/14/clawback-requirement-removes-board-discretion/.

144. Donald C. Clarke, *"Nothing But Wind"? The Past and Future of Comparative Corporate Governance*, 59 Am. J. Comp. L. 75, 80(2011).

145. Jack B. Jacobs, *"Patient Capital": Can Delaware Corporate Law Help Revive It?* 68 WASH. & LEE L. REV. 1645(2011).

146. James E. Earle & Allison Wilkerson, *Dodd-Frank Clawbacks: Hot Issue for 2012*, available at http://www.emeraldinsight.com/journals.htm?articleid=17026679&show=abstract.

147. James C. Spindler, *Hidden Costs of Mandatory Long Term Compensation* (Law and Economics Research Paper No.219, December 2011), available at http://ssrn.com/abstract=1971786.

148. Jesse Fried & Nitzan Shilon, *Excess-Pay Clawbacks*, 36 J. Corp. L. 721(2011).

149. Jesse M. Fried and Nitzan Shilon, *Excess Pay and the Dodd-Frank Clawback* (Director Notes, October 2011), available at http://ssrn.com/abstract=1953317.

150. Joseph E. Bachelder III, *Clawbacks Under Dodd-Frank and Other Federal Statutes*, available at http://www.jebachelder.com/articles/110527.html.

151. J. Robert Brown, Jr., *Dodd-Frank, Compensation Ratios, and the Expanding Role of Shareholders in the Governance Process*, 2 Harvard Business Law Review Online 91(2011), available at http://www.hblr.org/2011/10/compensation/.

152. Karen E. Nelson, Note: *Turning Winners into Losers: Ponzi Scheme Avoidance Law and the Inequity of Clawbacks*, 95 MINN. L. R. 1456(2011).

153. Kevin J. Murphy, *The Politics of Pay: A Legislative History of Executive Compensation* (Marshall Research Paper Series Working Paper FBE 01.11, August 24, 2011), available at http://papers.ssrn.com/sol3/papers.cfm?abstract_id=1916358.

154. Kun Wang & Xing Xiao, *Controlling Shareholders' Tunneling and Executive Com-*

pensation：*Evidence From China*，30 J. Account. Public Policy 89(2011)．

155. Lawrence A. West & J. Christian Word，*A Tale of Two Clawbacks*：*The Compensation Consequences of Misstated Financials*，*available at* http://www.lw.com/Resources. aspx?page = FirmPublicationDetail&publication = 3662. Lawrence A. Cunningham，*A New Legal Theory to Test Executive Pay*：*Contractual Unconscionability*，96 IOWA L. R.，1177 (2011)．

156. Lilian Ng，Valeriy Sibilkov，Qinghai Wang，Nataliya Zaiats，*Does Shareholder Approval Requirement of Equity Compensation Plans Matter?* 17 Journal of Corporate Finance 1510(2011)．

157. Marisa Anne Pagnattaro & Stephanie Greene，"*Say on Pay*"：*The Movement to Reform Executive Compensation in the United States and European Union*，31 Nw. J. Int'l L. & Bus. 593(2011)．

158. Martin J. Conyon，*Executive Compensation Consultants and CEO Pay*，64 Vand. L. Rev. 399(2011)．

159. Martin J. Conyon et al.，*New Perspectives on the Governance of Executive Compensation*：*An Examination of the Role and Effect of Compensation Consultants*，J. Manag Gov (2011)．

160. M. Todd Henderson，*Insider Trading and CEO Pay*，64 Vand. L. Rev. 505 (2011)

161. Naqiong Tong & Wei Cen，*Big or Small*：*Compensation Consultant Selection*，*Switch and CEO Pay*(August，2011)，*available at* http://papers.ssrn.com/sol3/papers. cfm?abstract_id = 1735511.

162. Ruth Bender，*Executive Compensation Consultants*(March 12，2011)，*available at* http://papers.ssrn.com/sol3/papers.cfm?abstract_id = 1788322.

163. Ruth Bender，*Paying For Advice*：*The Role of the Remuneration Consultant in U. K. Listed Companies*，64 Vand. L. Rev. 361(2011)．

164. Stephen M. Bainbridge，*Dodd-Frank*：*Quack Federal Corporate Governance Round II*，95 Minn. L. Rev. 1779(2011)．

165. Stuart Lazar，*The Unreasonable Case for a Reasonable Compensation Standard in the Public Company Context*：*Why It Is Unreasonable to Insist on Reasonableness*，59 Buff. L. R 937(2011)．

166. Stuart R. Lombardi，*Note*，*Interpreting Dodd-Frank Section 954*：*A Case For Cor-*

porate Discretion In Clawback Policies, 2011 Colum. Bus. L. Rev. 881(2011).

167. Wei Cen & Naqiong Tong, *Compensation Consultant Independence and CEO Pay* (January 5, 2011), *available at* http://papers. ssrn. com/sol3/papers. cfm? abstract _ id = 1735506.

168. Andrew C. W. Lund, *Compensation As Signaling*, 64 FLORIDA L. R., 591 (2012).

169. California State Teachers' Retirement System(CALSTRS), *Principles for Executive Compensation*, *available at* http://www.calstrs. com/corporategovernance/Principles-ExecutiveCompensation.pdf.

170. Douglas Laycock, *Restoring Restitution to the Canon*, 110 Michigan Law Review 929 (2012).

171. Lilian H. Chan et al., *The Effects of Firm-Initiated Clawback Provisions on Earnings Quality and Auditor behavior* (January 13, 2012), *available at* http://papers.ssrn.com/sol3/papers.cfm?abstract_id = 1965921.

172. SEC: *SEC Adopts Rule Requiring Listing Standards for Compensation Committees and Compensation Advisers*, *available at* http://www. sec. gov/news/press/2012/2012-115.htm.

173. SEC Chairman Mary L. Schapiro, *Remarks at the George Washington University Center for Law*, *Economics and Finance Fourth Annual Regulatory Reform Symposium* (October 26, 2012), *available at* http://www.sec.gov/news/speech/2012/spch102612mls.htm.

174. Stephen M. Bainbridge, *Corporate Lawyers as Gatekeepers* (UCLA School of Law, Law-Econ Research Paper No.12-03, January 6, 2012), *available at* http://papers. ssrn.com/sol3/papers.cfm?abstract_id = 1980975.

175. Vladimir Atanasov et al. *Law and Tunneling*, 37 J. Corp. L. 1(2012).

176. Ronald J. Gilson & Jeffrey N. Gordon, *The Agency Costs of Agency Capitalism: Activist Investors and the Revaluation of Governance Rights*, 113 Colum. L. Rev. 863(2013).

177. Zohar Goshen & Assaf Hamdani, *Corporate Control and Idiosyncratic Vision*, 125 Yale L. J. 560(2016).

178. John C. Coffee, Jr. and Darius Palia, *The Wolf at the Door: The Impact of Hedge Fund Activism on Corporate Governance*, 41 J. Corp. L. 545(2016).

179. Joseph E. Bachelder III et al. *The SEC Proposed Clawback Rule*, *avialable at* https://corpgov.law.harvard.edu/2015/10/28/the-sec-proposed-clawback-rule/.

180. John F. Savarese & Wayne M. Carlin, *SEC Clawbacks of CEO and CFO Compensation*, avialable at https://corpgov. law. harvard. edu/2016/09/15/sec-clawbacks-of-ceo-and-cfo-compensation/.

181. Joseph A. Hall, *Accountability and the Pursuit of SEC Clawback Actions*, avialable at https://corpgov. law. harvard. edu/2016/03/02/accountability-and-the-pursuit-of-sec-clawback-actions/.

182. Jesse M. Fried, *Rationalizing the Dodd-Frank Clawback*, avialble at http://ssrn. com/abstract = 2764409.

183. K. J. Martijn Cremers et al., *CEO Pay Redux*, 96 Tex. L. Rev. 205(2017).

184. Leo E. Jr. Strine, *Who Bleeds When the Wolves Bite: A Flesh-and-Blood Perspective on Hedge Fund Activism and Our Strange Corporate Governance System*, 126 Yale L. J. 1870 (2017).

185. Leo E. Strine Jr., *Corporate Power Is Corporate Purpose II: An Encouragement for Future Consideration from Professors Johnson and Millon*, 74 Wash. & Lee L. Rev. 1165(2017).

186. J. B. Heaton, *The Long Term in Corporate Law*, 72 Bus. LAW. 353(2017).

187. Sean J. Griffith and Dorothy S. Lund, *A Mission Statement for Mutual Funds in Shareholder Litigation*, 87 U. Chi. L. Rev. 1149(2020).

后　记

本书是我的博士毕业论文,从完成到正式出版已近 11 年。在这期间,虽然《证券法》《公司法》等法律法规都有重大变化,但是关于上市公司高管股票期权薪酬的主要规范并未发生明显改变。此外,涉及股票期权薪酬的市场争议和法律问题依旧存在,并困扰着实务人士和研究人员,因此本书的相关对策和建议仍然具有一定的参考价值。本书根据最新的法律规定和学者研究,对博士毕业论文的相关内容进行了更新和修改,以确保和现行法律法规、学术观点和实践操作的同步性。

本书的主要分析框架或者写作思路得益于《公司法剖析:比较与功能的视角》一书。可以说,本书是通过高管股票期权薪酬这一视角,来运用《公司法剖析:比较与功能的视角》所提出的对策和建议分析和解决高管股票期权薪酬中的法律问题。从功能性的角度讲,公司法的主要作用在于以最小的成本来解决公司治理中所出现的三大代理问题(大股东 v.小股东、股东 v.管理层以及股东 v.债权人),因此在分析和解决公司法的诸多问题时,《公司法剖析:比较与功能的视角》就能提供整体性和系统性的分析框架。

本书的顺利出版,首先要感谢上海财经大学的资助;其次,要感谢责任编辑夏红梅女士对于本书超级负责的编辑工作;最后,要感谢妻子怡辰和女儿得美、得意,你们的爱和支持是我的力量之源,也是我前进的动力。

2024 年 7 月 23 日于上海寓所

图书在版编目(CIP)数据

我国上市公司高管股票期权薪酬法律问题研究 / 樊
健著. -- 上海：上海人民出版社，2024. -- ISBN 978
-7-208-19029-0

Ⅰ. D922.291.914

中国国家版本馆 CIP 数据核字第 202499Q1P9 号

责任编辑　夏红梅
封面设计　孙　康

我国上市公司高管股票期权薪酬法律问题研究
樊　健　著

出　　版　上海人民出版社
　　　　　（201101　上海市闵行区号景路 159 弄 C 座）
发　　行　上海人民出版社发行中心
印　　刷　上海商务联西印刷有限公司
开　　本　720×1000　1/16
印　　张　14
插　　页　2
字　　数　199,000
版　　次　2024 年 8 月第 1 版
印　　次　2024 年 8 月第 1 次印刷
ISBN 978 - 7 - 208 - 19029 - 0/D・4363
定　　价　60.00 元